中小企业
推行卓越绩效管理实务

安徽省市场监督管理局
合肥工业大学安徽高质量发展研究院　编著

合肥工业大学出版社

图书在版编目(CIP)数据

中小企业推行卓越绩效管理实务/安徽省市场监督管理局,合肥工业大学安徽高质量发展研究院编著. —合肥:合肥工业大学出版社,2024.7

ISBN 978-7-5650-6357-2

Ⅰ.①中… Ⅱ.①安… ②合… Ⅲ.①中小企业—企业绩效—企业管理—研究—中国 Ⅳ.①F279.243

中国国家版本馆 CIP 数据核字(2023)第 139221 号

中小企业推行卓越绩效管理实务

安 徽 省 市 场 监 督 管 理 局　编著　　责任编辑　张　慧
合肥工业大学安徽高质量发展研究院

出　版	合肥工业大学出版社	版　次	2024 年 7 月第 1 版
地　址	合肥市屯溪路 193 号	印　次	2024 年 7 月第 1 次印刷
邮　编	230009	开　本	787 毫米×1092 毫米　1/16
电　话	人文社科出版中心:0551-62903205	印　张	14.75
	营销与储运管理中心:0551-62903163	字　数	350 千字
网　址	press. hfut. edu. cn	印　刷	安徽联众印刷有限公司
E-mail	hfutpress@ 163. com	发　行	全国新华书店

ISBN 978-7-5650-6357-2　　　　　　　　　　定价: 68.00 元

如果有影响阅读的印装质量问题,请与出版社营销与储运管理中心联系调换。

编 委 会

序言

中小企业要做质量强国的建设者

习近平总书记指出，质量体现着人类的劳动创造和智慧结晶，体现着人们对美好生活的向往。

党和国家高度重视质量，自 20 世纪 80 年代中期以来先后制定实施了一系列促进质量发展的政策法规。从 1996 年国务院印发的《质量振兴纲要（1996 年—2010 年)》到 2012 年国务院印发的《质量发展纲要（2011—2020 年)》，既承载了中国改革开放不断向纵深领域发展的历史记录，又见证了中国迈向质量强国的接力跑。特别是 2023 年 2 月中共中央、国务院印发的《质量强国建设纲要》，强调面对新形势新要求，必须把推动发展的立足点转到提高质量和效益上来，培育以技术、标准、品牌、质量、服务等为核心的经济发展新优势，推动中国制造向中国创造转变、中国速度向中国质量转变、中国产品向中国品牌转变，坚定不移推进质量强国建设。《质量强国建设纲要》不仅为新时代中国质量发展举旗定向，为质量强国建设指路引航，也为广大中小企业提出了新目标、新任务，擘画了新征程、新蓝图。

质量是经济社会发展永恒的主题，是企业和产业核心竞争力的体现。中小企业是我国国民经济和社会发展的重要生力军，贡献了 50% 以上的税收、60% 以上的 GDP、70% 以上的创新成果、80% 以上的城镇就业岗位，占市场主体总量的 99% 以上。20 多年来，随着经济的高速发展，中小企业在质量管理、质量提升和质量创新等方面取得的成果引人注目。然而，目前一些中小企业在质量管理方面依然存在一些突出问题，比如质量管理意识落后、质量管控能力薄弱、管理体系不规范不完善、质量基础设施和信息化建设硬件投入严重不足等。这些都严重制约了企业的健康发展，必须采取措施从根本上加以引导解决。支持中小企业发展，是贯彻落实习近平新时代中国特色社会主义思想和党的二十大精神的重要任务，是推动高质量发展、构建新发展格局的必然要求和重要抓手。质量管理是管理学中的重要组成部分，是一门实践性、应用性、动态性很强的学科，合肥工业大学与安徽省市场监督管理局共建的安徽高质量发展研究院组织编撰的《中小企业推行卓越绩效管理实务》一书，就是及时回应企业管理需求、服务企业发展的具体行动。该书聚焦 21 世纪最具系统性、集成性、代表性的管理模式——卓越绩效模式，阐释了如何科学应用质量管理方法、体系、工具以及卓越绩效模式的"道"与"术",回答了中小企业导入卓越绩效模式普遍关注和困扰的问题,内容丰富,通俗易懂,既是广大中小企业了解和掌握卓越绩效模式的实用工具书,也可作为各类职业技术院校的专业教材。

当今世界,国际经济竞争日益激烈,新一轮科技革命和产业变革不断向纵深推进。中小企业站在新时代的"新风口",使命光荣、大有作为。中小企业要以中共中央、国务院印发的《质量强国建设纲要》为引领,专注练好"内功",积极顺势而为、乘势而上、聚势而强,坚定不移地把推动发展的立足点迅速转到提高质量和效益上来,牢固树立质量第一、追求卓越意识,多措并举加强全面质量管理,大力培育先进企业文化,积极推动质量变革创新,全力打造质量管理新优势和质量创新新高地,为推进中国式现代化、全面建成社会主义现代化强国不断作出新的更大贡献。

质量强国是强国建设、民族复兴的重要基础和重大战略。质量强企是质量强国建设的重要动力和坚强支撑。质量强企贵以恒、重在行、强于新,是企业实现高质量发展的必由之路。让我们携起手来,共同做质量强国的建设者!

杨善林

目录

第
一
章

绪　　论

第一节　中小企业推行卓越绩效管理的背景

自改革开放伊始，我国经济便步入快速发展轨道，在 40 余年间实现了飞跃式的增长。无论是经济规模、发展持续时间，还是增速之快，均可称为人类经济发展史上的奇迹。如今，我国经济已从快速增长阶段过渡至高质量发展阶段，正处于变革发展模式、优化经济结构及转换增长驱动力的关键时期。构建一个现代化的经济体系，不仅是突破当前发展瓶颈的紧迫需求，而且是国家发展战略的核心目标。

在国际层面，全球经济的增长动力正在减弱，国际形势多变且充满不确定性，世界经济面临繁荣不足的挑战。国内市场同样面临一系列问题：竞争日益激烈，人口老龄化趋势深化，劳动力成本优势逐步减弱，这些因素共同推动了产业结构的持续优化与调整。鉴于此，迈向高质量发展无疑是我国新时代经济发展的必然选择，也是确保经济可持续、健康发展的关键路径。

自党的十八大以来，党中央和国务院高度重视质量工作，出台了一系列政策措施，旨在推动质量振兴、发展与提升。全面贯彻新发展理念，深化供给侧结构性改革，创新宏观调控思路和方式，推动构建新发展格局，在严峻复杂的国际国内环境下，实现经济平稳健康持续发展。

当前，我国社会主要矛盾已经转化为人民日益增长的美好生活需要和不平衡不充分的发展之间的矛盾，主要集中体现在发展质量上。这就要求各方面各领域都要追求高质量发展。以推动高质量发展为主题，就是要在质的有效提升中实现量的合理增长。

党的十九大为高质量发展赋予了新的内涵，即高效率增长、有效供给性增长、中高端结构增长、绿色增长、可持续增长、和谐增长。党的二十大报告进一步强调，"高质量发展是全面建设社会主义现代化国家的首要任务"。从"发展阶段"到"发展主题"，再到"首要任务"，三个重要表述层层递进，说明对高质量发展内涵和重要性的认识，已经由最初主要针对经济领域、侧重于经济高质量发展拓展至经济社会等各领域，进而提升到全面建设社会主义现代化国家的高度。

为了加快建设质量强国，中共中央、国务院印发《质量强国建设纲要》，对我国质量强国建设的总体思路、发展目标、重点任务等进行顶层设计和系统谋划，提出必须把推动发展的立足点转到提高质量和效益上来，培育以技术、标准、品牌、质量、服务等为核心的经济发展新优势，推动中国制造向中国创造转变、中国速度向中国质量转变、中国产品向中国品牌转变，坚定不移加快建设质量强国。

当今世界正经历百年未有之大变局，新一轮科技革命和产业变革深入发展，引发质量理念、机制、实践的深刻变革。质量作为繁荣国际贸易、促进产业发展、增进民生福祉的关键要素，越来越成为经济、贸易、科技、文化等领域的焦点，必须"始终坚持质量第一、效益优先，大力增强质量意识，视质量为生命，以高质量为追求"。习近平总书记2021年致中国质量（杭州）大会贺信中强调，要"加强全面质量管理，推动质量变革、效率变革、动力变革，推动高质量发展"。对于企业，加强全面质量管理工作，不仅仅可以提高企业产品和服务质量、增强企业核心竞争力，更是促进企业高质量发展的必然要求。

中小企业是国民经济的重要组成部分，被称为经济的"毛细血管"。习近平总书记指出"我国中小企业有灵气、有活力，善于迎难而上、自强不息"，强调"中小企业能办大事"。中小企业是扩大就业、改善民生、促进创业创新的重要力量，是提升产业链稳定性和竞争力的关键环节，是构建新发展格局的有力支撑，是建设现代化经济体系、推动经济实现高质量发展的重要基础。只有推动中小企业的高质量发展，才能真正意义上实现我国经济高质量发展。

在当前国内经济逐步回暖的背景下，消费者需求日益多样化，市场竞争环境变化迅速。我国中小企业正处于由追求规模性扩张向推进高质量发展的转型阶段。然而，在这一过程中，中小企业仍面临着一系列挑战。

首先，企业质量基础设施落后，技术人才匮乏，硬件设施不足，标准技术水平不高，高端检验检测能力不强。这些问题制约了企业在质量管理方面的发展。

其次，现代企业制度不健全，推行全面质量管理不力。企业缺乏全面质量管理专业人才，质量管理方法工具应用不充分。这导致企业在质量管理方面的水平难以得到有效提升。

再次，品牌质量管理方面机制不完善、运行不充分，发布要求不能贯彻执行。这使得企业在品牌建设方面面临较大的困难。

最后，市场研究分析前瞻性不强、顾客需求定位不准，提供的产品与服务质量滞后于需求。这导致企业在市场竞争中处于劣势地位。

因此，中小企业发展需要运用先进质量管理标准和方法，强化全面质量管理，全面提升产品、工程和服务质量，通过发展壮大企业规模和品牌影响力，推动企业高质量发展，以适应市场竞争的需求。

卓越绩效管理，一种诞生于20世纪80年代后期美国的管理模式，从领导，战略，顾客与市场，资源，过程管理，测量、分析与改进，结果7个方面构建企业的系统管理范式。该模式源于1987年创立的美国波多里奇国家质量奖，吸取了众多世界成功企业的管理经验，是全球公认的经营管理模式，为企业获得持续发展和卓越绩效提供指导和工具。其核心目的在于提高企业管理成熟度、核心竞争力和品牌影响力，得到了越来越广泛的关注和应用。实施卓越绩效模式已成为各类企业践行新发展理念、追求高质量发展的最优路径。

作为一套国际公认的先进管理工具，卓越绩效模式也是一种"国际语言"，为中国企业走向世界、与世界各类企业开展交流、讲好"中国故事"提供了有效载体。因此，可以说，卓越绩效管理为中小企业发展提供了现代企业管理之道，为其走向卓越提供了成功之道。

总的来说，卓越绩效管理是一种综合的组织绩效管理方法，它强调组织和个人的进步与发展，提高组织的整体绩效和能力，为顾客和其他相关方创造价值，并使组织持续获得成功。这种管理模式适用于新形势下的企业管理，强化组织的顾客满意意识和创新活动，追求卓越的经营绩效。

第二节　中小企业推行卓越绩效管理的意义

卓越绩效管理是一种反映当今世界现代经营管理最先进理念和方法的管理模式，适应了我国市场经济的发展和经济全球化的趋势。对于中小企业来说，导入卓越绩效管理具有以下5个方面的重要作用：

（1）卓越绩效模式强调以战略为导向，要求企业在复杂多变的外部环境下，综合运用各种战略分析工具，使战略思路更加清晰、发展方向更加明确。在战略管理过程中，卓越绩效模式发挥了"仪表盘"的作用。

（2）卓越绩效模式关注企业绩效的测量、分析和改进，通过对企业绩效的测量，查找差距，寻找改进机会，系统实施改进，推动企业管理水平的持续提升，从而为企业持续稳定发展提供源源不断的发展动力。在评价企业绩效的过程中，卓越绩效模式发挥了"诊断仪"的作用。

（3）卓越绩效模式关注过程控制。在企业管理过程中，需要打破职能壁垒，全员团结一致朝着企业的愿景目标前进，力争使企业成为行业标杆，实现卓越。在提升企业团队凝聚力方面，卓越绩效模式发挥了"黏合剂"的作用。

（4）卓越绩效模式关注对标管理。通过定期的对标分析，企业查找与标杆和可对比企业的差距，制定改进计划和改进措施，使企业超越可对比企业，不断向标杆靠近。在识别对标差距的过程中，卓越绩效模式发挥了"检查表"的作用。

（5）卓越绩效模式强调以系统的观点来管理整个企业及其关键过程。卓越绩效7个方面的要求和基本理念构成了一个系统的框架和协调机制。推行卓越绩效模式，有利于推动各种管理工具和方法、管理体系的高效整合，为企业的高质量发展奠定基础。在管理体系整合过程中，卓越绩效发挥了"集成器"的作用。

同时，卓越绩效管理亦是一种实现企业卓越绩效的系统方法，被称为"企业成功的路线图"。导入卓越绩效管理不仅具有以上 5 个方面的重要作用，还对中小企业的发展具有以下 5 个方面的重大意义：

（1）改善中小企业经营管理。卓越绩效管理包括领导，战略，顾客与市场，资源，过程管理，测量、分析与改进，结果等 7 个方面的内容，前面六大模块是企业经营管理的六大"过程"，标准均对其提出了明确的要求。这些要求体现了企业经营管理的系统性，只有全面满足了这些要求，中小企业才会有卓越的"经营结果"。

（2）促进中小企业改进创新。创新不仅仅在于研发和技术部门，同样适用于战略、人力资源、财务管理、市场营销等管理领域。卓越绩效管理的各项要求充分体现了管理也是生产力的思想，并要求将管理创新融入企业日常工作中。

（3）提升中小企业竞争能力。卓越绩效管理的条款都突出了改进、标杆管理的思想，以促使中小企业不断提升自身的竞争力。标准采用了独特的 A–D–L–I 4 个要素评价企业六大模块所有过程的成熟度。"方法"（APPROACH）评价要点包括方法的适宜性、有效性和系统性。"展开"（DEPLOYMENT）评价要点包括方法是否持续应用、方法是否在所有适用的部门应用。"学习"（LEARNING）评价要点包括企业对方法不断改进和完善情况；鼓励通过创新对方法进行突破性的变革；在各相关部门及过程中分享方法的改进和创新。"整合"（INTEGRATION）评价要点包括企业六大模块所有过程应用的方法与在企业概述和其他标准评分条款中确定的企业需要协调一致；各过程及部门的方法协调一致、融合互补，支持企业使命、愿景和战略目标的实现。通过成熟度评价找出中小企业管理的改进机会并加以改进，促进中小企业整体管理水平的提升。

（4）培养管理人才。卓越绩效管理的导入过程也是公司培养经营管理人才的过程。在导入卓越绩效管理过程中，高层领导重视、中层领导及业务骨干广泛参与、培训辅导老师尽职尽责，企业参与人员的管理知识和能力快速提升，涌现出一批在战略、人力、财务、市场及流程管理方面的专业管理人才。与此同时，构建卓越的企业文化，激励员工，提高团队士气，增强企业追求卓越绩效的动力。

（5）打造行业标杆。中小企业成功导入卓越绩效管理，进而争创各级政府质量奖，企业将作为行业的标杆供其他中小企业学习，可以大幅度提升企业的知名度、美誉度。

如果将中小企业比作一个人，那么卓越绩效管理就是一个科学、全面的诊断系统，而评审员就是医生。企业可以使用这个诊断系统，由内部自评师或邀请外部评审专家进行诊断，识别发展优势和改进机会，通过采取改进措施使企业具备更强的免疫力和生命力，更加健康、稳定和强劲地发展。与此同时，企业也可以通过申报政府质量奖，由外部评审专家组来进行评审诊断，获取强项信息并明确改进机会。值得注意的是，这种诊断是基于竞争环境和面向未来的，是由不断评价到改进、创新再到评价的循环，将持续地推动企业核心竞争力的提升。

第三节　安徽省中小企业推行卓越绩效管理的现状

安徽省的中小企业保持良好的发展势头，在促进经济增长、推动创新、增加税收、扩大就业、改善民生等方面发挥了不可替代的作用，对安徽省经济和社会发展具有重要的战略意义。

安徽省中小企业发展与苏浙相比仍存在较大差距。首先是规模总量偏小。据互联网数据中心（IDC）数据，截至2021年12月，安徽省中小企业经济增加值相当于江苏的41%、浙江的55%。安徽省拥有330余万户中小企业，略高于全国平均水平，与苏浙相比差距较大。其次是综合实力偏弱，领军企业不多，在全国细分行业排名靠前的知名企业很少。2022年中国民营企业500强榜单中，安徽省仅有7家企业，而浙江省有107家、江苏省有92家。最后是创新能力偏低。安徽省中小企业大多处于产业链中下游，产业层次较低，资源依赖明显，研发机构较少，创新能力和核心竞争力有待进一步提升。2021年安徽省全社会研发投入总量仅相当于江苏的29.4%、浙江的47%。

2022年底，合肥工业大学安徽高质量发展研究院通过对安徽省16个地市330万家中小企业进行抽样问卷调研，分析结果表明，导入卓越绩效管理的中小企业约占26.78%，未导入的中小企业占比约为73.22%，如图1.1所示。

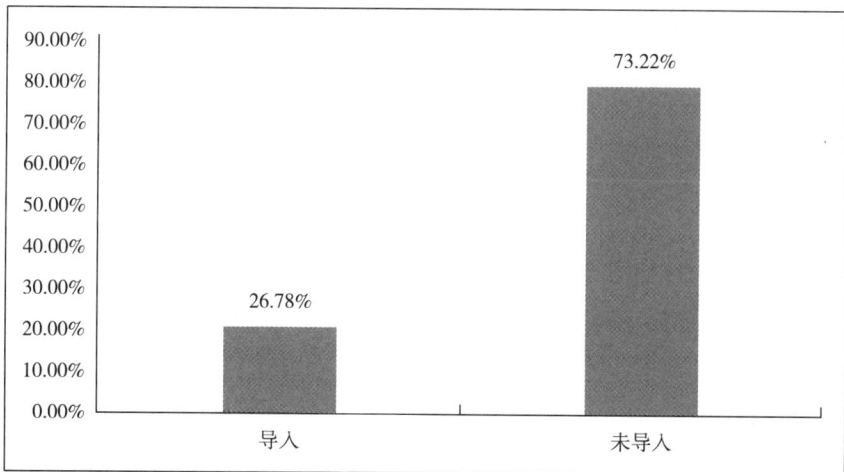

图1.1　安徽省中小企业卓越绩效管理导入情况

利用相关性分析工具对16个地市761家中小企业的问卷进行独立样本分析可知，企业导入卓越绩效管理与企业的财务绩效是正相关的。导入卓越绩效管理的中小企业近3年（2019—2021年）的销售额年平均增长率为18.86%，主营业务收入平均增长率为14.82%；未导入卓越绩效管理的中小企业近3年（2019—2021年）的销售额年平均增长率为13.52%，主营业务收入年平均增长率为10.73%，如图1.2所示。

由此可见，卓越绩效管理对企业的财务绩效具有一定的影响。同时中小企业导入卓越绩效管理与顾客和员工的满意度也是正相关的，通过独立样本分析可知，导入卓越绩效管理的中小企业的顾客与员工满意度均高于未导入的中小企业，如图1.3所示。

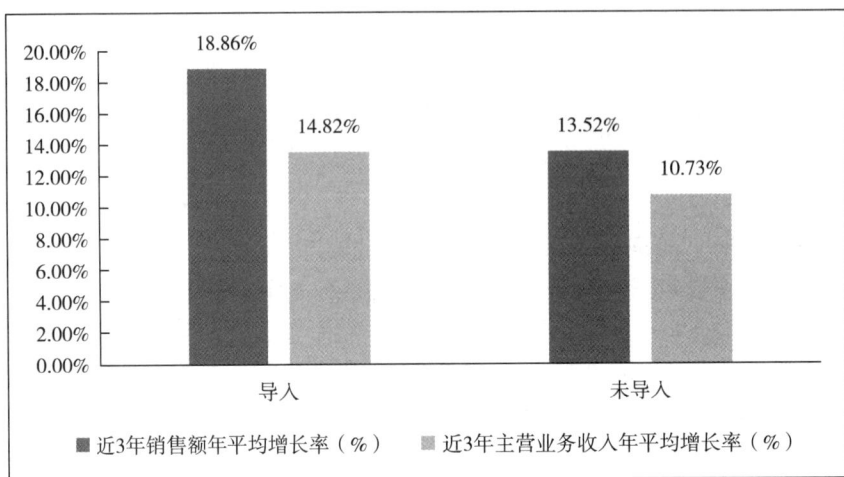

图1.2 中小企业是否导入卓越绩效管理对企业财务绩效的影响

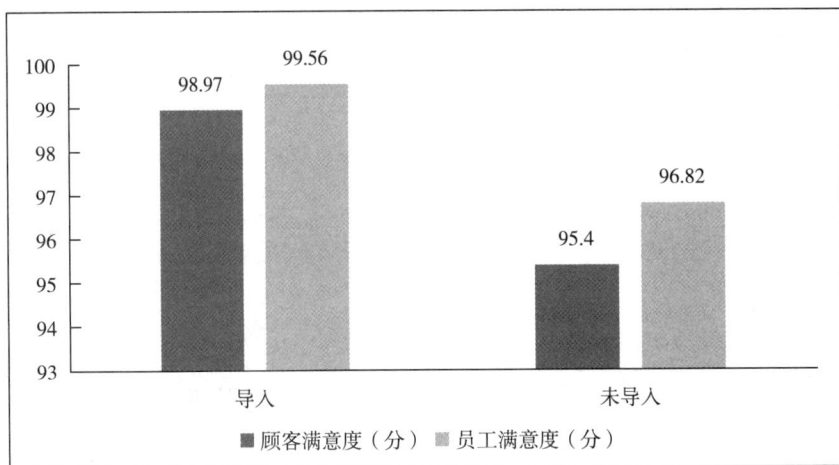

图1.3 中小企业是否导入卓越绩效管理对顾客与员工满意度的影响

由于卓越绩效管理对企业的财务绩效和相关满意度具有正向作用，越来越多的中小企业开始认可、学习和导入卓越绩效管理。通过调研发现，全省26.78%的导入卓越绩效管理的中小企业在实施过程中存在一些共性问题。

一是企业高层领导认知层面。大多数中小企业高层领导存在认知偏差，把卓越绩效管理当作质量管理体系认证来看待，或者把导入卓越绩效管理当作申报政府质量奖来看待，高层领导没有意识到自身是卓越绩效管理的"第一责任人"。多数中小企业领导认为，卓越绩效管理的推进是卓越绩效管理推进办公室或质量部门的职责或任务。正是由于中小企业高层领导认识不到位，很难意识到企业推行卓越绩效管理的重要性、必要性和迫切性，不易于推动卓越绩效管理导入，无法将企业的各项经营活动和员工的努力方向统一到企业战略目标的实现之中，因此，中小企业会出现"战略缺失与战略虚脱"的现象。与此同时，对高层领导的培训不到位，致使其对卓越绩效管理内涵的理解不充分，导致中小企业对企业内外部的宣传不到位，易于忽视顾客、供方和合作伙伴等相关方的宣传工作，无法凝聚更多的共识，难以形成浓厚的推行卓越绩效管理的工作氛围，不易激发中小企业的全体成员积极参与推行卓越绩效管理工作，无法保障中小企业卓越绩效管理导入的有效实施。

二是中层管理部门协同层面。由于部分中层管理人员对卓越绩效标准的学习与培训不到位，导致部分中层管理人员对标准的理解不到位，中层管理人员不能掌握卓越绩效管理对企业经营管理系统水平提升的重要意义。首先，部分中层管理部门理解了卓越绩效管理的理念、方法或工具，但未能有效使用上述方法或工具来解决部门所承担的工作与任务。卓越绩效管理推进办作为导入卓越绩效管理的牵头部门，需要调动各职能部门资源和落实工作目标任务，但由于卓越绩效推进办与其他职能部门同属于中层管理部门，无真正领导权，难以协调职能部门之间的沟通与协作关系，这极大地阻碍了卓越绩效管理的导入。其次，中层管理部门缺乏自评能力，导致本部门不能有效开展自评工作，无法找出部门管理存在的改进机会，致使无法产生相应的工作改进措施。最后，部分中层管理部门不能有效使用卓越绩效管理方法或工具开展工作，不能将经营管理要求落实到部门职责、流程、制度、标准、考核等管理要素中，无法契合卓越绩效管理"重视过程与关注结果"的基本理念，致使部门、环节和要素之间难以协调一致，无法保障经营管理措施的有效落实，不能为企业的常态卓越运营奠定坚实的基础。

三是基层员工执行层面。基于中小企业基层一线员工所处位置，他们难以全面把握卓越绩效管理体系，无法深刻理解卓越绩效管理对企业发展的作用，以及对企业经营利润的影响；基层员工对卓越绩效管理学习不到位，无法实现对企业的使命、愿景、价值观的认知、认同，无法自觉践行卓越绩效管理理念；基层员工对卓越绩效管理理解不到位，无法驱动改进与创新，无法提升对企业的满意度、敬业度。因此，中小企业基层员工需要更好地理解卓越绩效管理的重要性，在日常工作中推动卓越绩效管理方法的学习、展开和整合。只有这样，企业和个人才能都得到进步和发展；只有这样，才能提高组织整体绩效和能力，为顾客和其他相关方创造价值，促进企业持续获得成功。

综上所述，中小企业更需要在市场中找准自身定位，借助卓越绩效管理进行自我评价、持续改进、不断进步、不断创新，从而促进企业的卓越发展和基业长青。

第四节　卓越绩效管理的发展历程

一、卓越绩效管理的国际发展历程

20 世纪 70 年代，随着全球市场上各国企业的产品竞争日益严峻，产品质量管理在企业竞争中越来越受人们重视。日本产品凭借其领先世界的全面质量管理（TQM）和戴明质量奖的推进，在这场全球竞争中拔得头筹，甚至一度占领美国市场。美国的领导地位受到了严重挑战。许多有远见的美国工商业界人士和一些政府领导人开始认识到：重新强调美国企业的质量管理已经是不可逆转的趋势，这不再是一种选择，而是一种必需。在这种背景下，许多政府和企业界人士建议设立一个类似日本戴明质量奖的国家质量奖，帮助美国企业开展全面质量管理活动，提高美国产品质量、劳动生产率和市场竞争力。此后的 1987年 8 月 20 日，美国总统里根签署了美国公共法案《马尔科姆·波多里奇国家质量改进法》，依据该法案创立了美国波多里奇国家质量奖。历史证明，这些举措是成功的。进入90 年代后，美国企业的产品和服务质量水平大幅提升。加之科技革命的兴起，美国迅速完成了产业升级，重新占据了世界经济的领导地位。

随后，许多国家通过设立国家质量奖的方式来提升本国各类组织的管理水平和竞争力。其中，美国波多里奇国家质量奖、欧洲质量奖和日本戴明质量奖是全球著名的三大质量奖，而以美国波多里奇国家质量奖的影响最大。历经几十年的发展与演变，该标准已成为世界上流传最广且最具影响力的组织卓越运营管理体系与评价准则。作为后来者，美国波多里奇国家质量奖是如何在演变过程中居上的，又是如何在长达 30 多年的历程中保持其生命活力的呢？它的秘诀之一就是评价准则的"与时俱进"——根据组织及其高层领导所应对的企业内外部环境变化不断修订。准则的修订要引导使用者关注新时代提出的具有挑战性的问题，并兼顾评价体系的基本稳定，以确保对组织的绩效做出持续的评价。波多里奇准则委员会将"经实践证明有效的最新的前沿管理实践"视为其主要制定依据，使准则满足不同时代的企业绩效评价要求。

波多里奇国家质量奖成立 30 多年来，其准则已经由用于质量奖评价延伸至用于组织自我评价和绩效改进，进而发展成为一个风靡全球的管理模式。由于波多里奇卓越绩效准则是成功企业的经验总结，是世界级质量的表现，准则的每次修订都反映了组织的变化、质量概念的演变和质量管理的发展，因此，可以通过梳理波多里奇国家质量奖来了解卓越绩效管理的发展历程。

从 1987 年至 1997 年，也是波多里奇国家质量奖设立的最初 10 年间，由于质量管理体系在社会中不断实践，原有的标准很快就不再适合新时期的质量评价。新时期的企业有了不同的经营特点，其中对战略质量的重视、对运营管理的整体战略规划都提上了企业的日程，由注重生产的服务发展转为注重质量与经营成果的整体绩效。因此，企业质量管理在相对陈旧的条例里也屡屡碰壁，质量管理体系急需一次重大调整。通过每年持续的改进，终于在 1997 年对准则进行了里程碑式的修订。准则将"波多里奇国家质量奖准则"改为"卓越绩效准则"，从"质量"到"绩效"的转变，象征着波多里奇国家质量奖由一套质量管理体系变成了企业竞争力与个人卓越绩效的自我考核与衡量标准。"卓越绩效准则"的涵盖范围更广阔，实践适应性更强，评价标准更全面，更具有科学性，为准则使用者提供了更强的操作性。这一阶段的意义在于为波多里奇国家质量奖的演变奠定了准则的性质基础和绩效评估的发展方向，准则的修订成为常态。

1998 年以来，卓越绩效管理的应用领域拓展到了非营利性组织，世界经济也开始向全球化和知识经济发展，更多绩效管理上的细节问题开始出现，应对不同宏微观环境的不同企业，统一的绩效管理准则已经不能很好满足不同行业领域的管理方法。因此，准则委员会为应对新时代的挑战融入了现代的组织卓越绩效价值观，引导使用者关注新的绩效评估问题，应对更复杂的变化。卓越绩效管理准则可以实现更灵活的自纠正，类目词更为精确，项目编排与设计更科学更合理，系统管理方式更为完善，从各种细节和范围上保证准则的实践意义。波多里奇国家质量奖成立的前 20 年里，卓越绩效评价准则委员会每隔一年就对评价标准进行调整。此后，为了适应使用者追求稳定性和评价可持续性的需求，自2009 年开始，波多里奇国家质量奖开始将标准的修订时间从最初的一年调整至两年。从这以后，针对卓越绩效管理的发展特点，准则的修订更具有问题针对性和连贯性。

近年来，企业绩效管理将重心转移到了客户群体、企业核心竞争力、可持续性发展和企业社会责任。重心的转移强调了两方面的变化，一是针对企业在领导与管理方面的复杂性，二是更加重视消费者的参与性。在一些行业，工作的性质正在发生根本性的变化，了解和掌握卓越绩效标准在企业聘用员工方面也发挥着至关重要的作用。因此，卓越绩效的标准要求企业考虑多样性和包容性对不同员工的影响，确保招聘多元化的员工，促进领导和员工的绩效管理与发展的公平性。由于企业将更多资源投入具有强烈竞争性的国际市场中去，消费者参与度已经得到了越来越多的重视。消费者可以促进企业培养并建立具有消费者参与性的企业文化，以实现合作成功并赢得客户忠诚度。所以，修订后的准则将构建以顾客为中心的企业文化这一职责放到了高层领导条款中。准则为企业创造了管理参考架构，并给出了一种可以通过识别关键数据、策略与分析来确定企业关键问题与战略优势的新路径。新的企业绩效管理时代更加强调从全面的视角来评判如何帮助企业在日益复杂、富有挑战的情境中做出决定，比如应对网络安全问题、数字经济与第四次工业革命等。

卓越绩效管理的发展历程均是以产品和服务质量的不断提高与质量管理实践的不断创新为依据的，其目的均是增强企业对产品质量的重视程度和对品质控制方法的认知程度，从而增强企业的综合实力。为实现卓越绩效管理而设立的一系列奖项的考核指标一直在加以修正，以支持其适应不同的情境，聚焦目标驱动的绩效，提升团队的持续成长水平。

二、卓越绩效管理的国内发展历程

改革开放以后，中国开启了社会主义市场经济时代，各跨国公司对中国市场的争夺愈演愈烈。对于中国企业来说，管理水平较低是一个普遍的问题。提升企业整体管理水平，提高产品和服务质量，增强企业竞争力，中国急需先进的管理模式。20 世纪 80 年代开始，国际上在企业管理领域出现了两股热潮：一是卓越绩效管理在世界范围内得到广泛关注、传播，并取得巨大成功，成为"经营管理事实上的国际标准"；二是许多国家和地区通过设立质量奖的方式，激励组织实施卓越绩效管理，提升本国或本地区各类企业的管理水平，强化和提高本国或本地区产业的竞争力。成立于 1979 年的中国质量协会，作为致力于质量管理与质量创新事业的专业质量组织，也密切关注着国际质量领域的发展动向。

20 世纪 90 年代开始，在我国政府主管部门的支持指导下，中国质量协会率先在国内开展卓越绩效管理的研究、探索工作，邀请国际专家授课，推动组织学习、应用卓越绩效管理，并在小范围内开展质量奖评审试点，为质量奖的正式设立奠定基础。

随着我国正式于 2001 年加入世界贸易组织，中国企业迫切需要了解组织管理领域的国际趋势，迫切需要掌握国际通行的管理语言。此时通过设立全国质量奖来帮助我国开展卓越绩效管理工作，一方面是中国质量协会致力于质量专业服务的必然选择，是我国深入推广应用全面质量管理的延续；另一方面也是优秀企业持续提升管理水平的共同追求，是对标管理前沿、参与全球竞争的迫切需要。同年，中国质量管理代表团赴美国参加了第55届美国质量学会年会，学习借鉴美国波多里奇国家质量奖标准，并正式启动了全国质量管理奖评审工作。

为了适应经济全球化的发展形势，与国际接轨，2003年我国基本采用了美国波多里奇国家质量奖标准来修订全国质量管理奖标准。2004年发布的《卓越绩效评价准则》（GB/T 19580—2004）和《卓越绩效评价准则实施指南》（GB/Z 19579—2004）让卓越绩效模式在中国进入一个新阶段。此后，原国家质量监督检验检疫总局和中国国家标准化管理委员会发布了国家标准《卓越绩效评价准则》（GB/T 19580—2012）以及国家标准化指导性技术文件《卓越绩效评价准则实施指南》（GB/Z 19579—2012），为广大组织提供了卓越绩效管理的模式，供组织自我学习、自我评价使用，也为组织相互借鉴成功的经验提供了重要平台，实现了我国与国际质量奖评价标准的接轨。

2006年，"全国质量管理奖"更名为"全国质量奖"。全国质量奖及各省市政府质量奖随之蓬勃开展，截至目前我国已有30余个省（市）设立了政府质量奖。上海设置的"以质量金奖为基础、以市长质量奖为标杆"的阶梯式政府奖励制度体系，每年从社会挑选部分具有质量管理实践经验、熟悉卓越绩效标准、紧跟时代变化和具备相关专业能力的优秀者进入评审员专家库。为推广卓越绩效管理在各类组织中的实施，政府质量奖励工作还为企业提供质量管理公共服务平台，帮助企业持续改进。

随后十几年中，我国一直在吸收国际先进的卓越绩效管理标准，并基于全国质量奖的评审实践和卓越绩效管理发展变化进行跟踪研究。2014年发布的《关于完善全国质量奖评审活动组织机构的决定》完善了卓越绩效管理的组织结构，成立全国质量奖评审活动领导小组，统筹协调全国质量奖工作。为了加强国际交流，更好学习借鉴国外质量奖评审的实践，从2015年开始，我国先后邀请美国波多里奇国家质量奖、欧洲质量管理基金会（EFQM）全球卓越奖的资深评审专家参与全国质量奖评审。以全球卓越绩效委员会为平台，全国质量奖进一步加强了与国际知名质量奖项的协作，"走出去"与"请进来"结合，协助国内优秀获奖组织申报 EFQM 全球卓越奖、日本戴明奖、亚洲质量奖等，推荐国内组织参与国际质量奖项交流。

2019年，中国质量协会参与了 EFQM 全球卓越奖的标准修订，此后邀请了 EFQM 专家和美国波多里奇国家质量奖专家参与我卓越绩效准则团标的制定，这意味着全国质量奖国际化发展的模式全面开启。此外全国质量奖还拓展了行业领域，针对医疗行业、服务业制定专门的卓越绩效模式团体标准，促进卓越绩效模式的应用领域不断拓展。继2019年首次有医疗领域企业获质量奖后，2021年教育行业也实现获质量奖的新突破。

全国质量奖在程序制度方面也在不断优化。从第十八届全国质量奖开始，评审周期调整为两年，第一年评项目奖、个人奖，第二年评组织奖。全国质量奖对组织奖的评审程序也进行了优化，促进评审专家组、评审委员会、审定委员会更好衔接，并通过修订各奖项的管理办法来加以优化。2021年，全国质量奖修订《全国质量奖评审员行为规范》和《全国质量奖评审员管理办法》，进一步规范评审员行为和评审员的遴选、评价与监督体系。

总体上看，国内的卓越绩效管理历程，是在学习先进管理理念后，引入国际先进的卓越绩效管理并不断修订准则标准以适应国内的企业发展状况。中国企业引入卓越绩效管理的实践证明，在社会主义市场经济体制下卓越绩效管理运行是可行的，对企业的可持续发展具有积极的意义。同时，卓越绩效管理导入也为企业或组织开展绩效评估与绩效管理提供了实践操作的新方法和新途径。其积极意义是，充分利用这一创新管理模式，不断改进和提高管理水平与服务能力，实现企业或组织的可持续发展。

第五节　卓越绩效评价准则和实施指南简介

国家标准《卓越绩效评价准则》（GB/T 19580—2012）及国家标准化指导性技术文件《卓越绩效评价准则实施指南》（GB/Z 19579—2012）是由原国家质量监督检验检疫总局提出，由全国质量管理和质量保证标准化技术委员会（SAC/TC 151）归口，由中国标准化研究院牵头起草的一对联合使用的标准，适用于追求卓越绩效的各类组织。

《卓越绩效评价准则》（GB/T 19580—2012）借鉴国内外卓越绩效管理的经验和做法，结合我国企业经营管理的实践，从领导，战略，顾客与市场，资源，过程管理，测量、分析与改进，结果等 7 个方面（具体内容请扫描二维码查看）规定了组织卓越绩效的评价要求，为组织追求卓越提供了自我评价的准则，也可作为质量奖的评价依据。该标准以落实科学发展观、建设和谐社会为出发点，坚持以人为本、全面协调和可持续发展为原则，为组织的所有者、顾客、员工、供方和合作伙伴及社会创造价值。

卓越绩效管理框架图

该标准的制定和实施可促进各类组织增强战略执行力，改善产品和服务质量，帮助组织进行管理的改进和创新，持续提高组织的整体绩效和管理能力，推动组织获得长期成功。

《卓越绩效评价准则实施指南》（GB/Z 19579—2012）是组织实施《卓越绩效评价准则》（GB/T 19580—2012）的配套指导性技术文件，为组织理解和应用《卓越绩效评价准则》（GB/T 19580—2012）提供指南。

该指导性技术文件的附录 A 为理解《卓越绩效评价准则》（GB/T 19580—2012）的领导，战略，顾客与市场，资源，过程管理，测量、分析与改进以及结果 7 个条款及组织概述之间的关系提供了框架图及相关诠释，并给出了 23 个评分条款的分值表，用于管理成熟度的定量评分。

该指导性技术文件的附录 B 说明了将组织概述作为卓越绩效评价的开始的重要性，并给出了组织概述所需包括的内容。

该指导性技术文件的附录 C 说明了过程条款的方法–展开–学习–整合（Approach–Deployment–Learning–Integration，简称 A–D–L–I）4 个评价要素和结果条款的水平–趋势–对比–整合（Levels–Trends–Comparisons–Integration，简称 Le–T–C–I）4 个评价要素，并分别给出了过程条款、结果条款的评分指南，同时给出了评分说明，为卓越绩效评价提供了操作性的指南。

卓越绩效管理是一种卓越管理的哲学和方法，是一套既包括卓越哲学理念体系，也包括卓越方法论体系的"道""术""度"融合的管理模式。就"术"的角度而言，包括评价准则7个类目构成的一套框架性要求；从"道"的角度来看，则是评价准则的基本理念体系；"度"就是成熟度评价方法。

《卓越绩效评价准则》（GB/T 19580—2012）以9条相互关联的金科玉律为基石，是企业航船的罗盘，指引着组织乘风破浪、迈向卓越。这9项基本理念，如九星连珠，相互辉映，不仅是企业卓越之路的指南针，更是成功企业的心法精髓，体现了全面质量管理的本质。它们融入了国际先进的管理智慧、管理方法和管理工具，更是全球顶尖企业的集体智慧结晶，应成为企业全员，尤其是高层管理者的行动箴言。

（1）远见卓识的领导——高瞻远瞩，卓越风范。组织应致力于塑造具有远见卓识的领导力量。这涉及运用前瞻性视野和敏锐的洞察力来确立组织的使命、愿景及核心价值观，并引领全员共同实现组织的长期发展战略与宏伟目标。有效的领导力是组织持续成功的关键要素，高层领导必须以顾客为中心，制定具有挑战性的目标，同时平衡利益相关方的需求，并通过建立追求卓越的战略、管理系统、方法和激励机制，激发员工的奉献精神、成长动力、学习热情和创新能力。

（2）战略导向——战略为舵，目标明确。组织应以明确的战略方向引导其管理活动，不断增强自身的核心竞争力，以实现持续发展和市场成功。在复杂多变的竞争环境中，组织需具备战略性思维，关注未来稳定发展，赢得可持续增长和市场领导地位，从而赢得顾客、员工、供方、股东和公众的长期信心。组织应分析市场趋势，制定长期发展战略，确保资源有效配置，并通过关键绩效指标监控战略进展。

（3）顾客驱动——客户至上，需求为先。组织应将顾客的当前和未来需求、期望和偏好作为改进产品和服务质量、提升管理水平和不断创新的核心动力，以提高顾客满意度和忠诚度。组织应全面关注顾客需求，预测未来趋势，并与顾客建立良好关系，以增强信任和忠诚。同时，组织应重视快速、热情、有效地解决顾客投诉，提供个性化、差异化的产品和服务，保持对顾客需求变化和满意度的敏感性，做出灵活反应。

（4）社会责任——社会担当，责无旁贷。组织应承担其决策和经营活动对社会的责任，积极参与公益活动，促进社会全面协调可持续发展。组织应遵守道德规范，履行企业公民义务，保护公众健康、安全和环境，节约资源，并在发生问题时提供准确、快速的反应和支持。

（5）以人为本——人本管理，关爱员工。员工是组织发展的基石。一切管理活动应以激发和调动员工的主动性、积极性为中心，促进员工的发展，保障员工的权益，提高员工的满意程度。组织应关注员工的工作生活需求，创造公平竞争环境，提供学习和发展机会，营造鼓励知识共享、挑战困难和创新的环境。

（6）合作共赢——合作共赢，携手并进。组织应与顾客、关键供方及其他相关方建立长期的合作伙伴关系，互相创造价值，实现共同发展。通过互利互补，组织可以进入新市场，开发新产品和服务，进行资源共享，提高反应速度和双方的竞争力。

（7）重视过程与关注结果——过程与结果，并重兼顾。组织的绩效源于过程，体现于结果。组织应通过有效的过程管理实现卓越的结果，包括财务和非财务方面的绩效，如产品服务、顾客与市场、资源利用、过程效率以及组织治理等。

（8）学习、改进与创新——学习创新，不断进步。组织应培育学习型的创新文化，以传承、改进和创新为持续发展的关键。组织应通过系统的知识管理和高层领导的积极推动，建立改进和创新的文化氛围，实施有效的改进和创新活动，提升组织的市场应变能力和绩效水平。

（9）系统管理——系统思维，全局在胸。组织应将自身视为一个整体，采用科学、有效的方法，实现经营管理的统筹规划、协调一致，提高管理的有效性和效率。组织应通过系统的观点来管理整个组织及其关键过程，确保活动的协调性和整体性，以实现关键利益相关方的综合满意与和谐共赢。

要深入理解并有效实施卓越绩效评价准则，首先需透彻把握以下 9 项基本理念，并将其转化为具体实践。这些理念是指导企业追求卓越和持续成功的基石，其实施并非易事，要求企业作出不懈努力，并结合自身行业及经营实际，将理念融合到学习和应用过程中，以适应不断变化的环境，实现观念更新和管理创新。

卓越绩效评价准则框架图如图 1.4 所示，揭示了组织概述以及条款 4.1 至 4.7 之间的相互关系。

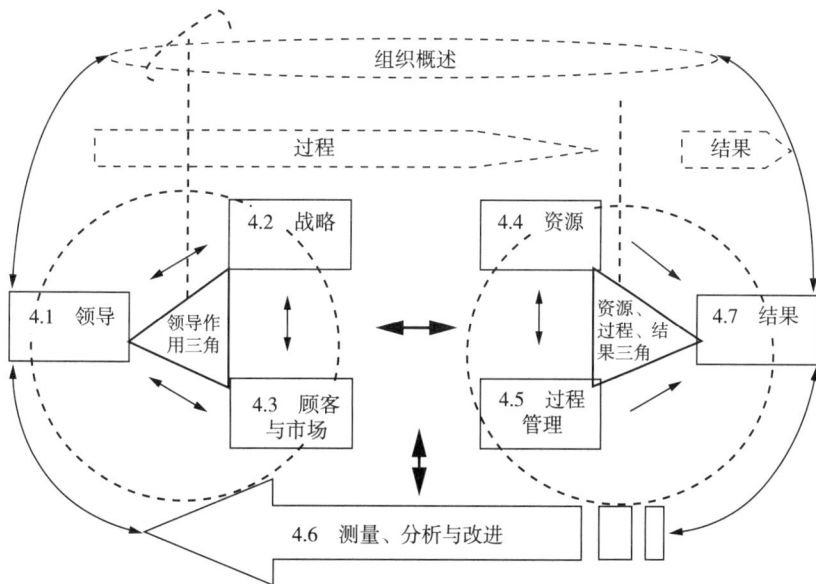

图 1.4 卓越绩效评价准则框架图

（1）组织概述：此部分涉及组织所处的环境和关系网络，以及面临的挑战，为理解组织的运作背景与关键因素提供窗口。

（2）过程管理（条款 4.1 至 4.6）：这些条款聚焦于组织的过程设计、管理和运作，而结果则在条款 4.7 中详述。组织通过优化过程以获得良好结果，基于结果的量度、分析、评估来实现过程的改进和创新。

（3）结果导向：卓越的绩效管理体系旨在通过优化过程获得卓越成果，包括对评价准则要求的应对策略、方法的实施与评估、持续改进和创新，以及成果的分享，从而提升组织的整体表现，超越竞争对手和行业标杆，确保组织的持续发展与成功。

（4）领导力量：领导层负责确定组织的发展方向，探索未来机会，并密切关注组织的成果。

（5）领导作用三角：由"领导""战略"和"顾客与市场"构成，强调领导对战略制定和顾客及市场关注的重要性，起驱动作用。

（6）资源、过程和结果三角：涵盖"资源""过程管理"和"结果"，显示如何利用资源并通过过程管理来取得结果，具有从属性质。

（7）测量、分析与改进：这是组织运作的基础，链接两个三角，推动PDCA循环（计划-执行-检查-处理），不断提升组织的整体运营绩效和竞争力。

（8）两个三角间的互动：水平双箭头强调了"领导作用三角"与"资源、过程和结果三角"之间的重要联系，同时突出了领导条款和结果条款之间的核心关联。垂直双箭头表明信息反馈对于绩效管理体系有效性的关键性。

综上所述，《卓越绩效评价准则》（GB/T 19580—2012）不仅提供了一套全面的评价标准，还强调了组织内部各个层面间的动态互动和持续改进的必要性。通过这种整体性和系统性的方法，组织能够实现卓越的整体绩效，并在竞争激烈的市场中保持持续的成功。

第
二
章

中小企业推行卓越绩效管理的基础工作

卓越绩效管理，这一全球百余国采纳的金标准，为全面质量管理（TQM）注入了新的生命。它以标准化之笔，将过往杂乱的管理实践绘制成清晰的蓝图，提炼出九大理念，如同九盏明灯，照亮企业追求顾客满意、创新活力与经营卓越之路。成功企业的广泛背书，证明了这一模式提升竞争力的独到之处。对于我国中小企业而言，在变革的浪潮中，卓越绩效管理成为指引航向的灯塔。为了让企业在导入这一管理典范时步伐坚定，四大"到位"策略不可或缺。

准备到位：铺就前路，导入无碍，行动才能自信。

认识到位：统一思想，确立共识，行动才能自觉。

保障到位：提供资源，确保支持，行动才能落地。

培训到位：技能提升，赋能成长，行动才能成功。

这四个到位是企业追求卓越的必经之路，每一步都关乎着卓越管理的成功落地，每一步都昭示着企业未来的腾飞。

第一节　准备到位

准备到位——铺就前路，导入无碍，行动才能自信。凡事预则立，不预则废，只有经过深入调研和综合思考，才能确定企业是否适合导入卓越绩效管理。

一、准备到位的重要性

众所周知，万丈高楼平地起，准备工作就是打造企业成功大厦的地基。在启动卓越绩效管理之前，细致的预备工作是不可或缺的。这是因为卓越绩效管理触及企业的神经中枢——核心管理，稍有不慎，便可能引发连锁反应，影响员工士气和团队协作，甚至偏离既定目标。

因此，为了确保卓越绩效管理能够顺利落地并开花结果，企业必须进行充分的前期准备。这包括对企业当前状况的深入分析，明确是否具备引入卓越绩效管理的条件与基础。

同时，企业还需制定详尽的实施方案，明晰责任分配，设定时间节点，构建考核与激励机制，以保证计划的有序进行和员工的积极投入。

二、准备到位的相关内容

在考虑推行卓越绩效管理之初，企业应进行全面而系统的自评，判断自身是否拥有引入卓越绩效管理的基础。自评不仅涉及组织结构、流程、资源等硬性条件，也包括企业文化、员工态度等软实力因素。一旦确定企业已做好准备，接下来便是明确各部门和个人的职责分工，通过学习卓越绩效管理标准，领悟其对于提升企业管理水平的重大意义，实现从合规到成熟的飞跃。

为了保障卓越绩效管理的成功实施，高层领导的支持与推动至关重要。他们不仅要提供必要的资源，还要激发全体员工的参与热情，共同为企业的卓越之路铺就坚实的基石，确保在推行卓越绩效管理的过程中收获丰硕成果。

三、准备到位的具体举措

策划导入卓越绩效管理前，企业应从"充分评估、明确职责、理念认同、资源投入、四个避免"五个方面做好准备工作。

（一）充分评估是导入卓越绩效管理的基础

对于中小企业而言，在考虑导入卓越绩效管理之前，应该进行充分的条件评估。由于不同企业在发展阶段和管理水平上存在较大差异，因此在实施卓越绩效管理时也存在很大的差异性。根据业界成功企业导入卓越绩效管理的经验，建议企业在导入卓越绩效管理前先建立完善的 ISO 9001 质量管理体系，建立完善的 ISO 9001 质量管理体系是企业实施卓越绩效管理的前提条件之一。ISO 9001 质量管理体系是一种国际标准化的质量管理系统，包括制定质量政策、规划、控制和改进等环节。通过实施 ISO 9001 质量管理体系，企业可以规范其质量管理行为，提高产品质量和服务质量。

从实践中达成的共识来看，适合导入卓越绩效管理的企业类型主要包括以下 3 种：

（1）成长型企业。企业通常面临快速变化的市场环境、不断增加的竞争压力。卓越绩效管理可以帮助企业建立一套有效的目标与绩效评估系统，以确保企业能够快速适应市场变化并实现可持续增长。

（2）创新型企业。企业通常需要通过卓越绩效管理来设立相应的目标，提升企业内部的协作和创新。卓越绩效管理可以帮助创新型企业设立明确的目标，并确保这些目标与企业的长期战略相一致。

（3）成熟型企业。卓越绩效管理可以帮助成熟型企业提高产品和服务质量、建立有效的组织治理体系、提高员工绩效、实现经营业绩的持续增长，更有助于企业在激烈的市场竞争中保持竞争优势。

（二）明确职责是导入卓越绩效管理的前提

在实施卓越绩效管理过程中，领导的支持至关重要。卓越绩效管理的导入是"一把手"工程，需要高层领导充分参与其中，制定明确的目标和计划，并向员工传达这些目标和计划的重要性。

卓越绩效管理导入是一个系统工程，需要各个部门之间相互配合。在卓越绩效管理的导入过程中，每个部门都应该了解整个组织的战略目标，并为实现这些目标做出贡献。各部门之间应该建立有效的沟通机制，以便及时共享信息和解决问题。各部门应积极参与卓越绩效管理的实施过程，并根据实际情况不断优化和完善工作流程，通过共同努力实现卓越绩效管理的目标，提高组织的绩效和竞争力。

在明确各层级、各部门人员职责时可以参考以下内容：

（1）确定目标。应明确各部门的主要目标和任务，确定部门的职责和权责范围。

（2）分配任务。根据部门职责、个人优势，分配相应的任务，确保每个人都能够发挥出自己的最大潜力。

（3）交流沟通。各部门人员要认真交流，了解各自的职责和任务，及时沟通问题和解决方案。

（4）评价考核。每个部门的工作成果需要进行各自评价和考核，以便发现问题和提升工作效率。

（5）持续改进。不断总结经验，及时改进工作流程，各部门能够更好地协作，提高工作效率和质量。

（三）理念认同是导入卓越绩效管理的根本

中小企业要有效地实施卓越绩效管理，首先要转变质量观念，明确质量管理对企业发展的作用，不能仅仅局限于"保证产品、服务质量符合用户要求"的符合性质量。

卓越绩效管理与 ISO 9001 质量管理体系的区别在于，ISO 9001 关注的是影响产品或服务质量的全过程管理；卓越绩效管理不仅限于产品、服务质量，而是强调"大质量"的概念，由产品、服务质量扩展到工作、过程、体系的质量，进而扩展到企业的经营管理质量和发展质量。卓越绩效管理强调结果导向，关注企业经营绩效，这里所描述的"绩效"不只是企业管理的利润和销售额，还包括产品和服务、顾客与市场、财务结果、资源结果、过程有效性、领导结果 6 个方面的综合绩效。

卓越绩效管理与 ISO 9001 质量管理体系的区别见表 2.1 所列。

表 2.1　卓越绩效管理与 ISO 9001 质量管理体系的区别

不同点	ISO 9001 质量管理体系	卓越绩效管理
类型	合格评定	卓越绩效评审（成熟度）
目的	为了顾客满意 （过程管理仅考虑顾客的要求）	为了顾客及其他利益相关方综合满意 （过程管理兼顾和平衡各相关方的要求）
范围	质量管理体系（证实其有能力稳定 地提供满足顾客和适用法律法规的 产品或服务）	卓越绩效管理体系（领导，战略，顾客与 市场，资源，过程管理，测量、分析 与改进以及结果 7 个方面）
重点	强调过程	既强调过程，又重视结果
主线	质量方针、质量目标	使命、愿景、价值观和战略

中小企业在追求经营管理的卓越之路上没有最好、只有更好，需要时刻识别"优秀"与"卓越"的区别，把优势发展成中小企业的核心竞争力，把不足加以改进提升。同时，企业也要认识到追求卓越的过程不是一朝一夕的事情，需要长期的积累和持续的改进才能实现，要坚持持续投入，才能形成规模效益的理念。

（四）资源投入是导入卓越绩效管理的保障

在导入卓越绩效管理时，资源投入是重要的保障，因为在制定和实施绩效目标时，必须考虑到可用的资源和生产能力。如果没有足够的资源和生产能力，无法实现既定的绩效目标，即使工作人员表现出色，也无法取得卓越绩效。

在导入卓越绩效管理前，高层管理者要确保给予足够的资源和支持，以确保绩效目标的完成，包括提供必要的培训和人、财、物等资源，为员工提供双向沟通的渠道，以及提供必要的技术和设施等支持。要做到提前充分规划及专款专用，为卓越绩效管理有效导入做好资源保障。

（五）四个避免是导入卓越绩效管理的必然

中小企业在导入卓越绩效管理的准备阶段，应做到风险充分识别，才能更好地为后续导入提供依据。

（1）要避免照搬其他企业的管理方式，应根据企业自身实际情况，精心制定策划导入卓越绩效管理实施方案。

（2）要避免高层领导存在认知偏差，仅仅把导入卓越绩效管理当作质量体系认证或申报政府质量奖来看待。高层领导应作为企业导入卓越绩效管理成功与否的"第一责任人"，并充分参与其过程。

（3）要避免牵头部门组织不力、相关部门参与积极性不高等问题，应建立完善的奖惩机制，切实采取有效措施，激励全体员工主动参与。

（4）要避免导入时间不够、没有坚持不懈地推进等问题。卓越绩效管理的导入不是一蹴而就的，是循序渐进、坚持不懈推进的过程。

要充分理解导入卓越绩效管理是为了全面提升企业绩效，切忌为了做而做，更不能盲目追求进度，严格按照导入计划实施，不能追求"短平快"而忽视企业长期发展。

第二节　认识到位

认识到位——统一思想，确立共识，行动才能自觉。在企业中，正确的认识是行动自觉的前提。只有当认识深入且到位时，企业上下才能形成强大的凝聚力和向心力，确保具体工作要求得到有效执行。深入的认识不仅坚定了导入卓越绩效管理的信念，也使企业能够在新形势下准确把握工作的根本任务和要求，找到着力点和落脚点，从而掌握主动权，有效地开展工作。

一、认识到位的重要性

认识到位是导入卓越绩效管理的基石，它决定了行动的态度和力度。仅当企业在思想上充分认识到卓越绩效管理的重要性，才能统一员工的共识，提振企业精神，并部署好企业的各项工作。这包括理解卓越绩效管理的重要性：它是 21 世纪质量管理的关键特征，是提升国力的需求；它推动企业从质量管理体系的过程符合性向追求过程的卓越性转变；它为企业提供了一个追求卓越企业文化的模式；它对企业战略的执行和落实具有重要影响；它是企业自我评价的需要，引导企业学习先进的管理经验和方法，通过自我评价不断改进，提高企业的综合竞争实力。

二、认识到位的相关内容

认识到位要求企业自上而下充分理解卓越绩效管理的意义，这是质量管理创新和发展的体现，反映了现代企业经营管理的先进理念和方法。它强调质量对企业绩效的贡献和系统整合，追求卓越的经营质量；重视以顾客为中心及相关方的利益；注重过程管理，不仅要对比企业自身原有水平和目标，还要与竞争对手、行业标杆进行对比，识别关键潜在差距，制定并实施改进方案。在制定企业战略目标时，应将可持续发展的要求和相关因素作为关键因素加以考虑，履行相应的社会责任，并影响企业的相关方。

三、认识到位的层级表现

（一）企业领导的认识

推行卓越绩效管理是"一把手工程"，需要领导层的引领和推动。高层领导需认识到其对企业发展的重要性，重新审视企业的战略规划，促进各层级了解并与企业目标保持一致。卓越绩效管理的有效导入将形成闭环改进模式，推动企业实现综合绩效的持续提升。他们需要从战略的高度审视企业的发展方向，确保卓越绩效管理与企业的长远目标相契合，并提供必要的支持与资源。

领导要高度重视，主动协调各种资源分配，确定企业使命、愿景和价值观及企业的发展战略，统一思想，明确目标。针对"卓越绩效评价指标体系"从战略目标出发，基于"权威性、适用性、灵活性"的标准，层层分解形成涵盖战略级、部门级、小组级、岗位级四级的推行卓越绩效管理的指标，动态地将指标对应到企业的业务流程环节，并制定改进措施。

（二）企业高管的认识

高管层的认识到位是实现企业成功和企业愿景的关键。企业高管的认识到位则体现在将卓越绩效管理的理念融入日常管理中，通过高效的执行力确保各项管理措施得到有效落实。他们需要认识到按照卓越绩效管理标准的各项要求的重要性，融合多个管理体系，使用先进的管理方法和工具，形成企业特有的综合管理体系。

企业高管认识到按照卓越绩效管理标准的各项要求将管理创新融入企业文化和日常工作的重要性，融合质量、环境、职业健康安全、测量、能源管理体系，实现良好的战略执行力。实现过程管理的资源合理配置，通过评估诊断识别出管理优势，找出企业管理短板加以改进，提升企业高管团队的管理质量，促使企业整体管理水平的提高。

（三）企业中层的认识

中层管理者需要根据《卓越绩效评价准则》（GB/T 19580—2012），结合企业实际运营情况，构建适用于企业的卓越绩效评价体系和运营机制。他们要进行诊断评估，并根据结果开展持续的管理改进工作。

企业中层基于诊断结果开展常态化、持续性的管理改进工作，通过建立"岗位胜任素质模式"有效解决人、财、物等核心资源的集约化管理，明确各部门工作在卓越绩效体系中的定位，将质量管控要求落实到职责、流程、制度、标准、考核等管理要素中，保障质量管控实施的有效落实，为企业的常态卓越运营奠定坚实基础。

（四）企业基层的认识

企业基层员工的认识到位则是通过培训和实践，使每位员工都能够理解卓越绩效管理的意义，积极参与到企业的持续改进活动中，形成全员参与的良好氛围。基层员工要从学习和整合两个维度推动卓越绩效管理的展开。他们需要树立创新意识，通过各种措施实现从"要我创新"到"我要创新"的转变，形成创新格局，提升个人和团队的绩效。

企业基层员以创新文化引领推动形成众创氛围，通过"搭平台、建机制、育人才"，形成"多层面、立体式、全要素"的创新格局。他们通过训练有素的行动，使卓越绩效管理入脑、入心、入行，实现由"个人好"到"团队好"、由"一时好"到"持续好"、由"局部好"到"系统好"的转变，促成卓越"理念、知识、机制"的有效融合，共创个人和企业的协同卓越发展。

第三节　保障到位

保障到位——提供资源，确保支持，行动才能落地。保障到位是企业通过一系列具体措施确保卓越绩效管理导入的落实，其不仅可以帮助企业提高运营效率、提升产品质量和企业形象，而且能够增强员工的工作满意度和忠诚度，从而促进企业的高质量发展。

一、保障到位的重要性

保障到位是全面推行卓越绩效管理的基石。只有当制度层面的保障措施得以确保时，相关的制度、规章、规范及条例等才能得到充分的执行。保障到位关键在于确保卓越绩效管理涉及的所有方面均得到充分实施，即每一项工作都被推向最完善、最全面和最细致的境界。它要求具体、操作性强的细节处理，而非停留在抽象的概念描述层面；它不是一套固定不变的模板，而是需要根据实际情况进行有针对性的调整。同时，保障到位是动态的、应变的，应根据卓越绩效管理的实际效果适时调整和完善。此外，它要求全面、细致地覆盖卓越绩效管理的所有环节，避免出现保障上的漏洞。

二、保障到位的相关内容

企业需从卓越绩效管理的各个环节出发，保证其高效运行。在顶层设计层面，强化理论与实践的结合，深化全面质量管理，指导卓越绩效管理活动；在制度规范层面，建立全过程、全方位的评价与动态调整机制，确保活动的落实与持续改进；在激励层面，设立专项资金以支持宣传、导入、评价、培训和评奖等工作；高层领导需以身作则，确保企业使命、愿景和价值观得以践行和落地。

三、保障到位的具体举措

（一）成立卓越绩效管理领导小组

企业高层领导作为推动者，需不断深入理解并实践卓越绩效管理的理论，明确与之匹配的经营原则。各部门领导要对本部门的产品质量负责，关注顾客需求和市场动向，使新产品开发和营销充分满足市场和顾客的要求。成立以最高领导为首的领导小组，统一领导和决策卓越绩效管理工作；下设推进办公室以提高工作推进效率。

（二）建立卓越绩效评价及改进机制

通过建立评价机制识别改进空间，提升公司成熟度。开展 QC 小组、6S 管理、合理化建议等活动优化部门管理水平，增强协同能力，快速实现改进效果。评价机制包括企业保障、流程保障、人员配备、计划制定以及针对质量的评价及优化。基于机制的保障，联动公司及部门的改进空间，立体改进公司的短板和部门的工作效果。

（三）设立卓越绩效管理专项资金

由财务部负责预算安排专项资金，用于支持相关工作。主管部门需出台资金使用管理办法，明确审批程序和使用规定。确保资金专款专用，防止挪用或滥用。

（四）打造基于卓越绩效管理的企业文化

逐步确立以卓越绩效管理为核心的企业文化，形成具有企业特色的理念体系。全体员工要树立卓越的文化意识，认识到其在市场竞争中的核心地位，不断提升质量、顾客关系、工作流程和人员素质。营造绩效目标双向沟通的氛围，并与员工就个人绩效目标达成共识。建立管理者与员工间的绩效伙伴关系，注重指标关联，形成协同。

（五）积极对接外部资源

利用外部智库资源，聘请专家进行培训和指导，帮助实施卓越绩效管理。与研究机构合作，系统梳理和规划企业战略，形成滚动式战略规划机制，以适应变化并实现企业的可持续发展。

第四节　培训到位

培训到位——技能提升，赋能成长，行动才能成功。卓越绩效管理为企业经营的各个方面提供了先进的管理理念、方式方法以及评价准则，从而促进和提高了企业的经营管理水平。为了确保卓越绩效管理的有效实施，除了需要各级参与者统一认识到位和保障到位外，还应针对全体参与人员进行有计划、分层次的培训。这样的培训旨在引导企业学习并运用先进的管理工具和方法，并将基础理论应用于企业的实际管理运营中，从而全面提升企业的市场竞争力。

一、培训到位的重要性

培训是一个过程，它发生在企业高层领导的支持和推动下，利用企业内外的教育资源，采用分层教学方式针对不同对象开展相应培训，以达成既定目标。当培训得当时，不仅能够强化领导层推进卓越绩效管理的决策意识，还能通过全面解读评价标准，确保全员对卓越绩效管理的深刻理解和认识。了解其框架、价值观和主要内容，有助于培养一批核心管理人才，进而提高员工参与的自觉性，为企业深入推广卓越绩效管理奠定坚实的基础。

二、培训到位的相关内容

要实现培训到位，意味着让所有员工系统地理解卓越绩效管理的内容，并在常规工作中有效地应用，以此提升工作效率和企业的综合表现。培训内容需要涵盖卓越绩效管理的历史背景、目的与意义；卓越绩效评价条款间的相互关系；制定和执行培训计划并分层次展开培训，注重不同层次的重点；自评师的专业培训；让高层领导认识到其在提升经营绩效中的作用；中层管理人员需重点理解其对管理系统水平提升的重要性及操作方法；一般员工则需强调其对企业发展及利润提升的影响；定期考核培训效果，激发员工的学习热情和成效。

三、培训到位的主要活动

（一）培训需求分析及培训内容确定

培训需求分析是设定培训目标、规划培训计划的前提，它是确保卓越绩效管理培训到位的关键步骤，应从导入前、中、后3个阶段进行分析。导入前的培训应侧重于理念的灌输，围绕《卓越绩效评价准则》（GB/T 19580—2012）的7个方面进行引领和展开。导入中和导入后的培训应聚焦于建立一支能够自我诊断和评价的核心团队，掌握推行所需的工具方法，学习改进策划和实施的技巧，以及标杆企业的实践案例，使自评师队伍具备自我诊断和持续改进的能力。

（二）培训方式的选择

企业可采取多种培训方式，包括线上、线下或二者结合的形式。可以组织外出学习、邀请专家内训；结合员工团建进行研讨、专题学习和向标杆企业学习等，丰富工作生活的同时，提高学习的热忱。企业高层领导和推进办公室对培训负主要责任，高层领导不仅要接受培训，还需向员工传达其重要性，营造良好的学习氛围。

（三）开展卓越绩效管理培训的步骤

1. 导入前：理念导入，坚定决心

高层领导承担着不可推卸的责任，因此必须坚定不移地推进卓越绩效管理。理念导入可以通过"走出去、请进来"以及举办"读书会、集思会"等方式进行。

走出去，就是高层领导带队到有成功实践经验的企业现场观摩、交流、学习，看成绩、明做法、找差距，进而促使推进卓越绩效管理之决心。请进来，就是请专家来企业传道、授业、解惑，掌握精神、消除恐惧、减少障碍，进而坚定推进卓越绩效管理之信心。读书会，就是高层领导推荐全员读相关书籍，然后通过心得、演讲、辩论等方式，交流看法、分享收获，进而营造氛围。集思会，就是管理层集思广益，举案例、找问题、探根

源、讲做法，进而达成共识。

2. 导入中：分层培训，凝心聚力

专项培训，建设自评师队伍。为确保推进质量和进度，需建立由管理层和骨干员工组成的自评师队伍，明确职责权限，并通过沟通、教育、政策机制和监督等手段消除影响培训的障碍。

全员培训，使员工深刻理解推进卓越绩效管理的重要性。培训内容应涵盖《卓越绩效评价准则》（GB/T 19580—2012）的核心要点，各部门及其员工在推动卓越绩效管理中的主要职责，企业在实行卓越绩效管理后所优化的流程、体制和绩效考核指标等。

3. 导入后：自我评价，检验成效

企业需定期进行自我考核，以掌握员工对于卓越绩效管理的深入理解，并据此动态地调整培训内容。在导入卓越绩效管理体系后（具体导入时间表请扫描二维码查看），组织自评师及相关人员编写自我评价报告。

导入体系 2~3 年后，企业应开始准备申报政府质量奖的相关材料，这不仅可以检验和总结导入的效果，也有助于持续提高企业的整体质量管理能力。

中小企业卓越绩效管理
模式导入三年推进计划

第
三
章

领　　导

　　"4.1 领导"是卓越绩效管理的核心，主要评价企业高层领导如何发挥作用，如何实施有效的企业治理以及如何履行社会责任，促进员工、顾客、股东、供方和合作伙伴及社会各相关方需求的达成，持续追求卓越的综合绩效，以引领和推动企业健康发展，确保企业永续经营。这里的"领导"不仅是指企业领导者，也是指企业领导团队通过发挥作用，组织企业全体员工实现共同目标的过程。本类目的主要内容及结构见表3.1所列。

表3.1　《卓越绩效评价准则》（GB/T 19580—2012）结构表——领导

类目	基本要求	着重方面	详细要求	参考结果指标	参考管理方法/工具
4.1 领导	4.1.2 高层领导的作用	高层领导的作用	使命、愿景及价值观	企业文化认同度	问卷调查法、访谈法
			沟通激励	沟通计划完成率、标杆先进表彰	座谈会
			营造氛围	改进创新成果数量	学习型组织
			质量责任	重大质量安全事故数量	ISO 9001《质量管理体系要求》
			品牌建设	品牌价值	《商业企业品牌评价与企业文化建设指南》（GB/T 27925—2011）
			持续经营	三重一大决策规范性、执行情况等方面指标	ISO 31000《风险管理原则与实施指南》、继任者计划和未来领导人培养
			绩效管理	战略完成率、战略目标实现率、实施计划完成率、关键绩效指标达成率等	BSC、KPI、目标管理

（续表）

类目	基本要求	着重方面	详细要求	参考结果指标	参考管理方法/工具
4.1 领导	4.1.3 组织治理	组织治理	治理因素	内外部审计、相关方权益保护方面指标	组织治理系统、年度述职评价、领导力360度评估、职业经理人激励机制
			治理绩效	独立董事百分比、内外部审计结果及其利用方面的绩效指标、股东及其他相关方权益等方面的绩效指标	
	4.1.4 社会责任	4.1.4.2 公共责任	风险对策	万元产值能耗及水耗，原材料等资源利用率、职业健康和安全事故、事件率，产品质量安全事故及应急准备和响应等方面的绩效指标	ISO 45001《职业健康安全管理体系》、ISO 14001《环境管理体系》、ISO 50001《能源管理体系》和安全生产标准化管理体系认证、ISO 31000《风险管理原则与实施指南》
			隐忧预见和应对		
			风险过程及指标		
		4.1.4.3 道德行为	诚信和信用	诚信等级、违背道德规范的事件数，以及顾客、质监、环保、税务、海关、审计、银行等机构对企业的诚信等级评估	合规管理系统
			道德规范		社会信用体系
		4.1.4.4 公益支持	公益支持	对文化、教育、卫生、慈善、社区、行业发展和环境保护等公益事业的支持指标，如捐助金额、参加无偿献血的人次等	战略性公益支持

　　"4.1领导"与其他类目有密切的内在联系，主要体现在以下方面：

　　"4.1领导"与"4.2战略""4.3顾客与市场"构成了"领导作用"三角，驱动企业发展。领导确定的企业使命、愿景、价值观是企业制定战略的基础，领导依据对顾客和市场的理解，以及对当前和未来内外部环境变化制定的战略，是企业长期持续发展的关键。

　　"4.1领导"对"4.4资源""4.5过程管理""4.6测量、分析与改进"起着关键作用。领导有效地配置和利用资源，如人力、财力、物力等，明确职责和要求，管理关键过程，如产品开发、生产、销售、服务等，通过测量、分析和评价企业绩效，推动和指导企业的持续改进和创新，实现企业的经营结果和愿景目标。

　　"4.1领导"驱动"4.7结果"的达成，也反映在"4.7结果"中。"4.1领导"方面的结果是"4.7结果"类目的重要组成部分，它包括领导对企业使命、愿景、价值观的贯彻、领导对战略的实施，领导对资源和过程管理的监督，领导对测量、分析与改进的指导等。

第一节 重点难点

"4.1 领导"类目旨在评价高层领导是如何通过明确企业的使命、愿景和价值观来引领及推动企业的持续发展；如何与员工及其他利益相关方沟通，营造一个有利于改进、创新、快速响应和学习的环境；如何承担产品质量责任，推进品牌建设；如何加强风险意识，促进持续经营策略的实施；以及如何采取行动、改善绩效以实现企业的战略目标和愿景。该类目的评价和实施的重点难点主要包括以下6个方面：

一、高层领导的亲自参与过程管理

《现代汉语词典》中"领导"一词具有名词和动词的双重含义，对应英文的 LEADER（领导者）和 LEADERSHIP（领导能力）。在《卓越绩效评价准则》（GB/T 19580—2012）中，"领导"指的是企业领导团队通过指挥、引导、说服、激励等手段，动员下属实现共同目标的过程。对企业而言，领导不仅是职位概念，更是目标导向和集体现象，体现权威与魅力。企业应详细阐述领导在这些方面的作用，使领导参与到过程中，而不仅仅体现在职位上，展示其统御能力和企业家精神。

二、营造追求卓越的企业文化

"一流企业做文化，二流企业做品牌，三流企业做产品"，这句话体现了企业文化的重要性。企业文化是企业成功的内在基因，在一定背景和环境中形成，由多种因素塑造。企业需要制定能够支撑企业持续走向卓越的使命、愿景和价值观，并向内外部传播，使各方理解和认同。同时，要将企业文化内涵转化为具体的管理体系和作业标准，以便规范实施，形成内外协同的文化氛围。

三、打造特色鲜明的企业品牌

品牌是企业的无形资产，提升产品和服务的质量与美誉度，推进品牌建设，是提升企业核心竞争力和影响力的手段。企业应加强品牌意识和建设，实现从"中国产品"向"中国品牌"的转变。品牌建设是一项系统工程，需要制定与经营战略一致的中长期规划，进行全面调研与诊断，考虑市场趋势和利益相关方需求，确定品牌定位和形象，提高品牌知名度和信任度。

四、强化企业全面风险管控

企业在激烈的市场竞争中需要鼓励创新和变革，抓住积极机会，平衡风险。要建立风险管理系统，有效识别和管理风险，实现永续经营。企业应开展系统性的风险管控活动，包括风险识别、分析、评价、预防和应对。内部需培育风险意识，建立风险管理制度和文化，推进全面风险管理，涵盖战略、财务、市场等方面。

五、积极履行更高水平的公共责任

企业应对产品、服务和运营的社会影响负责。面对环境保护和可持续发展的要求，企业应加强产品质量管理，符合环保和可持续性要求。企业需要建立可持续发展的战略体系，推动生态、经济和社会的协调发展。企业履行公共责任要从多个方面入手，如环境保护、资源利用、安全生产等，制定有效的控制程序和改进方案，监测绩效指标，为社会可持续发展贡献力量。

六、企业发展应与公益支持相辅相成

企业应积极支持公益事业，履行社会责任。公益活动可以多样化，如支持教育、提供医疗保健志愿服务等。企业应当根据社会需要和当地社区特点，结合自身的实际情况和优势，确定重点支持的公益领域，制定计划、预算、组织等制度，能够长期坚持，提供参与平台和渠道，建立激励机制，高层领导与员工共同参与。

第二节　条款解析

一、总则

○ 条款引用 》》》》

4.1.1　总则
本条款用于评价组织高层领导的作用、组织治理及组织履行社会责任的情况。

✎ 条款解读

企业成败的关键在领导，特别是高层领导的领导素养和领导能力，"领导"类目主要包括高层领导的作用、组织治理和社会责任3个方面内容，高层领导的引领是企业持续成功的前提，组织治理是企业持续成功的保障，履行社会责任是企业持续成功的必备条件。

二、高层领导的作用

○ 条款引用 》》》》

4.1.2　高层领导的作用
组织应从以下方面说明高层领导的作用：
a）如何确定组织的使命、愿景和价值观，如何将其贯彻到全体员工，并影响到组织的供方、合作伙伴、顾客及其他相关方，如何在落实组织的价值观方面起表率作用；

✎ 条款解读

本条款强调领导的作用之一是确定方向。
高层领导应当结合企业的成长历史、所处行业、企业特点和内外部环境等因素，带领企业研讨、提炼、确定企业使命、愿景和价值观，制定企业的长、短期发展方向和目标，打造符合企业实际的企业文化。使命是企业存在的价值，是企业所应承担并努力实现的责任，回答"我是谁"的问题，是企业的角色和总体功能定位。愿景是企业对发展的展望，是企业实现整体发展方向和目的的理想状态，回答"我要到哪里去"的问题，是企业渴望的未来图景。价值观是企业所崇尚文化的核心，是企业行为的基本准则，回答"我怎么去"的问题，引导和支持每一位员工如何决定，帮助企业达成愿景，实现使命。例如，蒙牛的使命是"让世界共享中国奶业的成果"，愿景是"成为全球最具影响力的乳品企业"，价值观是"诚信、创新、合作、共赢"。

确定企业的使命、愿景和价值观，需要根据企业的特点、环境、竞争力等因素进行分析和规划。可以从以下几个方面进行思考：

（1）企业能够提供什么样的产品或服务，满足什么样的需求或解决什么样的问题；

（2）企业面对什么样的市场机会和挑战，有什么样的竞争优势和劣势；

（3）企业有什么样的信念和理念，坚持什么样的原则和标准。

将企业的使命、愿景和价值观贯彻到全体员工，并影响到企业的供方、合作伙伴、顾客及其他相关方，需要通过有效的沟通、培训和激励等手段来理解、认同企业的文化。可以采取以下一些措施：

（1）通过各种渠道和形式，向内部和外部宣传与传播企业的使命、愿景与价值观，提高其知晓度和认可度；

（2）通过定期或不定期的培训和学习活动，向员工解释和阐述企业的使命、愿景和价值观，提高其理解度和接受度；

（3）通过制定合理和公正的激励和考核机制，向员工展示和奖励符合企业的使命、愿景与价值观的行为和业绩，提高其执行力和敬业度；

（4）通过建立良好和长久的合作关系，向供方、合作伙伴、顾客及其他相关方展示和传递企业的使命、愿景与价值观，提高其信任度和支持度。

高层领导在落实企业的价值观方面起表率作用，需要通过自身的言行举止，展示对企业价值观的坚持和实践，影响和带动他人。可以做到以下几点：

（1）以企业的价值观为指导，制定和执行企业的战略、政策、规章等，体现企业的一致性和稳定性；

（2）以企业的价值观为标准，评价和反馈员工的工作表现和行为方式，体现企业的公平性和正直性；

（3）以企业的价值观为原则，处理和解决企业内外的各种问题和冲突，体现企业的责任性和效率性；

（4）以企业的价值观为信念，面对和应对市场的变化和挑战，体现企业的创新性和领导性。

🔍 条款引用 》》———》》

b）如何与全体员工及其他相关方进行沟通，如何鼓励整个组织实现坦诚、双向的沟通，如何通过对全体员工实现卓越绩效的活动进行激励以强化组织的方向和重点；

✏ 条 款 解 读

本条款强调领导的作用之二是双向沟通。

沟通是传递数据和信息的过程，是企业运作的基础。双向沟通就是高层领导为了持续传递、贯彻企业文化、企业发展方向、经营战略等，与员工及其他相关方的常态化沟通机制。沟通包括内部沟通和外部沟通，通过开放坦诚的双向沟通，高层领导可以获得来自各方的有效性反馈，可以发现管理中的焦点问题。沟通方式可以多样，沟通深度可以根据不同层级、不同人员进行区分。具体来说，可以采取以下一些措施：

（1）分析沟通对象的特点、需求、期望和偏好，选择合适的沟通内容、语言、风格和媒介；

（2）建立开放、平等、尊重和信任的沟通氛围，鼓励沟通对象表达自己的意见、建议和感受；

（3）倾听沟通对象的反馈，及时回应和解决沟通中出现的问题和障碍；

（4）关注沟通效果，评估沟通目标的实现程度，总结沟通经验和教训；

鼓励整个企业实现坦诚、双向的沟通，需要树立以人为本的管理理念，尊重和满足员工的参与感和归属感。具体来说，可以采取以下一些措施：

（1）充分利用各种形式向员工传达企业的使命、愿景、价值观、战略和政策等信息；

（2）鼓励员工参与企业的决策过程，征求和倾听员工对企业发展的看法和建议；

（3）建立有效的激励和考核机制，对员工的工作表现和贡献给予及时的赞扬和奖励；

（4）建立有效的投诉和建议制度，对员工的不满和困难给予及时的关注和支持。

对全体员工实现卓越绩效的活动进行激励以强化企业的方向和重点，需要制定合理和具有挑战性的目标，激励员工不断追求进步和创新。具体来说，可以采取以下一些措施：

（1）明确企业的方向和重点，与员工协商制定具体、可量化、可实现的目标；

（2）提供必要的资源、培训、指导等支持，帮助员工提高工作能力和效率；

（3）设定合理的期限和进度，定期跟踪和监督员工的目标完成情况；

（4）设定合理的标准和指标，定期评估和反馈员工的目标达成程度。

🔍 条款引用 >>>>

c）如何营造诚信守法的环境，如何营造有利于改进、创新和快速反应的环境，如何营造促进组织学习和员工学习的环境；

✏ 条 款 解 读

本条款强调领导的作用之三是营造环境。

诚信守法、改进创新和快速反应、促进组织学习和员工学习的环境有利于企业营造卓越的文化氛围，这三种环境都是高层领导应当通过制定和传递使命、愿景和价值观来营造的，因为这些是企业文化的核心，也是企业行为的基本准则。

诚信守法的环境是指高层领导要带领企业遵守法律法规和商业道德规范，不仅要自己做到，还要影响企业的其他相关方做到。这样可以保护企业的合法权益，避免风险和损失，提升企业的信誉和形象。营造诚信守法环境的方法有：

（1）高层领导以身作则，展示诚信守法的行为和态度，树立榜样作用；

（2）建立有效的合规体系，包括制定合规政策、流程、控制和监督等，确保合规要求在企业内部得到执行和遵守；

（3）建立开放坦诚的沟通渠道，鼓励员工及其他相关方提出合规问题、意见和建议，及时处理反馈和投诉，保护举报者的权益；

（4）建立持续改进的合规文化，定期评估合规风险和效果，不断更新合规知识和技能，及时调整合规策略和措施。

改进、创新和快速反应的环境是指高层领导要建立激励改进创新的机制，让全体员工及其他相关方自主地开展改进创新活动，通过一般性或突破性改进，使产品、项目、服务或过程得到不断提高或优化。高层领导要通过各种方法来缩短设计、制造和服务等时间周期，加快对顾客意见的反馈和处理。这样可以增强企业适应快速变化的能力，提升企业的竞争优势。营造改进、创新和快速反应的环境的方法有：

（1）高层领导要树立改进、创新和快速反应的理念与意识，将其作为企业发展战略目标的重要组成部分，并向全体员工及其他相关方进行传达和推广；

（2）建立有效的改进、创新和快速反应的体系，包括制定改进、创新和快速反应的流程、标准、指标和奖惩等，确保改进、创新和快速反应的要求在企业内部得到遵守和执行；

（3）建立开放多元的沟通渠道，鼓励员工及其他相关方提出改进、创新和快速反应的问题、意见和建议，及时处理反馈和投诉，保护创新者的权益；

（4）建立持续的改进、创新和快速反应的文化，定期评估改进、创新和快速反应的风险与效果，不断更新改进、创新和快速反应的知识与技能，及时调整改进、创新和快速反应的策略与措施。

促进组织学习和员工学习的环境是指高层领导应推动企业创建学习型组织，营造全员持续学习、深度学习的氛围，不断获取和共享新知识，促进企业形成持续的适应和应变能力。同时，高层领导应支持员工个人的学习发展，提供持续教育、培训以及促进职业生涯发展等机会。这样可以提升员工的知识水平和技能水平，提升企业的创新能力和竞争力。营造促进组织学习和员工学习的环境的方法有：

（1）高层领导要树立促进组织学习和员工学习的理念和意识，将其作为企业文化的重要组成部分，并向全体员工及其他相关方进行传达和推广；

（2）建立有效的促进组织学习和员工学习的体系，包括制定促进组织学习和员工学习的流程、标准、指标和奖惩等，确保促进组织学习和员工学习的要求在企业内部得到执行和遵守；

（3）建立开放多元的沟通渠道，鼓励员工及其他相关方提出促进组织学习和员工学习的问题、意见和建议，及时处理反馈和投诉，保护学习者的权益；

（4）建立持续改进的促进组织学习和员工学习的文化，定期评估促进组织学习和员工学习的风险和效果，不断更新促进组织学习和员工学习的知识和技能，及时调整促进组织学习和员工学习的策略和措施。

条款引用

d）如何履行确保组织所提供产品和服务质量安全的职责；

条款解读

本条款强调领导的作用之四是质量责任。

企业的生存和发展离不开质量安全，这是企业的生命线。无论是产品还是服务，都必须保证质量安全，否则企业将面临危机。质量安全是企业的最重要的事项，高层领导不能推卸责任，对其产品和服务的质量安全承担主体责任。

履行确保企业所提供产品和服务质量安全的职责，需要从企业内部和外部两个方面进行考虑：内部建立健全质量管理体系，提高质量管理水平，防范和控制质量风险；外部满足客户和社会的质量需求和期望。可以采取以下一些措施：

（1）从企业内部来看，需要建立以客户为中心的质量理念，明确质量目标和策略，制定质量管理计划和方案，分配质量管理职责和资源，实施全员全过程全方位的质量管理活动；

（2）从企业外部来看，需要关注市场变化和客户需求，及时收集和分析质量信息和反馈，不断改进产品和服务的设计、生产、交付、售后等各个环节的质量水平，提升客户满意度和忠诚度；

（3）在企业内外之间，需要建立有效的沟通协作机制，加强与供方、合作伙伴、监管机构等相关方的协调和配合，形成良好的质量合作氛围；

（4）在企业内外之上，需要遵循国家法律法规和行业标准规范，参与国际质量交流与合作，对接国际先进技术、规则、标准，提升企业的质量竞争力和影响力。

条款引用

e）如何推进品牌建设，不断提高产品质量和服务水平；

条款解读

本条款强调领导的作用之五是品牌建设。

品牌建设是指高层领导根据企业的使命、愿景和价值观，制定品牌战略，引导和支持企业打造具有核心竞争力和影响力的品牌，提升企业的知名度、美誉度和忠诚度，增加企业的附加值和利润。具体可从以下三个方面采取措施：

（1）高层领导要从产品设计、质量管理、市场营销、文化创意、社会责任等方面进行全面系统的品牌规划和实施，形成独特的品牌形象和价值主张；

（2）高层领导需要不断改进质量管理体制机制，提升质量标准水平，加强质量监督检查，优化质量检测手段，保证产品和服务的质量安全。同时，高层领导要推进技术创新和产业升级，提高产品和服务的技术性能、稳定性和可靠性，满足顾客的个性化、多样化和高端化需求。

（3）高层领导要推进服务创新和模式创新，提供更加便捷、优质、专业的服务，增强顾客的满意度和忠诚度。

企业推进品牌建设，不断提高产品质量和服务水平，是实现企业高质量发展的重要内容，需要企业高层领导坚持以市场为导向、以创新为动力、以质量为根本、以顾客为关注点，全面提升品牌价值和竞争力。

🔍 条款引用 ▶▶▶▶————————————————————————————————▶▶▶▶

f）如何强化风险意识，推动组织的持续经营，如何积极培养组织未来的领导者；

✎ 条款解读

本条款强调领导的作用之六是持续经营。

基业长青、持续经营是任何企业及员工的最高追求，高层领导要有风险意识，并持续将风险意识传递给内部员工和外部相关方。企业风险大致可包括战略、财务、市场、运营、法律、安全、环境、质量等方面，任何一个可持续经营的企业，既要有能力应对当前的经营需要，也要有能力及时有效应对未来环境的变化。企业要清晰认识到风险与机遇并存。可从以下几个方面采取措施：

（1）企业高层领导强化风险意识，应当建立健全风险管理体系，明确风险管理的目标、原则、流程和责任；定期进行风险识别、分析、评价、预防和应对，形成风险报告和预警机制；加强风险管理的培训和宣传，提高员工的风险意识和能力；建立风险文化，鼓励员工主动发现和报告风险，及时纠正和改进风险管理的不足。

（2）高层领导还应当高度重视培养企业未来的接班人和各层次领导者，需要建立科学的人才选拔和培养体系，识别具有潜质和能力的人才，为其提供发展机会和平台；实施多元化的人才培养方式，如轮岗、辅导、培训、项目等，提高人才的专业技能和领导素养；建立良好的人才激励和保留机制，如薪酬、晋升、股权等，增强人才的归属感和忠诚度；建立开放的人才交流机制，如内部推荐、外部引进等，拓展人才视野。

🔍 条款引用 ▶▶▶▶————————————————————————————————▶▶▶▶

g）如何促进组织采取行动以改进组织绩效、实现战略目标，并达成愿景；如何定期评价组织的关键绩效指标，以及如何根据绩效评价结果采取相应行动。

✎ 条款解读

本条款强调领导的作用之七是绩效管理。

为了达成企业愿景、实现战略目标，应该采取如下措施：

（1）高层领导应高度重视企业绩效管理，构建愿景、战略目标、关键绩效指标之间的清晰脉络。《卓越绩效评价准则》（GB/T 19580—2012）中给出6种类型绩效：产品与服务、顾客与市场、财务、资源、过程有效性、领导方面。

（2）高层领导要建立关键绩效指标测量系统，关键绩效指标要结合企业实际，围绕企业核心竞争力提升，保持与愿景和战略目标相统一；定期评审企业关键绩效指标的运行情况，收集竞争对手、标杆以及环境变化相关的数据来识别绩效差距，动态灵活地调整关键绩效指标，明确企业的改进方向，并能根据企业的资源状况，部署切实有效的行动安排。

（3）高层领导要把绩效评价规范化、标准化、制度化，明确评价的流程和内容，注重历史数据和主要竞争对手及标杆数据的全面性，并根据关键绩效指标的测量和分析结果，分析企业的优势和劣势，确定企业发展、改进、创新的重点，制定相应的行动计划，并监督执行和反馈调整。

三、组织治理

条款引用

4.1.3　组织治理

如何考虑组织治理的关键因素以及如何对高层领导和治理机构成员的绩效进行评价：

a）组织治理如何考虑以下关键因素：

——管理层所采取行动的责任；

——财务方面的责任；

——经营管理的透明性以及信息披露的政策；

——内、外部审计的独立性；

——股东及其他相关方利益的保护。

条款解读

组织治理涉及企业监管中实施的管理与控制系统，包含关键因素及高层领导与治理机构成员的绩效管理。在公司治理中，决策、执行、监督等权限应清晰划分，通常由不同机构分别负责，以实现权力机构（如股东大会）、监督机构（如监事会）、决策机构（如董事会）及执行机构（经营管理高层）之间的独立性与相互制衡，避免权限不明确导致的治理混乱。有效企业治理要求高层领导考虑以下5个关键要素：

（1）管理层采取行动的责任。管理层需对企业利益相关方负责，并遵循企业使命、愿景与价值观以及法律、道德与社会规范，做出合理、合法、有效且合规的决策和行动，促进企业可持续发展，增强竞争力与创新力，提升社会责任感与声誉。企业需承担经营、道德与法律责任，这些责任基于治理结构、合同、法规等，并通过社会舆论与法律强制力影响企业行为。企业经营责任主要聚焦于提高经济效率和保证企业利益；道德责任则更侧重于企业在社会道德层面的表现和影响力；而法律责任则是企业在法律框架内必须遵守的义务。这三种责任相辅相成，共同构成了企业社会责任的核心内容。

（2）财务责任。企业应重视财务管理，遵守国家财务制度与法规，确保财务行为的规范性，努力实现资产保值增值，优化资本结构，提高资本效率，增加股东收益，并按时缴纳税费，履行社会责任。

（3）经营管理透明性与信息披露。企业应依法向股东、董事会等相关方公开公司经营管理情况，包括战略、业务发展、财务状况等，并建立有效的信息回应与保密机制。

（4）审计独立性。内外部审计是企业管理的重要组成部分，目的、对象、内容与原则各异。审计机构作为第三方专业机构，应对企业经济活动进行独立、客观的审查。内部审计基于内部控制，旨在降低经营风险，保证企业良性运转；外部审计活动应保持独立性，确保其权威性与有效性。

（5）利益相关方保护。公司治理目的在于保护股东及其他相关方利益。企业应通过透明的信息披露与有效监控沟通，保障员工、顾客、股东、供方和合作伙伴及社会的各方权益，尤其注重中小股东利益的保护。

条款引用

b）如何评价高层领导的绩效，如何评价治理机构成员的绩效，高层领导和治理机构如何运用这些绩效评价结果改进个人、领导体系和治理机构的有效性。

条款解读

高层领导和董事会、监事会等治理机构成员通常被视为企业的最高领导层，然而他们往往被排除在企业的绩效管理体系之外。本条款规定，高层领导和企业机构成员都应接受绩效管理评价，并寻找改进机会以提升其领导力。

（1）企业应建立一套科学、合理、客观、公正的高层管理者绩效考核体系，采用量化考核与绩效述职相结合的方式，对公司董事长、总经理、副总经理等高级管理者的工作成果和能力素质进行全面、系统、动态的评价。企业应根据高层管理者的岗位特点和职责范围，确定合适的考核内容和考核指标，包括结果目标、执行措施、团队建设等方面。企业应根据年度经营计划和绩效承诺，定期开展绩效跟踪和评审，及时发现问题并提出改进意见。企业应根据年度绩效考核结果，对高层管理者进行奖惩和激励，调整人事任免和薪酬水平。

（2）企业应对董事会、监事会等治理机构的成员进行有效的监督和评估，以保证治理机构的独立性、专业性和责任性。企业应制定明确的治理机构成员选任标准和程序，确保治理机构成员具备相应的资格、能力和道德水准。企业应建立完善的治理机构成员培训和考核制度，定期对治理机构成员进行业务知识和法律法规的培训，以及对其进行履职情况和绩效贡献的考核。企业应根据治理机构成员的考核结果，对其进行表彰或批评，并与其薪酬待遇挂钩。

（3）企业高层领导和治理机构应根据绩效评价结果，认真反思自身的优劣势，找出存在的问题和不足，并制定相应的改进措施。高层领导和治理机构应加强自身学习和能力提升，不断更新知识结构和思维方式，适应外部环境变化。高层领导和治理机构应加强沟通协作和团队建设，形成良好的企业氛围和文化氛围，提高企业凝聚力和执行力。高层领导和治理机构应坚持以公司利益为重，积极履行责任，推动公司战略目标的实现。

四、社会责任

4.1.4　社会责任

4.1.4.1　提要

组织如何履行社会责任，包括在公共责任、道德行为和公益支持等方面的做法。

✎ 条款解读

社会责任是指企业在创造经济价值、实现自身发展的同时，还要承担对利益相关方、社会和环境的责任，最大限度地创造经济、社会和环境的综合价值，促进企业可持续发展。企业的社会责任要求企业必须超越把利润作为唯一目标的传统理念，强调企业在生产过程中对人的价值的关注，强调对环境、消费者、社会的贡献。社会责任包括很多方面，本条款重点关注公共责任、道德行为和公益支持 3 个方面的要求。

4.1.4.2　公共责任

4.1.4.2.1　明确组织的产品、服务和运营对质量安全、环保、节能、资源综合利用、公共卫生等方面产生的影响所采取的措施。

✎ 条款解读

公共责任是指企业在遵守国家法律法规、保障公共利益、参与公共事务等方面所承担的责任。具体表现为带头执行国家政策，依法经营，诚实守信，公平参与竞争，维护消费者、合作伙伴和各类投资者合法权益；坚持绿色发展，模范推进节能减排，高效利用自然资源，大力发展循环经济，积极保护生态环境；积极参与社区发展，主动投身公益事业。这些基本责任体现在企业提供的产品、服务和为客户创造的价值上，需要识别和评估可能带来的负面影响，如产品的质量对客户的健康安全带来的影响，产品使用过程中或丢弃后对生态环境保护、能源消耗、资源综合利用社会公共卫生和公共安全等方面带来的影响。企业必须对其造成的社会影响承担责任，应进行系统的评估，明确其最重要的影响类别和风险点，采取积极的预防、控制和改进措施，将影响降到最低。主要开展以下工作：

（1）建立健全社会影响评估体系，定期对企业的产品、服务和运营的社会影响进行分析和评估，识别可能存在的风险和隐忧；加强与公众的沟通和交流，了解公众的关切和期待，收集公众的意见和建议，及时发现和解决公众的不满和抱怨；关注社会的变化和趋势，如法律、政策、技术、文化等，预测公众的需求和偏好，调整企业的战略和行动。

（2）制定有效的应急预案，明确应对负面社会影响的目标、原则、流程和责任；及时公开透明地披露负面社会影响的原因、后果和措施，积极回应公众的质疑和批评，恢复公众的信任和支持；采取积极主动的措施，如改进产品、服务和运营的质量、安全、效率等，减少或消除负面社会影响，提高企业的社会价值；加强与公众的合作，如邀请公众参与产品、服务和运营的设计、评估、改进等，增强公众的认同和满意度。

🔍 条款引用 》》》》

4.1.4.2.2　如何预见和应对公众对组织的产品、服务和运营所产生的负面社会影响的隐忧。

✏️ 条款解读

公众对企业的产品、服务和运营所产生的负面社会影响的隐忧，是指公众对企业在生产经营活动中可能造成的环境污染、资源浪费、安全事故、健康危害、道德失范等不利后果的担忧和不满。这些隐忧可能会影响公众对企业的信任和支持，甚至引发抗议和诉讼，给企业带来声誉损失和经济损失。

企业预见和应对公众对企业的产品、服务和运营所产生的负面社会影响的隐忧，主要措施包括以下几个方面：

（1）建立有效的社会影响评估机制，定期分析和评价企业的产品、服务和运营对社会各方面产生的潜在或实际影响，识别和量化风险和机遇，制定相应的应对策略。

（2）采取调查问卷、座谈等各种方式，加强与公众的沟通和参与，及时了解并满足公众的需求和期望，积极回应其关切和建议，及时披露相关信息，建立良好的信任关系。

（3）不断改进产品、服务和运营的质量和性能，降低能耗和排放，延长使用寿命，促进回收再利用，减少或消除对社会造成的负面影响。

（4）遵守相关法律法规和标准，建立健全质量安全、环保、节能、资源综合利用、公共卫生等方面的管理制度和责任体系，定期开展内部审计和外部评价，及时发现和纠正问题。

（5）加强社会责任意识和行动，参与教育、科技、文化、卫生、慈善等领域的发展和创新，支持社区建设和发展，承担社会责任。

🔍 条款引用 》》》》

4.1.4.2.3　说明为满足法律法规要求和达到更高水平而采用的关键过程及绩效指标，以及在应对产品、服务和运营的相关风险方面的关键过程及绩效指标。

✏️ 条款解读

企业为满足法律法规要求和达到更高水平而采用的关键过程及绩效指标，是指企业在经营管理活动中，为了遵守国家和行业的相关规定，保障产品和服务的质量安全、环保、节能、资源综合利用、公共卫生等方面的要求，同时为了提升自身的竞争力和社会责任，采取的一系列有计划、有目标的管理措施，并通过一定的标准和方法来衡量管理效果的指标。

企业在应对产品、服务和运营的相关风险方面的关键过程及绩效指标，是指企业在经营管理活动中，为了防范和应对可能造成经济损失、法律责任、声誉损害等不利后果的各种不确定因素，采取的一系列有组织、有计划、有目标的风险管理措施，并通过一定的标准和方法来衡量风险水平和控制效果的过程和指标。

企业为满足法律法规要求和达到更高水平而采用的关键过程及绩效指标，以及在应对产品、服务和运营的相关风险方面的关键过程及绩效指标，具体内容和形式可能因行业、规模、特点等不同而有所差异，但一般包括以下几个方面：

（1）制定合规管理制度，明确合规要求、职责分工、流程规范等，并将其纳入日常经营管理活动中。合规管理制度的完善程度、执行情况、更新频率等可以作为合规管理绩效指标。

（2）开展合规审查，对重大决策事项、经济合同、规章制度等进行合规性评估，提出合规意见或者建议。合规审查的覆盖范围、审查质量、审查效率等可以作为合规审查绩效指标。

（3）建立合规风险识别评估预警机制，全面梳理经营管理活动中存在或者可能存在的合规风险，分析风险发生的可能性、影响程度、潜在后果等，并制定相应的风险应对措施。合规风险识别评估预警机制的建立情况、运行情况、有效性等可以作为合规风险管理绩效指标。

（4）加强合规培训和宣传，提高员工的合规要求和风险防范意识，增强员工依法合规经营管理能力。合规培训和宣传的覆盖率、满意度、效果等可以作为合规培训和宣传绩效指标。

（5）建立合规监督问责机制，对违规行为进行调查处理，对相关责任人进行问责，对违规问题进行整改。合规监督问责机制的建立情况、运行情况、有效性等可以作为合规监督问责绩效指标。

在绩效管理过程中，识别法律法规的要求和存在的风险是设定绩效指标的重要来源之一，也是高层领导在评审中重点关注的测量指标，但法律法规的要求仅仅是一种对企业的基本要求，企业如果想要达到更高水平，在设定测量指标和目标时就必须严加要求，并制定科学的目标达成举措。企业不应沉迷于是否取得了第三方认证，而是要在管理过程、测量指标和持续改进等方面切实推进，持续突破，追求卓越。

🔍 **条款引用** ▷▷▷

4.1.4.3　道德行为

4.1.4.3.1　如何确保组织遵守诚信准则，以及如何建立组织的信用体系。

✏️ **条款解读**

诚信是企业的安身立命之本，诚信也是企业道德行为中的最基本准则。现代市场经济是信用经济，履约守信是贯穿市场经济发展始终的基本逻辑，也是市场经济运行的基本伦理。企业应重点关注信用关系的建立，高层领导应率先垂范、做好表率，在企业内部营造诚实守信的良好氛围。

企业遵守诚信准则是指企业在经营管理活动中，遵循诚实守信、公平竞争、社会责任等原则，不从事欺诈、违法、不道德等行为，保障产品和服务的质量和安全，维护消费者和利益相关方的合法权益，树立良好的商业信誉和社会形象。

企业建立信用体系是指企业通过制定和完善相关的制度、规范、流程、标准等，建立一套有效的信用管理机制，包括信用承诺、信用评价、信用监督、信用激励、信用惩戒等环节，以提高企业的信用水平和竞争力，促进企业的可持续发展。

如何确保企业遵守诚信准则，以及如何建立信用体系，具体内容和方法可能因行业、规模、特点等不同而有所差异，但一般包括以下几个方面：

（1）明确诚信方针和目标，将诚信作为企业的核心价值观和经营理念，制定符合企业实际情况和发展战略的诚信方针和目标，并将其贯彻到企业的各项决策和活动中。诚信方针和目标应具有可操作性、可衡量性、可改进性等特点。

（2）建立诚信承诺机制，根据企业的诚信方针和目标，以及顾客和利益相关方的需求和期望，制定具体的诚信承诺，并以文件或其他形式公开发布。诚信承诺应具有明确性、可实现性、可追溯性等特点。

（3）建立诚信评价机制，根据企业的诚信承诺，制定相应的评价标准和方法，对企业履行承诺的过程和结果进行定期或不定期的评价，并以文件或其他形式记录评价结果。诚信评价应具有客观性、公正性、透明性等特点。

（4）建立诚信监督机制，根据企业的诚信评价结果，对存在或可能存在的失信风险、危机或行为进行监督管理，并采取相应的措施进行防范、控制或处置。诚信监督应具有及时性、有效性、协调性等特点。

（5）建立诚信激励机制，根据企业的诚信评价结果，对表现优秀或进步明显的部门或个人进行表彰或奖励，并将其作为考核或晋升的依据。诚信激励应具有激励性、公平性、持续性等特点。

（6）建立诚信惩戒机制，根据企业的诚信评价结果，对违反诚信承诺或造成失信后果的部门或个人进行批评或处罚，并将其作为问责或降级的依据。诚信惩戒应具有威慑性、合理性、规范性等特点。

◯ 条款引用 》》》

4.1.4.3.2　如何确保组织行为符合道德规范，说明用于促进和监测组织内部、与顾客、供方和合作伙伴之间及组织治理中的行为符合道德规范的关键过程及绩效指标。

✎ 条款解读

道德规范是指企业在决策、行动以及利益相关方之间的交往活动中，遵守职业道德准则和职业操守的表现，这些准则是建立在企业价值观的基础上，界定了什么是"对"、什么是"错"。企业需要根据使命、愿景和价值观内容，编制本企业的道德行为准则，该准则适用于企业内的所有人，无论是普通员工，还是最高管理者均要遵守，并影响企业的利益相关方。该准则涵盖企业内部活动、外部活动和公司治理等过程，并要求进行定期的内部沟通和强化。

由于道德规范经常被视作限制行为的边界条件，故应清晰明了，便于及时进行有效决策。企业应当根据道德规范的要求，建立符合道德规范的关键过程和绩效指标，通过测量和考核，便于更好地监控和驱动改进。通常包括如下内容：

（1）企业内部：建立和完善员工的道德行为规范，对员工进行道德教育和培训，定期开展员工的道德评估和考核，对员工的道德行为进行监督和管理，对员工的道德表现进行激励或惩戒。其绩效指标可以是员工遵守道德规范情况的调查指标、道德等级、违背道德规范的事件数等。

（2）与顾客、供方和合作伙伴之间：建立和完善与顾客、供方和合作伙伴的道德行为规范，对顾客、供方和合作伙伴进行道德沟通和协商，定期开展顾客、供方和合作伙伴的道德评价和反馈，对顾客、供方和合作伙伴的道德行为进行监督和管理，对顾客、供方和合作伙伴的道德表现进行激励或惩戒。其绩效指标可以是顾客、供方和合作伙伴遵守道德规范情况的调查指标、道德等级、违背道德规范的事件数等。

（3）公司治理：建立和完善公司治理的道德行为规范，对公司治理的各个环节进行道德审查和监察，定期开展公司治理的道德评价和报告，对公司治理的道德行为进行监督和管理，对公司治理的道德表现进行激励或惩戒。其绩效指标可以是公司治理遵守道德规范情况的调查指标、道德等级、违背道德规范的事件数等。

条款引用

4.1.4.4　公益支持

如何积极地支持公益事业，并说明重点支持的公益领域；高层领导及员工如何积极参与并为此做出贡献。

条款解读

公益支持是企业超出法规要求、道德行为、经济效益的社会责任和义务。企业应有"心系社会，兼济天下"的高度责任感，参与到公益事业中，实施战略性公益支持。企业支持公益事业是企业履行社会责任的重要方式，也是展现企业价值观和品牌形象的有效手段。支持公益事业有利于提升企业的社会声誉，增强企业的竞争力，促进企业与社会的共赢和共享。企业高层领导应率先垂范，以实际行动引领全体员工热心参与公益事业。

公益活动领域非常广，企业要基于自身的使命、愿景、价值观、发展战略、品牌特征，从广泛公益领域中确定重点支持对象，如社区活动、环境保护、节能减排、教育助学、乡村振兴、行业发展、知识传播、慈善等。企业主动参与和开展公益活动，能够提升品牌形象，赢得公众口碑，形成企业发展带动公益支持、公益支持促进企业发展的相互促进的良好局面，做到让企业和社会都能从中受益。

高层领导和员工积极参与公益事业并为其做出贡献是企业社会责任的重要体现。企业高层领导和员工应该树立正确的财富观和公益观，热心参加捐赠和社会公益活动，服务社会。

第三节　案例分析

一、企业文化体系案例

安徽省华银茶油有限公司的高层领导重视公司文化建设，创造良好的管理环境，引领公司不断追求卓越，通过在全公司范围内征求意见、分组讨论、集中提炼等形式总结企业文化，最终经高层领导确认，形成了独具特色的企业文化体系。

（一）企业文化的形成

安徽省华银茶油有限公司的企业文化建设经历了创办期、成长期和发展期，每一阶段都有其主导文化引导公司不断发展，如图 3.1 所示。

为赶超竞争对手和标杆企业，2016 年公司提出了二次创业的口号，并制定了 5 年规划，结合卓越绩效管理的导入，建立了《卓越绩效综合管理方法》，全面梳理和确立企业文化。公司通过开展问卷调研、管理层座谈会，价值观研讨会等形式，历时 2 个月进行全面的文化梳理，正式提炼形成现阶段的使命、愿景、价值观，如图 3.2 所示。企业文化建设为公司的长久发展奠定了文化基础，"务实诚信，开拓创新"的企业精神和敢打敢拼的优良传统得到了巩固和发扬，引导公司不断发展、追求卓越。

十年磨一剑
- 建成万吨茶油生产线，企业初具规模；
- 成立省企业技术中心等研发平台，科技兴企；
- "野岭"油茶籽茶油荣获安徽省著名商标；
- "茶叶籽油低温压榨、精制技术研究"获省政府科技进步三等奖；
- 主持《茶叶籽油》国家标准的制定。

创办期（2003—2012年）

成长期（2013—2017年）

发展期（2018—2021年）

五年成长
- 研发的多项核心技术获行业和省、市科技进步奖；
- "野岭"荣获安徽名牌产品、中国驰名商标；
- 开拓创新的企业文化逐渐形成，多项知识产权转化应用，其中6项达到国内领先水平；
- 成功导入卓越绩效管理模式，2017年获六安市政府质量奖提名奖。

五年发展
- 延伸产业链，走三产融合发展经济模式；
- 提升"野岭""华银"品牌形象及影响力；
- 荣获国家高新技术企业和国家知识产权优势企业称号；
- 2019年产值首次过亿元，2020年达1.72亿元。

图 3.1　安徽省华银茶油有限公司发展历程

1. 使命：做健康生活的践行者

山茶油，素有"东方橄榄油"之称，被誉为"油中黄金"。由油茶籽压榨提取的天然食用植物油，其中含有丰富的维生素，而且不饱和脂肪酸的总含量比橄榄油还高很多，对于中老年心血管健康和孕妇的产后恢复都大有裨益。其因丰富的营养价值和物理压榨工艺，无任何添加，一直被当作婴儿辅食用油、月子油、中老年健康食用油，深受消费者的信赖和认可。

近年来，部分生产商为了追求利益，生产浸出油和调和油，直接制约了产业发展的水平和效益。安徽省华银茶油有限公司在鱼目混珠的市场经济大潮中，不忘初心，利用大别山区自然资源优势，建立3万多亩绿色原料基地；利用核心技术物理冷榨工艺，提质增效；利用数据链技术，建立全程食品安全追溯体系，严控产品质量；利用创新营销模式，拓宽销售渠道并填补空白市场；实施"三化融合"创新质量管理模式，推动公司可持续、高质量发展，真正为老百姓舌尖上的安全保驾护航，践行健康使命。

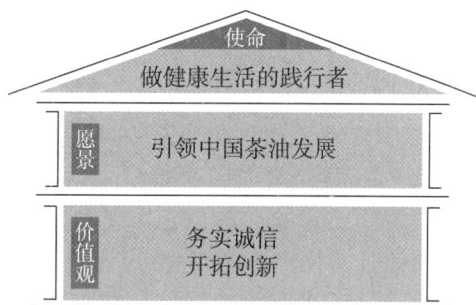

图3.2 安徽省华银茶油有限公司企业文化体系

2. 愿景：引领中国茶油发展

十年磨一剑，五年再跨越，经过创办、成长和发展3个时期的经营实践，华银人带着多年积淀的质朴、成熟与智慧，依靠诚信经营走上绿色发展的快车道，获得了越来越多的社会认同。公司已具有一定的规模和科技内涵，拥有了多项核心技术，现已成为茶油行业的先行者。未来5年公司将紧跟国家产业政策，继续聚焦有机、绿色、健康，提高品质化和产业化水平，形成"特色+规模+品牌"的茶油发展新格局，锚定国内外市场，强化优质"油瓶子"建设，稳定供应渠道，打造中国茶油重要的绿色供应基地，引领中国茶油发展。

3. 价值观：务实诚信 开拓创新

（1）务实诚信。少说多做，真抓实干脚踏实地做好每一件事情，待人处事真诚、讲信誉，言必信、行必果，一言九鼎，一诺千金，这就是当初研讨价值观时最直白的表达和初心。公司领导始终遵循着"务实诚信，客户至上，品质第一"的经营原则，带头学习国家及行业法律法规，并邀请外部专家多次对员工进行诚信守法培训；通过开展员工诚信主题教育活动，建立健全诚信教育长效机制。结合工作实际，开展"我为企业做实事"征文比赛和诚信大讨论等活动，并以守信激励、失信惩戒案例来现身说法教导员工，提升员工诚信意识，营造务实诚信良好企业风尚。

（2）开拓创新。企业只有通过不断地开拓创新才能适应新时代下新的挑战，才能使企业有能力应对快速变化的市场。创新驱动发展，公司鼓励全员创新，持续加大在产品、技术、营销、资源升级及管理等方面的创新，不断为消费者提供高品质的产品、服务和体验。同时积极促进创新成果的推广应用，制定了《科技创新管理办法》等激励制度，以保证持续创新的动力。公司通过与科研院所合作，建立产学研实验基地和省级茶油精深加工工程技术研究中心、省企业技术中心、专家大院等创新平台，积极开拓创新，首创"低温物理压榨"技术，引领带动茶油行业向着健康方向发展。

（二）企业文化的践行

围绕公司的使命、愿景、价值观，公司高层领导不断积极探索企业文化的践行之路，使企业文化得到全体员工的认可与奉行，成为华银可持续发展的根基。同时高层领导率先垂范，通过"企业主动、示范带动和行业联动"等来践行企业文化。

1. 企业主动，实现价值观

公司制度是企业文化的内在体现，企业文化通过公司制度予以保证。公司制定《生产经营管理制度》《物资管理制度》《日常巡查值班制》《企业管理制度汇编》等规章制度，加强全体员工对公司制度的践行与考核；公司还制定了员工行为规范、企业文化宣传方面的制度。公司将企业文化、质量准则制作成小册子，分发给员工学习，营造公开透明的文化氛围，从制度层面让企业文化落实在员工的行动上。

为了让员工和外部相关方了解、认同公司的企业文化，公司通过媒体报道、线上直播、广告推广、展销会和聘请专家、教授座谈等方式开展各项文化宣传推广活动；定期或不定期组织内外部交流座谈，广泛听取员工及相关方的意见建议，建立双向沟通渠道，营造良好的沟通氛围；建立多种激励体系调动员工的积极性，营造宽松愉悦的工作和生活氛围；同时发挥工会、党支部等群众组织的作用，形成企业文化的合力。为使员工从心底里接受并认同公司的企业文化，公司定期举行质量安全和生产安全考评比赛、工匠技能竞赛、劳动技能竞赛等各种竞赛，充分发挥典型的示范带动作用，让职工学有榜样、效仿有形；定期举办乒乓球、太极拳、羽毛球比赛等来增强员工身体素质；定期组织员工学习和分享企业文化，用身边的案例来阐述企业文化；每年都组织征集年度管理案例，引导员工用案例来表明自己对企业文化的理解与践行。这些做法让企业文化不仅立于制度，而且从精神层面融入员工内心，流淌在员工的血液中。

2. 领导率先垂范，示范带动

公司高层领导率先垂范，筛选课题，瞄准行业内短板和难点攻关，通过产学研合作以及自主研发，着力提升科技创新能力，促进科技成果转化。建立"技术专利化、专利标准化、标准品牌化"的"三化融合"质量管理模式，引领中国茶油高质量发展。多项核心技术获行业和省市科技进步一等奖，获得发明专利 10 项、实用新型专利 5 项、省级科技成果 7 项。主持多项国家标准、行业标准、团体标准和企业标准的制修订。

3. 战略联盟，协同创新

公司凭着多年的技术积累和超出行业标准的产品质量，与全国木本油料协会、中国粮食行业协会、中国粮油学会油脂分会等团体联动，成立战略联盟，达成资源共享，协同创新。2020 年公司作为行业的引领者，参与市、县"十四五"规划的研讨，参与《舒城县油茶产业 2021—2025 年度发展规划》的制定。围绕油茶产业独特的资源优势走区域特色、有机、绿色、健康的循环发展之路。建立绿色有机食品原料基地，成立农民专业合作社，立足油茶产业绿色发展，引领带动整个行业技术进步。

（三）企业文化的宣传推广

公司员工对企业文化的认可与践行是一个方面，外部客户、供应商、投资者、顾客、政府等相关方对公司企业文化的认同和理解也至关重要。为了让外部相关方了解认同公司的企业文化，公司开展了各项文化宣传推广活动，具体见表3.2所列。

表3.2　企业文化外部推广活动

企业文化	传播方式	具体形式与内容
做健康生活的践行者 引领中国茶油发展 务实诚信　开拓创新	来访参观	外部相关方来公司、种植基地参观
	媒体报道	利用报纸、电台、网络媒体宣传报道公司产品与社会活动
	线上直播	抖音线上直播产品
	广告推广	展会、站牌、陈列专柜等推广产品及产品背后的理念
	展销会	通过各种展会宣传公司文化
	专家、教授座谈会	传达公司的使命、愿景和价值观

【案例分析】

该公司高层领导重视企业文化建设，能够结合企业历史沿革、行业特点和内外部环境等实际情况，通过在全公司范围内征求意见、分组讨论、集中提炼等形式，对企业文化总结提炼，最终经高层领导确认，确立了"做健康生活的践行者"的企业使命、"引领中国茶油发展"的企业愿景以及"务实诚信　开拓创新"的价值观，形成了独具特色的企业文化体系。同时高层领导能以身作则、率先示范，通过各种形式同相关方进行有效的双向沟通，引导公司不断发展、追求卓越。

二、企业治理体系案例

××公司运营严格遵守国家法律法规及各项标准要求，坚持依法治企、依法经营，并通过开展普法宣传、办普法专栏等活动，营造全员学法懂法守法的健康氛围。

（一）规范运作，实现管理责任

1. 完善的法人治理结构

公司严格按照《中华人民共和国公司法》《中华人民共和国证券法》及相关法律法规要求，设立股东大会、董事会、监事会和经理层，制定公司章程和股东大会、董事会、监事会议事规则，明确各机构的权责范围和工作程序。董事会下设战略、薪酬与考核、提名及审计4个专业委员会，确保重大投资和重要经营活动决策的规范性和科学性。

2. 全面的监督管理

各机构协调运转，承担经营和法律责任，接受证监会、安徽证监局等部门监管，职权行使和财务收支等活动被纳入监管范围。

（二）严密管控，全面履行财务责任

1. 依法经营，规范严格管理

建立垂直管理的财务体系，设立财务总监，事业部财务人员由总部派驻并定期轮岗；引进集团财务管理软件，使分支结构与总部财务体系保持一致，确保财务信息的准确及时；依法报告经营业绩，依法纳税。

2. 有效管控，合理调度，实现资产增值

实施全面预算管理，建立交易授权、资产接触与记录使用、内部稽核等控制程序，通过整体协同和资源共享，持续提升盈利能力。对外投资严格执行投资决策程序和财务审核，重大投资活动进行资本预算、法律法规的合规性评价，降低投资风险，确保投资增值。

（三）依法行事，实现内外部审计独立

1. 外部审计独立性

股东大会直接聘请审计事务所进行外部审计，董事会绝不在股东大会决定前委任会计师事务所。自上市以来，审计事务所均出具审计最高等级无保留意见的审计报告。

2. 内部审计独立性

设立直接对总经理负责的合规部，制定《内部审计工作制度》《工程项目审计办法》《领导干部离任审计办法》等，独立开展内部审计。审计人员不参与日常经营管理，业务上接受政府审计机关和协会的指导与监督。

（四）保护股东及相关方利益，维护价值链生态系统良性运作

坚持股东、供应商、经销商、顾客与制造商是一个整体的生态链系统，历来倡导并维护生态链系统的良性发展，构建和谐共赢的大协同体系。

1. 依法维护股东权益

公司坚持稳定的股利分配政策，实施股权分置改革，强化经营管理，力求投资上的精益化、效益上的最大化，为股东创造超额投资回报；依法设独立董事，履行监督职能，维护股东权益；制定《投资者关系管理制度》，每年召开投资者交流会、接待投资者来访；制定《公司信息披露制度》，使投资者及时、全面了解经营动态。

2. 切实保护上下游企业利益

公司成立供应商管理委员会，制定公平公正的供应商选择机制，推行公开招标和阳光采购，不定期对供应商进行回访，直接听取意见和建议，并对采购关键岗位实施轮岗。建立与经销商协商制定商务政策的沟通机制，严格兑现商务政策。通过走访和调查，监督采购和营销的敏感岗位，并设立检举电话接受来自公司内外的检举和投诉。同时通过总经理网上邮箱等形式，形成经销商和供应商与高层领导直接沟通的渠道，切实维护上下游企业利益。

3. 全面维护顾客利益

公司践行"客户第一"的理念，以优质的产品和服务赢得客户的满意和信赖。建立"400呼叫中心"，接受顾客对售前、售中、售后各环节的投诉和建议；建立"倾听顾客声音"的机制，进行日常的400电话、回访热线、客户走访，开展电话调查、神秘顾客及用户座谈会，全面维护顾客利益。

4. 积极保障员工利益

成立公司工会，定期召开委员会会议，审议关系员工利益的政策和制度等；设立总经理信箱、投诉热线、高层领导接待日、信访接待等，畅通员工投诉申诉通道；实施员工劳动集体合同、工资集体协商合同制度等，以此形成严密管控，切实保障员工利益。

【案例分析】

该企业能够抓住组织治理中的关键因素，从规范动作，实现管理责任；严密管控，全

面履行财务责任；依法行事，实现内外部审计独立；保护股东及相关方利益，维护价值链生态系统良性运作等方面实施严格管理，形成了相互独立、相互制衡的组织治理模式，避免了因为权限划分不清导致的治理混乱。尤其在相关方管理方面，坚持股东、供应商、经销商、顾客与制造商是一个整体的生态链系统的管理理念，倡导并维护生态链系统的良性发展，构建了和谐共赢的大协同体系。

三、企业积极履行社会责任案例

在"制造更好的产品，创造更美好的社会"的企业愿景指引下，××公司每年定期发布社会责任报告，积极打造企业社会责任核心竞争力，并通过自身发展来回馈社会，树立负责任的企业形象。

（一）公共责任

1. 全面识别社会影响

汽车制造企业在生产制造中会消耗能源资源和排放废水、废气、废渣、粉尘、油污等废弃物。为消除对环境的负面影响，公司严格贯彻执行国家及行业法律法规与标准，建立并通过"四标一体"（ISO 45001 职业健康安全管理体系、ISO 14001 环境管理体系、ISO 50001 能源管理体系和安全生产标准化）管理体系认证，制定管理制度，识别并建立控制各类优于国家标准的风险指标、措施和检测手段。

2. 全过程控制风险

坚持系统思维，围绕清洁源头、过程控制和运行结果监测等环节，发现问题并限时整改，最大限度地降低影响和风险，打造绿色工厂，维护人类共同的家园。

（1）建立管理体系，严格规范运作。按"四标一体"管理体系规范运行，并执行严格的内审和外审，保障体系运行的有效性；成立清洁生产审核领导组和工作组，建立完善的能源和环保工作两级检查和考核体系；把推进循环经济和清洁生产作为重要内容，从组织上保障节能降耗减排、资源综合利用等工作的推进。

（2）力推清洁生产，实现绿色制造。确定万元产值能耗作为重点约束性指标；在各生产区建立污水处理站，实现污水全过程在线检测控制，建立工业复用水网络净化系统，使之达到绿化和清洁使用标准，全部循环再利用。

3. 主动预见和应对隐忧

面对隐忧，采取措施积极应对。适时对运营过程中环境、职业健康安全管理的运行进行监测，每年全覆盖地对标自评和内审，确保运营过程中环保、安全生产的本质安全。

（二）道德行为

设立合规部进行合同、项目和离任的独立审计；设立纪检监察专员办，每年对重要和敏感岗位的廉洁自律情况进行检查，对举报事件进行认真调查，同时管控好物资采购、工程项目的招议标工作，全面进行过程监控。

明确了具体的过程要求，实行关键业务员轮岗；与经销商签订商务政策，制定《销售员行为规范》等；在公司章程中规定董事、监事和高管人员的法律责任；建立《劳动合同管理办法》《内部招聘管理办法》等，遵守对员工的承诺。

（三）公益支持

结合企业愿景和公司业务发展方向，制定公益支持规划，明确教育、环境保护、慈善作为公益事业的重点支持对象，系统策划并开展年度公益活动。

将参与社会公益活动作为履行社会责任的重要部分，持续开展"牵手·瑞风行动"、江淮平安行、对口帮扶、公益捐赠等项目，为关爱儿童、提高卡车司机职业素养、乡村振兴贡献力量。

积极推进帮扶点乡村产业、人才、文化、生态等全面振兴，深入贯彻落实习近平总书记关于乡村振兴的重要论述和考察安徽重要讲话指示精神，坚决贯彻中央和省委省政府、省国资委决策部署，为乡村振兴取得决定性胜利贡献企业力量。

【案例分析】

该企业能够从公共责任、道德行为、公益支持3个方面积极履行社会责任，每年定期发布社会责任报告，建立并通过了"四标一体"管理体系认证，推行清洁生产，实现绿色制造；能够结合企业愿景和公司业务发展方向，制定公益支持规划，明确了教育、环境保护、慈善作为公益事业的重点支持对象。

第四章

战　略

　　战略是指为了实现长期目标，对未来发展方向、方式和路径作出的全局性和长远性规划和行动方案。该术语最早源自军事领域，随后扩展至政治、经济等其他领域。在 21 世纪的全球经济竞争中，战略对企业的生存和发展具有至关重要的意义。它不仅体现了"做正确的事"的智慧，也是系统思维过程的体现，反映了管理者对经营、环境和业绩之间关键联系的综合理解。

　　企业战略由总体战略、业务竞争战略、职能战略 3 个层面构成，它们相互关联、支持，每一层次的战略既是下一层次的环境，又为上一层次提供支撑。具体如下：

　　（1）总体战略是企业未来发展方向的长期规划，统筹各项分战略，可划分为增长型、多元发展型、稳定扭转型、收缩（撤退）型及组合型战略。

　　（2）业务竞争战略关注企业在特定经营领域与竞争对手的竞争手段和策略，涵盖成本领先、差异化和聚焦战略。

　　（3）职能战略则针对特定的管理领域，如市场营销、品牌、质量、人力资源等，旨在整合内部资源以支持总体和业务竞争战略。

　　企业持续发展需加强战略管理，其流程包括战略分析、制定、部署、实施与评价、调整 5 个环节，这些环节相互联系，循环反复，不断完善和改进。企业战略是一个多层次、动态的管理过程，涉及从宏观到微观各个层面的规划和执行。有效的战略管理能够确保企业在激烈的市场竞争中保持正确的方向和竞争力。战略管理流程如图 4.1 所示。

　　"4.2 战略"是卓越绩效管理的重要内容，它主要评价企业战略及其目标的制定、部署和进展情况。战略体现了《卓越绩效评价准则》

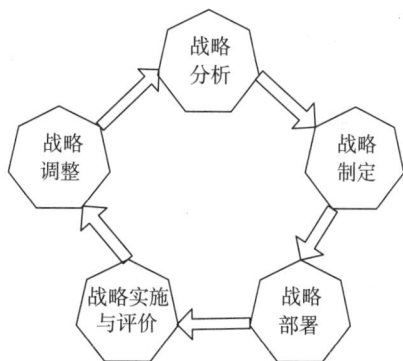

图 4.1　战略管理流程图

（GB/T 19580—2012）的 9 项基本理念，是"战略导向"和"系统管理"的具体化，是"远见卓识的领导""顾客驱动"和"学习、改进与创新"理念的具体落实。企业的战略管理与"4.7 结果"之间的关系是通过"4.6 测量、分析与改进"的链接而实现的。过程中的关键绩效指标值应高于战略中要求的关键绩效指标值，"4.7 结果"中的关键绩效指标应与"4.2 战略"中要求的关键绩效指标保持一致。本类目的主要内容及结构见表 4.1 所列。

表 4.1　《卓越绩效评价准则》（GB/T 19580—2012）结构表——战略

类目	基本要求	着重方面	详细要求	参考结果指标	参考管理方法/工具
4.2 战略	4.2.2 战略制定	4.2.2.2 战略制定过程	战略策划机制		战略制定十步法、滚动规划法
			战略策划因素		PEST、五力模型、关键成功因素法、价值链分析
		4.2.2.3 战略和战略目标	战略和战略目标	战略完成率、战略目标实现率	SWOT、波士顿矩阵、GE 矩阵
			战略及其目标考量	股东的投资收益、顾客的满意与成功、员工的发展与满意、供方的共同成长以及社会责任要求	
	4.2.3 战略部署	4.2.3.2 实施计划的制定与部署	行动计划及调整	实施计划完成率、关键绩效指标达成率	BSC 与战略地图、KPI、全面预算管理
			长、短期行动计划		
		4.2.3.3 绩效预测	资源配置		
			监测指标	战略及过程绩效指标	
			关键绩效预测	战略完成率、战略目标实现率、实施计划完成率、关键绩效指标达成率等对比性数据	时间序列分析、回归分析、德尔菲法

　　"4.2 战略"是实现企业使命和愿景，体现全体员工价值观的具体行动方案。"4.2 战略"与"4.1 领导""4.3 顾客与市场"有密切的关联性，领导是制定战略的主体，顾客与市场是制定战略的依据。"4.2 战略"也是连接"4.1 领导""4.3 顾客与市场""4.4 资源"和"4.5 过程管理"的桥梁和纽带，"4.4 资源"是实施"4.2 战略"的基础和条件，"4.5 过程管理"是实施"4.2 战略"的手段和方法。"4.2 战略"的结果在"4.7 结果"中呈现，如"4.7.4 财务结果""4.7.7 领导方面的结果"等。

第一节　重点难点

　　"4.2 战略"类目强调企业在制定、部署和执行战略及其目标时，需要全面考虑内外部环境的影响因素，覆盖企业经营管理全过程和所有部门。该条款的评价和实施难点主要包括以下 6 个方面。

一、信息和数据收集

信息和数据是企业制定战略的基础。只有准确地了解和把握企业所面临的发展环境和重大问题，才能做出正确的判断和决策。因此，企业必须重视信息和数据的收集。对此，应当重点把握以下 2 点：

（1）确定所需信息和数据类型。根据自身实际情况，确定战略制定所需的关键信息和数据，并通过有效渠道进行收集。《卓越绩效评价准则》（GB/T 19580—2012）4.2.2.2.2 提出了 9 个方面的关键因素，企业可以参考并根据自己的特点进行筛选和调整。

（2）信息和数据的获取。企业获取信息和数据的渠道有多种，其中内部信息和数据相对容易获取，不再赘述。外部信息和数据则需要企业通过不同方式进行搜集和分析。

一是通过国家主流媒体获取国家宏观政治法律、社会文化、自然资源、技术发展等方面的重大政策导向；搜集研究目标市场区域的产业发展导向和发展规划，寻求企业的发展机会和不利因素。

二是通过互联网搜索工具或平台获取行业微观环境信息，如产品分布、产品规格、种类概况、信用状况等信息；获取竞争对手的市场占有率、企业收益、技术人员数量、技术创新状况、销售渠道、产品性能、资本折旧率、资金投入力度及顾客服务范围等信息；获取专利技术信息、行业或技术信息等。

三是通过社交媒体、线上平台等渠道搜集相关方数据，如顾客反馈、评论等；通过网上或移动终端产品和服务平台的产品点击信息、单个产品的停留时间等，分析顾客行为和潜在的购物倾向，支持企业营销策略的决策等。

四是通过网络期刊等获取有关企业形象、企业家能力评价、行业发展状态等信息。

五是通过专门从事电子商务的 ISP 获取有关行业状况、竞争对手、产品广告、销售等营销组合信息及市场控制力、企业收益率等信息。

六是积极参加行业社会组织，参与有关活动，获取相关信息和数据。

二、战略和战略目标的确定

通过政府质量奖评审实践可以发现，许多企业在制定战略时都采用了 SWOT 综合因素分析工具，但大多存在使用不正确或不充分的情况。SWOT 综合因素分析工具是一种确定企业总体发展战略的方法，它通过分析宏观环境和竞争环境，得出企业面临的机会和威胁；通过分析内部资源、产品和服务能力，得出企业的优势和劣势；然后通过对未来各种环境的综合分析、判断、评估，从增长型、多元发展型、稳定扭转型和收缩（撤退）型四种战略类型或组合中，选择一种符合企业发展的总体战略定位。在确定总体战略之后，可以用平衡计分卡（BSC）来制定企业的关键战略绩效指标。但需要注意的是，不同的战略选择会导致不同的目标设定。

三、市场定位与竞争策略

市场定位与竞争策略是企业制定战略的关键，直接影响着企业在市场上的兴衰成败。

市场定位是指为使产品在目标顾客心目中相对于竞争产品而言占据清晰、特别和理想的位置而进行的安排。市场定位的目的是建立品牌或产品的形象或身份，以便顾客以某种方式对其进行感知，是市场营销工作的核心，决定了企业的战略方向和营销组合策略。

市场定位的重点是找出企业的竞争优势，即企业能够胜过竞争对手的能力。竞争优势可以是价格、质量、属性、用途、形象等方面的差异化。企业要通过调研和分析，识别潜在的竞争优势，并根据目标市场和竞争环境，选择合适的定位和竞争策略。

市场定位的难点是如何有效地传达和维持企业的定位，使顾客能够认知、接受、喜欢和忠诚于企业的品牌或产品。这就要求企业要有清晰、一致、有吸引力的定位口号，并通过各种宣传促销活动，将其独特的竞争优势准确传播给潜在顾客，并在顾客心目中留下深刻印象。同时，企业还要注意市场变化和顾客需求的变化，及时调整和更新自己的定位，以适应市场环境变化。

为了确定市场定位与竞争策略，企业需要运用五力模型分析行业中的竞争因素，评估自身在行业中的竞争地位，根据自身的资源、能力和市场需求，选择与其市场定位相匹配的竞争策略，以获得市场份额、竞争优势和市场占有率。

四、战略风险的控制

根据《风险管理指南》（GB/T 24353—2022），风险是指不确定性对目标的影响，风险管理是指导和控制组织风险相关的协调活动。战略风险是指可能影响企业战略目标实现的不确定性事件，分为外部风险和内部风险。外部风险是指由于宏观环境、行业政策、经济形势等因素的变动而导致的风险，企业无法改变这些因素，只能通过调整战略和适应性策略来应对。内部风险是指由于企业运营过程中某个环节出现问题而导致的风险，如资金链断裂等，企业可以通过自身的努力进行弥补和改变。

为了有效控制和预防战略风险，企业高层领导应当关注以下方面：

（1）增强风险意识，保持对外界各种变化因素的敏感性，识别企业经营活动中存在的风险，提高快速反应和风险防控能力；

（2）识别战略风险的关键因素和关键环节，制定明确而可操作的控制措施，尽可能防止或减少风险的发生；

（3）制定应急预案，当遇到一些不以企业意志为转移的外部风险因素时，企业依据切实可行的应急预案立即有效处置，把损失降低到最低限度。需要强调的是，企业针对内部风险也应有预案或措施。

五、战略关键绩效指标的预测

战略关键绩效指标（STRATEGIC KEY PERFORMANCE INDICATORS，SKPI）是衡量企业战略目标实现程度的重要工具，对其进行预测的意义在于寻找发展机会和改进方向，识别创新和变革需求，制定合理的战略计划和措施。战略关键绩效指标的预测通常包括以下几个重点和难点：

（1）基于企业战略分析的信息和数据，通过对企业的发展趋势、竞争优势、短板、市场需求等因素进行分析，确定企业的关键成功领域和关键绩效要素（KEY PERFORMANCE

FACTORS，KPF），并将其分解为可量化或可行为化的关键绩效指标。

（2）基于企业战略分析的结果，运用定量和定性的预测方法，如时间序列分析、回归分析、德尔菲法等，对未来的绩效或未来目标实现结果进行预测，确定预期的绩效水平和目标值。

（3）基于企业战略分析和预测的结果，对比当前公司、同行业平均水平、竞争对手和标杆的绩效水平和目标值，识别存在的差距和问题，制定相应的改进措施和行动计划，以提高企业的绩效水平和目标实现率。

（4）基于企业战略分析和预测的结果，识别企业创新和变革需求，如新技术的导入、产品和服务的创新、进入新市场、建立新的合作伙伴关系、企业重大战略调整等，并制定相应的创新和变革策略。

六、提高战略执行力

战略执行力是指把战略决策转化为结果的能力，是企业获得竞争优势和高质量发展的基础。提高战略执行力，需要注意以下几个方面：

（1）确保战略的可执行性。企业制定的战略、目标、方案和计划，要符合企业的发展方向和实际，具有挑战性和可实现性，能够指明方向，凝聚力量，鼓舞士气，引领发展。

（2）进行充分的战略沟通。高层领导要对员工、顾客及相关方进行战略解读，增强信心和决心。对内部进行战略动员，深刻理解战略和目标的意义，形成共同的价值取向和利益共同体。

（3）进行战略目标分解。将企业的战略目标层层分解到岗位（人），建立起战略执行的责任体系，传导战略压力，发挥员工的能动性和创造性，营造"比学赶帮超"的氛围。

（4）建立考核评价体系。定期考核评价战略的执行和目标的实现情况，发现问题，分析原因，采取改进措施。如果是战略制定或环境变化导致影响目标实现，就要调整战略和目标。如果是执行者失误，就要加以改善。对于表现突出的部门和员工，就要奖励和表彰，发挥标杆示范作用。

第二节 条款解析

一、总则

🔍 条款引用 ▶▶▶

4.2.1 总则

本条款用于评价组织的战略及其目标的制定、部署及进展情况。

✏️ 条款解读

战略是指企业未来发展的总方向和总体规划，是基于全局性战略分析和长远性战略选择的科学合理的资源配置和整体部署，体现了"战略导向"和"系统管理"的基本理念。企业通过以下几个步骤实施战略：

（1）制定战略和战略目标，确立企业向何处发展、如何发展的愿景和方案；

（2）部署战略和战略目标，将其具体化为各部门的行动计划，明确责任、任务和期限；

（3）分解关键绩效指标，将其层层落实到各级 KPI 指标，衡量战略实施效果；

（4）配置资源并予以实施，动员和调配各种资源，保障战略的有效执行。

二、战略制定

📍 条款引用 》》》

4.2.2　战略制定

4.2.2.1　提要

组织如何制定战略和战略目标。

✏️ 条款解读

该条款是对企业在制定战略方面的总体要求，主要是描述企业如何确定战略方向和战略目标，使其强化和引导企业的核心竞争优势和未来的成功。

制定战略和战略目标需要遵循一定的步骤和方法，以保证其有效性和可执行性。一般来说，制定战略和战略目标需要经历以下几个步骤：

（1）调查研究。这一步骤主要是收集并分析企业内外部的信息和数据，包括企业的历史、现状、优势、劣势等，以及行业的趋势、竞争、机会、威胁等，以便对企业所处的环境和状况有一个全面和深入的了解。

（2）拟定目标。这一步骤主要是根据调查研究的结果，确定企业未来发展的愿景和方向，以及为实现愿景所需要达到的具体结果或状态。拟定目标时要注意其可量化、可评价、可实现等特征，以便于后续的执行和评估。

（3）评价论证。这一步骤主要是对拟定的目标进行评价论证，检验其是否符合企业的使命、价值、资源等条件，是否适应外部环境的变化，是否能够带来预期的效益，是否存在潜在的风险或障碍等。

（4）目标确定。这一步骤主要是根据评价论证的结果，对拟定的目标进行选择、修订或确定，并将其分解为不同层次或阶段的子目标，形成一个完整且清晰的目标体系，并将其传达给企业各层次或部门。

📍 条款引用 》》》

4.2.2.2　战略制定过程

4.2.2.2.1　组织应描述其战略制定过程、主要步骤及主要参与者，如何确定长、短期计划的时间区间，以及战略制定过程如何与长、短期计划时间区间相对应。

条款解读

本条款是对战略策划机制的描述提出要求。企业应当明确战略制定的过程、步骤，组织结构及其职责，合理确定战略区间。

（一）战略制定的组织结构及职责

首先，企业应当明确战略管理的领导机构，如董事会、战略规划委员会、战略管理领导小组等。企业的最高领导应当亲自主持战略管理领导机构工作，主导战略策划过程。战略制定过程的参与者应根据企业的性质、规模、行业特点等，由不同专业、资历、职能的人员组成。必要时，还应包括行业专家、政府有关人员以及战略管理方面的专家，确保企业战略制定的科学性和适用性。战略管理领导机构的主要职责包括但不限于：

（1）研究确定战略管理流程；

（2）领导企业战略管理活动；

（3）研究确定企业重大战略研究课题、企业发展战略和战略目标；

（4）选择和批准企业的战略方案；

（5）进行战略部署、沟通、实施与监督；

（6）根据战略评价结果，研究重大战略调整、改进与创新。

其次，企业应当确定战略管理的归口协调部门，如总经理办公室、战略规划部、战略管理办公室、企业管理部等。主要职责包括：

（1）负责拟定战略制定的工作计划；

（2）负责收集汇总分析数据信息并组织讨论提炼；

（3）负责督办落实战略领导机构研究的事项；

（4）承办有关会议，负责会议记录，起草会议纪要、文件等；

（5）负责草拟企业发展战略方案；

（6）协调战略管理活动的有关事宜；

（7）承办战略领导机构交办的其他事项。

最后，成立跨职能战略小组可以有效解决战略管理的协调性，资源配置的计划性、合理性和有效性。如人力资源跨职能小组、财务跨职能小组、生产制造跨职能小组、研发跨职能小组等，各职能小组根据战略职能任务不同，由相关部门负有战略责任的人员参与研究职能战略的制定，共同确定职能战略目标和实施的途径及方法。需要强调的是，跨职能小组主要研究协调某一职能领域有关战略制定的事项，不替代职能部门在战略制定中的职责。战略制定的组织结构如图4.2所示。

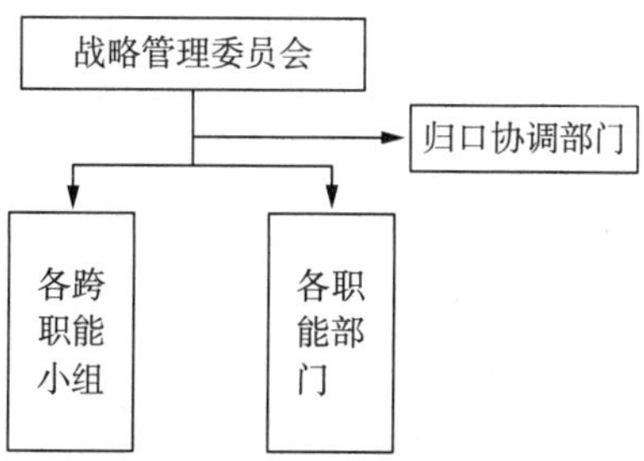

图4.2 战略制定的组织结构图

（二）战略制定步骤与流程

企业战略制定的流程如图4.3所示。

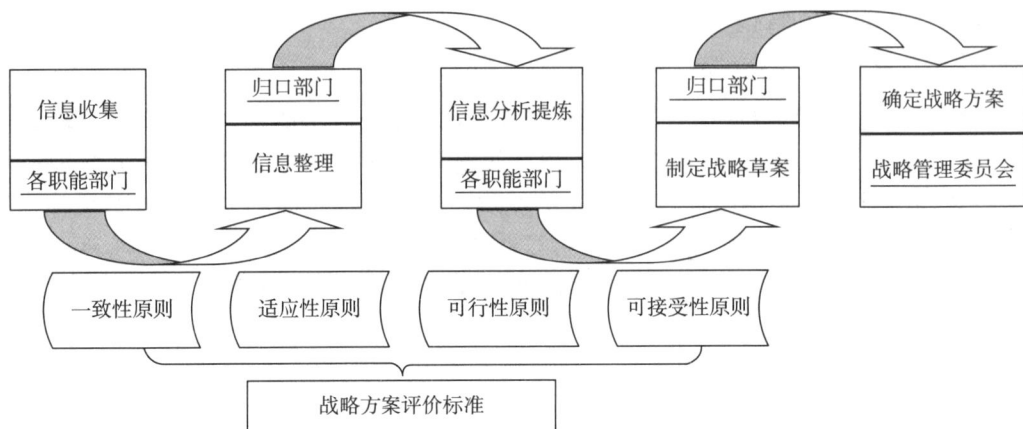

图4.3　企业战略制定流程图

（1）评估企业当前的业绩。用盈利率、销售额、投资收益率、成本水平、流动资产周转率等财务指标评估当前业绩。评估企业当前战略态势，包括使命、愿景、价值观、发展目标、战略定位等。

（2）评价企业的公司治理状况。评价企业高层领导团队的业绩、知识结构、治理能力等，以及治理机构成员的知识结构、治理能力、执行力等。

（3）外部环境分析。通过外部宏观环境、行业发展环境、市场竞争环境等分析，寻求发展机会（O）和战略挑战（T）因素。

（4）内部环境分析。主要是企业的资源禀赋和发展能力分析，总结提炼企业的发展优势（S）和劣势（W）等战略因素。

（5）战略综合因素分析（SWOT）。通过SWOT综合因素分析，找出企业的机会、威胁、优势、劣势以及核心竞争力；确定企业"能做什么"和"应该做什么"，进行优势、劣势、机会、威胁综合分析判断，确定企业当前的发展战略，提出战略目标，明确战略途径和实现的方法。

（6）对战略预选方案进行评估，选择适合企业发展的最佳战略方案。

（7）批准战略方案。

（三）企业战略区间的确定

根据行业及产品和服务特点，规定长、中、短期战略规划的时间区间。通常情况下，电子信息、IT等产品和服务行业，战略区间长期一般不超过3年，短期是半年或1年。机械制造、汽车制造、大型装备制造等产品生产企业，可以与国家战略规划同步，长期5年，中期3年，短期1年。对于能源、基础设施建设、钢铁（冶炼业）等行业，长期可以10年或者更长，中期5年，短期1~3年。中小企业可以运用逐年滚动的5年发展规划，如图4.4所示。

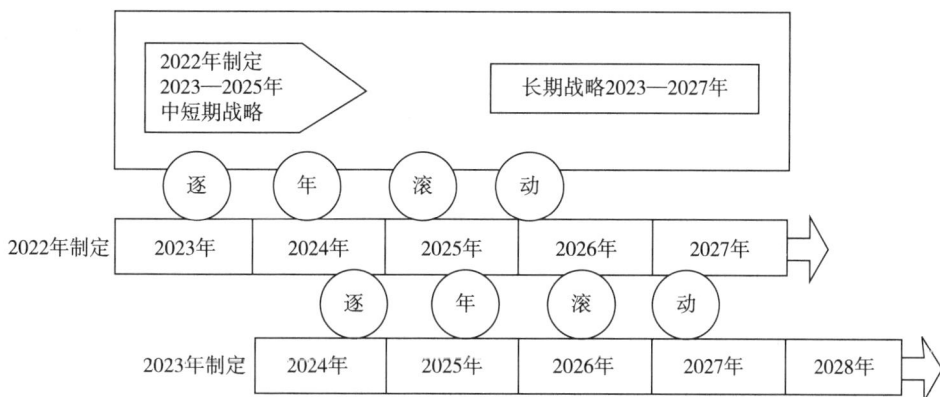

图4 4 逐年滚动的5年发展规划示意图

（四）编制战略制定的工作计划

公司战略管理归口协调部门负责编制战略制定的工作计划，经战略管理领导机构最高负责人批准后执行，见表4.2所列。

表4.2 公司战略制定工作计划

序号	工作内容	完成时限	工作要求	责任部门
1	明确战略管理组织机构及职责		印发组织机构和职责文件	战略协调办公室
2	起草战略制定的指导性文件		印发指导性文件	战略协调办公室
3	评估企业文化体系		提出评估意见	总经办
4	下达战略研究课题		提出课题研究报告	课题组
5	内外部环境分析		提出分析结论	各职能部门
6	综合汇总战略分析结论		完成战略分析报告	战略协调办公室
7	战略综合因素分析，提出战略和战略目标建议		明确战略定位和战略目标建议	战略协调办公室
8	形成战略方案（草案）		对战略方案（草案）组织评估	战略协调办公室
9	讨论决定战略方案		确定战略规划	战略管理委员会
……	……			

（五）企业战略规划的编制方法

（1）自上而下逐级分解法。战略决策机构提出一个战略规划草案征求意见稿，发给各部门讨论，汇总修改意见，再进行修改完善，形成讨论稿，提交战略决策机构审定。

（2）自下而上逐步合成法。战略制定的归口协调部门将战略规划制定意图、工作计划、有关研究课题、职责分工及工作要求等告知下属部门，各跨职能战略小组、各部门及有关人员根据计划和要求，收集、整理、分析有关信息数据，提出战略规划有关部分的意见和建议，提交给战略归口协调部门。战略归口协调部门进行合成，形成战略规划草案，供战略决策机构讨论和审定。

（3）专职规划部门制定。大型企业集团或设置有负责战略规划职能的部门，由其部门组织收集战略信息数据并归纳提炼，提出战略规划草案，提交战略决策机构讨论和审定。

（4）委托咨询机构制定。企业委托第三方专业咨询机构制定。

（5）企业与咨询机构合作制定。企业与咨询机构合作制定战略规划的方式。这种方式比较好，企业了解自身的情况，咨询机构熟悉战略制定的方法和工具，考虑问题比较全面。

在战略规划制定的实际过程中，以上5种方式往往可以结合在一起来操作。

条款引用

4.2.2.2.2　如何确保制定战略时考虑下列关键因素，如何就这些因素收集和分析有关的数据和信息：

——顾客和市场的需求、期望以及机会；

——竞争环境及竞争能力；

——影响产品、服务及运营方式的重要创新或变化；

——资源方面的优势和劣势，资源重新配置到优先考虑的产品、服务或领域的机会；

——经济、社会、道德、法律法规以及其他方面的潜在风险；

——国内外经济形势的变化；

——组织特有的影响经营的因素，包括品牌、合作伙伴和供应链方面的需要及组织的优势和劣势等；

——可持续发展的要求和相关因素；

——战略的执行能力。

条款解读

（六）制定战略时应考虑的关键因素

战略制定是企业发展的重要环节，需要预测和把握未来的竞争环境，降低风险，提高反应能力，识别机会。在战略制定过程中，企业应考虑以下关键因素：

（1）充分了解顾客与市场新的需求、期望及变化，顾客与市场的变化将给企业带来的机会和挑战。

（2）企业是否拥有新的技术、新的产品并形成新的核心竞争优势；市场中是否有新的竞争对手以及其拥有的核心技术和重大技术举措；本企业应对市场环境突变的能力以及新的竞争优势是什么。

（3）企业运营机制、业务模式是否发生重大变化（指颠覆性的，如数码技术颠覆胶片业）；这些重大变化给企业带来的影响程度如何；企业是否具备应变的能力。

（4）企业的资源禀赋和能力如何；具有哪些优势和劣势；人力、财务等资源对市场布局、产品和服务的调整和变化与企业的发展方向是否一致；资源优先配置的产品、服务或领域能为相关方带来的增值机会等。

（5）外部宏观政治和经济环境（如房地产政策、新基建、土地、金融等）方面变化，对企业有什么影响或有什么机会；企业如何利用这些机会；如何应对这些因素带来的潜在风险。

（6）国内外经济形势的变化给企业带来的影响。

（7）企业适应顾客和市场需求的供应链系统；企业是否有战略合作伙伴的支持或是形成战略联盟；企业的品牌建设的良好支撑作用等。

（8）企业的社会责任履行给社会带来什么影响；环保、资源的循环利用、质量安全等给企业产生制约或为企业带来新的市场机会有哪些影响。

（9）企业是否建立了战略执行系统；企业调动资源的保障能力如何；企业应对突发事件的敏捷性和变更新战略规划的快速执行力等。

以上9个方面不是固定不变的，不同行业、不同产品或服务、不同发展阶段的企业可能有不同的关键因素。企业应根据自身的实际情况，动态地确定和调整关键因素，并注意因素之间的相互影响和关联。

（七）战略分析常用的方法与工具

企业在制定战略时，可以根据具体情况和企业的实际，采用不同的分析工具、模型和方法，以获得清晰、准确的分析结论。

1. 常用的战略分析工具

（1）PEST分析模型。这是一种宏观环境分析模型，PEST代表政治（Political）、经济（Economic）、社会（Social）和技术（Technological）4个方面。这些方面是企业所处的外部环境，一般不受企业的控制，但需要企业及时了解和适应。PEST分析的目的是确定宏观环境中对行业和企业有影响的关键因素，预测这些因素未来的变化趋势，以及评估这些变化对企业带来的机遇和威胁。PEST分析的主要内容见表4.3所列。

表4.3　PEST分析的主要内容

宏观环境	分析的具体内容
政治（P）	①制约和影响企业的政治因素；②法律体系、法规及法律环境
经济（E）	①经济结构、经济增长率、财政与货币政策、能源和运输成本；②消费倾向与可支配收入、失业率、通货膨胀与紧缩、利率、汇率等
社会（S）	①教育水平、生活方式、社会价值观与习俗、消费习惯、就业情况等；②人口、土地、资源、气候、生态、交通、基础设施、环境保护等
技术（T）	①创新机制、科技投入、技术总体水平、技术开发应用速度及寿命周期、企业竞争对手的研发投入；②社会技术人才的素质水平和待遇成本

（2）五力模型。五力模型是一种行业竞争战略分析工具，由美国经济学家迈克尔·波特于20世纪80年代初提出，对全球企业战略制定有着重要影响。它可以有效地分析企业

所处的顾客竞争环境，明确竞争对手，判断企业的竞争力状况。五力模型包括以下5个方面：供应商的议价能力、购买者的议价能力、潜在进入者的威胁、替代品的威胁、现有竞争者的竞争程度，如图4.5所示。

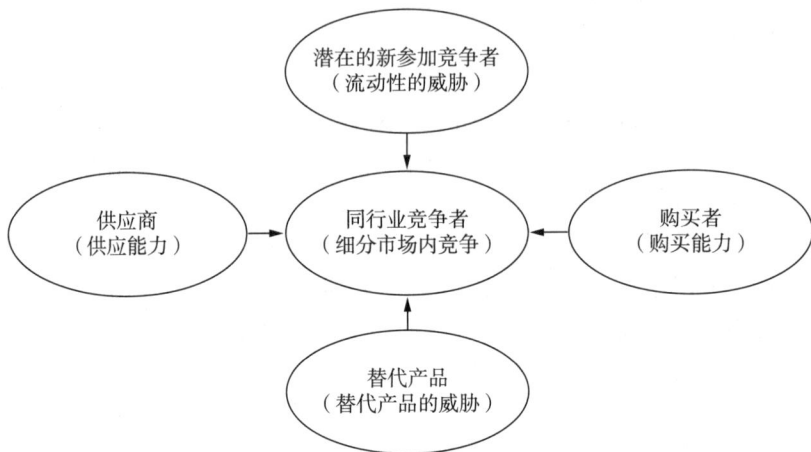

图4.5　五力分析模型

（3）竞争者分析。竞争者分析是一种企业战略分析方法，它利用五力模型识别出企业的竞争对手，然后对竞争对手的目标、资源、市场和服务水平、市场能力和发展战略等方面进行分析评价，以便了解自身和对手的优劣势。

（4）价值链分析。价值链是一种企业战略分析工具，由美国经济学家迈克尔·波特于1985年提出。企业是由一系列设计、生产、销售、发送和辅助其产品的活动组成的，这些活动相互关联，构成了一个创造价值的动态过程。价值链分析可以帮助企业确认自身的优势和劣势，提高竞争力。价值链有以下3个特点：

第一，企业各项活动之间有密切联系，需要协调一致。例如，原材料供应的计划性、及时性和协调性会影响企业的生产制造效率和质量。

第二，企业各项活动都能带来有形或无形的价值，需要重视质量和效果。例如，售后服务的质量和速度会影响企业的信誉和顾客满意度，从而带来无形价值。

第三，价值链不仅包括企业内部活动，也包括企业外部活动，需要建立良好的关系。例如，与供应商和顾客之间的合作和沟通会影响企业的成本和收入，从而影响企业的利润。

波特的价值链理论揭示了企业竞争的本质不是某个环节的竞争，而是整个价值链的竞争。因此，企业需要优化整个价值链的综合竞争力。

除了价值链分析外，还有一些其他常用的战略分析工具，如：

关键成功因素（Key Successful Factors，KSF）分析。这是指影响企业或其产品在行业中地位和优势的条件、能力或变量等关键因素。它可以帮助企业识别自身和竞争对手的优劣势，制定有效的战略。

主要障碍性因素（Critical Business Issues，CBI）分析。这是指影响企业发展和经营的主要障碍或问题。它可以帮助企业识别自身和外部环境中存在的风险和挑战，制定应对措施。

依据4.2.2.2.2制定战略时应考虑的关键因素，收集和分析有关的数据和信息详见表4.4所列。

表4.4　关键信息收集一览表

信息类别	关键信息	信息来源渠道	责任部门	收集频次	分析根据及方法
外部环境	国内外宏观政策环境	国家发展战略、地方政府发展政策规划、法律法规、技术发展变化、相关报刊与网站	归口部门	每季度	PEST分析法
	行业发展环境趋势、竞争状况、竞争对手信息、市场占有率、潜在竞争者、顾客消费趋势等	行业协会组织、第三方机构、有关报刊、行业会议、走访调研、有关网站等	市场部	每月	五力模型分析、竞争对手分析、趋势分析
内部资源和能力	日常经营管理信息	企业各种会议、网络信息系统	办公室信息化部	每月	价值链分析 KSF分析 CBI分析
		绩效考核结果	人力资源部	每月	
		总结	办公室	半年	
		各种体系评审结论	企管部	年	
	各种资源、能力信息、品牌影响力、关键合作伙伴关系等	各种报表、总结、信息系统、供应链信息渠道	各有关部门	每半年	

2. 常用的战略制定工具

（1）SWOT分析是一种企业战略分析工具，它根据企业的外部环境和内部资源及能力，分析企业的优势（S）、劣势（W）、机会（O）和威胁（T）。通过SWOT矩阵分析，企业可以确定适合自身的总体发展战略，实现明确的发展战略定位。SWOT矩阵分析战略选择见表4.5所列。

表4.5　SWOT矩阵分析战略选择表

内部环境分析／外部环境分析	S（优势）		W（劣势）	
O（机会）	SO战略：增长（扩张）型战略		WO战略：稳定扭转型战略	
	S1	O1	W1	O1
	S2	O2	W2	O2
	S3	O3	W3	O3
	S4	O4	W4	
	S5	O5	W5	

内部环境分析 外部环境分析	S（优势）		W（劣势）	
T（威胁）	ST 战略：稳定多元型战略		WT 战略：收缩（撤退）型战略	
	S1	T1	W1	T1
	S2	T2	W2	T2
	S3	T3	W3	T3
		T4		
		T5		

SWOT 分析的步骤如下：

第一步罗列企业的优势（S）、劣势（W）、机会（O）和威胁（T）。

第二步将优势、劣势与机会、威胁相组合，形成四种战略，即 SO 战略（利用优势抓住机会，扩大市场占有率，实施扩张，快速发展）、ST 战略（利用优势规避威胁，实施多种经营，稳定局势，等待机会，果断迎战）、WO 战略（利用机会改善劣势，引入合作伙伴，弥补自身短板，抓住机会共同发展）、WT 战略（减少劣势避免威胁，保留主要业务，休养生息，等待时机或者撤退，转型发展）。

第三步根据企业的实际情况和目标，甄别和选择适合的战略，并制定具体的策略。

第四步根据所选的战略和策略，确定发展战略和战略关键指标。

（2）波士顿矩阵（BCG Matrix）是一种用于分析企业产品结构和竞争力的工具，由美国波士顿咨询公司创始人布鲁斯·亨德森于 1970 年提出。它的目的是帮助企业根据市场需求的变化，调整产品的品种和结构，明确产品的市场定位。它根据产品的市场增长率和相对市场份额，将产品分为 4 种类型：明星、金牛、问题和瘦狗，从而帮助企业制定不同的发展战略。

明星类产品：市场引力和企业实力都高，表明产品有良好的市场前景和竞争优势，需要继续投入资源，实施扩张，快速发展。

金牛类产品：市场引力低，企业实力强，表明产品已经成熟，有稳定的市场份额和利润，需要保持现有的优势，实施收割，稳定发展。

问题类产品：市场引力高，企业实力弱，表明产品有潜在的市场机会，但缺乏竞争力，需要评估是否有改善的可能性，实施改进或放弃，转型发展。

瘦狗类产品：市场引力和企业实力都低，表明产品已经衰退，没有市场前景和竞争优势，需要尽快撤出市场，减少损失，寻找新的机会。

条款引用

4.2.2.3　战略和战略目标

4.2.2.3.1　说明战略和战略目标，以及战略目标对应的时间表和关键的量化指标。

✏️ **条款解读**

企业的使命、愿景和价值观是制定战略和战略目标的基础。使命决定了企业的核心价值观，体现了企业的存在意义和社会责任。愿景是企业未来的发展理想状态，是实现使命的途径和结果，也是制定战略的输入。价值观是企业的行为准则，支撑着使命的实现，体现在企业的制度、政策、产品和服务中。企业应该根据自己的使命、愿景和价值观，寻找自己的核心竞争力和差异点，这是高层领导在战略中发挥作用的重要体现。

战略和战略目标是企业的长期发展方向，指导着资源的配置和调整。战略是企业针对外部和内部环境中的机会和挑战而制定的打算或应对，涉及顾客、市场、产品、服务或技术等方面。战略目标是企业为保持和获得竞争力而必须达到的状态或绩效水平，是企业使命、愿景的展开和具体化。战略目标应该包含若干关键指标的长期和短期的量化指标，明确不同指标在不同阶段应达到的水平。

为了实现战略目标，企业还需要制定对应时间表，描述各阶段性成果的时间点。这样可以帮助企业判断其绩效发展是否符合既定的轨迹，是否需要采取调整措施。关键指标应当符合 SMART 原则，战略指标应当有具体的、可测量的、可实现的、有挑战性、可接受性、有时限性等特征。

🔍 **条款引用** ≫≫≫ ————————————————————————— ≫≫≫

4.2.2.3.2　战略和战略目标如何应对战略挑战和发挥战略优势，如何反映产品、服务、经营等方面的创新机会，如何均衡地考虑长、短期的挑战和机遇以及所有相关方的需要。

✏️ **条款解读**

根据企业内外部环境的分析结果，企业用 SWOT 矩阵分析明确未来的发展战略定位，用波士顿矩阵分析确定产品定位。根据企业发展战略，企业用平衡计分卡均衡地考虑长、短期的挑战和机遇，以及所有相关方的需要，如股东的投资收益、顾客的满意与成功、员工的发展与成长、供方的共同成长以及社会责任（如双碳指标）要求等。在这个过程中，企业应该确定最关键的战略目标和相对应的时间表，并且提出量化的适当数量的战略关键指标，使企业明确阶段性战略目标的实现情况。企业应该清晰地表述战略意图以及战略周期结束时要达到的效果。

企业的战略目标是基于战略经营活动预期取得的主要期望值。它是企业使命、愿景的展开和具体化，是企业确认的经营目的、社会责任的进一步阐明和界定，也是企业在既定的战略区间、业务领域展开经营活动所要达到绩效水平的具体要求。因此：

（1）战略目标应与企业的使命、愿景、价值观保持一致，与内外部环境相适宜；

（2）战略目标应该是具体的、量化的、重点突出的、可度量的；

（3）战略目标水平应当是递进的、具有挑战性和竞争性的；

（4）战略目标应当均衡地考虑长、短期的挑战和机遇；

（5）战略目标应当易于理解和具有凝聚激励作用；

（6）战略目标应当在规定时限内，经过努力可以实现；

（7）战略目标应该均衡地考虑员工、顾客等相关方的利益。

企业确定战略和战略目标以后，需要制定保障措施，包括业务竞争战略，这些措施应能反映产品、服务、经营等方面的创新机会。企业还应充分发挥核心竞争力和战略伙伴的作用，以支撑战略和战略目标的达成。此外，还要考虑规避和应对战略风险。不同企业根据自身的业务、资源、能力及面对的发展环境，所采取的措施也各不相同。至此，企业就制定了初步的战略方案。

最后，企业需要对制定的几种预选方案进行评估和选择，并确定比较适合企业发展、相对满意的方案。评估和选择时，应坚持一致性、适应性、可行性、可接受性评估标准，如图4.3所示。"一致性"，即方案中的各项内容应与企业文化保持一致性。"适应性"，即方案应与企业的外部发展环境相适应，因为外部环境的变化不以企业的意志为转移，企业只能"适者生存"。"可行性"，即方案中的战略和战略目标是否可操作、可执行。"可接受性"，即方案中的各项指标是否能平衡各相关方的利益。如企业利润的分配，股东想把利润多留存一些，考虑企业的可持续发展和股东的利益分红；而员工则希望提高薪酬福利和物质待遇，提高其生活质量，调动工作积极性。二者从方向上看都是为了企业更好地发展，但是，利润是有限的，股东留存多了，员工薪酬福利就少了，反之亦然。因此，只能相互妥协让步，平衡二者的利益，相互兼顾。没有绝对的公平，只有根据发展的需要，采取适当的平衡，有关方都能接受即可。

三、战略部署

🔍 条款引用 》》》》》》》》》》》》》》》》》》》》》》》》》》》》》》》》》》

4.2.3　战略部署

4.2.3.1　提要

组织如何将战略和战略目标转化为实施计划及相关的关键绩效指标，以及如何根据这些关键绩效指标预测组织未来的绩效。

✏️ 条款解读

这里描述了"战略部署"评分条款的主题，即企业如何制定和部署实现战略目标的实施计划、如何监测和控制实施计划的执行、如何预估企业的未来绩效。它体现了准则对企业在战略部署方面的整体要求。

🔍 条款引用 》》》》》》》》》》》》》》》》》》》》》》》》》》》》》》》》》》

4.2.3.2　实施计划的制定与部署

4.2.3.2.1　如何制定和部署实现战略目标的实施计划；如何根据环境的变化对战略目标及其实施计划进行调整和落实。

✏️ 条款解读

实施计划是指根据长、短期战略目标制定的具体行动方案，它涵盖了资源安排和时间要求等细节。实施计划是战略部署的重要环节，它需要在整个企业范围内得到理解和执行。实施计划的内容包括：

（1）为各部门、各层次、各时间段建立协调一致的测量指标，以评估战略实施的效果；

（2）设计有效的降低成本程序，并建立能够核算每项活动成本的核算制度，以提高资源利用效率；

（3）确定实施战略的优先事项，突出强调企业的战略重点和关键指标，以保持战略方向和焦点。

战略管理是一个动态的过程，需要根据外部经营和技术环境的变化、内部资源的变化，及时调整实施计划、战略和战略目标，以提高企业的绩效和竞争优势。

🔍 条款引用 ▶▶▶ ━━ ▶▶▶

4.2.3.2.2　说明组织的主要长、短期实施计划，这些计划所反映出的在产品和服务、顾客和市场以及经营管理方面的关键变化。

✏️ 条款解读

主要长、短期实施计划，是指根据长、短期战略目标和战略挑战，制定的具体行动方案，即职能战略规划。它包括市场营销、生产制造、技术研发、资源配置及经营管理等各职能或各部门的详细的资源安排、时间要求、监视系统等。企业应当制定和部署可执行的长、短期实施计划，以确保实现企业的战略目标。具体步骤如下：

（1）确定将战略目标转化为长、短期实施计划的方法，指导各职能或各部门制定实施计划方案；

（2）进行充分的战略沟通，将高层次的战略信息正确传递给内部和外部相关方，达成战略共识，凝聚团队力量，激发员工创新；

（3）根据产品和服务、顾客和市场以及经营管理方面可能发生的关键变化，及时调整各职能或各部门的实施计划，使企业能够敏捷地适应环境变化；

（4）将企业的战略关键指标逐级分解，形成企业、部门、岗位等各级 KPI 指标，明确工作职责和要求，充分发挥全体员工的主观能动性；

（5）制定战略实施计划，将战略目标转化为战略实施行动，并提出可测量的具体绩效指标及措施。

战略实施计划可概括为"三级别三要素"，即分为公司层、业务（部门）层、执行（岗位）层 3 个级别，每个级别都有方向和目标、机会和威胁、计划和指标 3 个要素。各部门各岗位依据实施计划的要求，制定并完善有关制度、执行程序、流程和作业指导书等。

条款引用 》》》》》》》

4.2.3.2.3 如何获取和配置资源以确保实施计划的实现；说明组织为了实现长、短期战略目标和实施计划的重要资源计划。

条款解读

为了确保战略实施计划的实现，企业需要获取和配置各种资源，包括人力资源、财务资源、技术资源、信息和知识资源、基础设施和相关方资源等，并根据长、短期战略目标和实施计划，制定重要的资源配置计划。资源管理是战略部署的重要内容。资源管理是指企业对其可用资源的规划、分配、控制和优化，以支持其业务目标和活动。

企业在战略部署过程中，根据战略和战略目标影响的重要程度和优先次序，进行资源需求分析、资源供给分析、资源匹配、资源调整和资源评估等，并且制定资源配置计划，如人力资源计划、物流需求计划、财务管理计划和技术发展计划，并制定相应的获取和配置方案的过程。

任何企业的资源都是有限的。因此，企业应将有限的资源依据战略重点和战略目标的影响程度，明确优先次序，按照突出战略重点、效率、经济性的原则，科学合理地优化配置，使资源优势最大化发挥，保障企业总体战略和战略目标的实现。

条款引用 》》》》》》》

4.2.3.2.4 说明监测实施计划进展情况的关键绩效指标，如何确保这些指标协调一致，并涵盖所有关键的领域和相关方。

条款解读

企业根据总体战略目标任务，采用目标管理或平衡计分卡等方法，将战略目标分解、细化并协调一致，形成涵盖所有关键战略领域或相关方的各级 KPI 指标体系。企业建立测量系统，监测关键绩效指标的实施进展，评价战略实施的可执行性和有效性。测量系统的内容包括：关键绩效测量指标、测量及评价标准、指标责任部门、测量部门（人）、统计计算方法、测量周期、测量结果的应用等。测量系统与"4.6 测量、分析与改进"系统保持一致。

企业通过测量系统获取数据和信息，对数据信息进行分析，评价战略及战略目标的实现情况，总结经验教训，寻找改进机会并进行原因分析，提出优化措施。若发现战略存在不符合实际的缺陷，则进行战略调整和完善。

企业战略调整分为常规性调整和紧急调整。常规性调整是根据年度绩效考核、短期战略执行结果，对比上一个对应期限内战略完成情况与战略绩效指标，规划并调整下一对应期限内的战略目标。紧急调整是因为遭遇突发事件、重大环境变化、严重影响战略实施的情况而进行的战略调整。这体现了战略管理和实施的动态过程，需要把握内外部环境变化加以动态管理控制，以提升企业适应环境及快速反应能力。

条款引用

4.2.3.3　绩效预测

说明组织长、短期计划期内的关键绩效指标的预测结果以及相应的预测方法；如何将所预测绩效与竞争对手或对比组织的预测绩效相比较，与主要的标杆、组织的目标及以往绩效相比较；如何确保实现所预测绩效，如何应对相对于竞争对手或对比组织的绩效差距。

条款解读

绩效预测是指对企业未来的绩效和未来目标实现结果的估计，是战略管理的一个重要组成部分。

（一）绩效预测的方法

绩效预测方法包括定量和定性的预测方法，如时间序列预测法、回归分析预测法、德尔菲法等方法。

（1）时间序列预测法。时间序列预测法是一种历史资料延伸预测，也称历史引申预测法。它是以时间序列所能反映的社会经济现象的发展过程和规律性，进行引申外推，预测其发展趋势的方法。

时间序列预测法就是通过编制和分析时间序列，根据时间序列所反映出来的发展过程、方向和趋势，进行类推或延伸，借以预测下一段时间或以后若干年内可能达到的水平。其内容包括：收集与整理某种社会现象的历史资料；对这些资料进行检查鉴别，排成序列；分析时间序列，从中寻找该社会现象随时间变化而变化的规律，得出一定的模式；以此模式去预测该社会现象将来的情况。

（2）回归分析预测法。回归分析预测法是在分析市场现象自变量和因变量之间相关关系的基础上，建立变量之间的回归方程，并将回归方程作为预测模型，根据自变量在预测期的数量变化来预测因变量关系大多表现为相关关系。因此，回归分析预测法是一种重要的市场预测方法。当我们在对市场未来发展状况和水平进行预测时，如果能将影响市场预测对象的主要因素找到，并且能够取得其数量资料，就可以采用回归分析预测法进行预测。它是一种具体的、行之有效的、实用价值很高的常用市场预测方法。

依据相关关系中自变量的个数不同，可分为一元回归分析预测法和多元回归分析预测法。在一元回归分析预测法中，自变量只有一个，而在多元回归分析预测法中，自变量有两个以上。

依据自变量和因变量之间的相关关系不同，可分为线性回归预测和非线性回归预测。

（3）德尔菲法。德尔菲法是在20世纪40年代由赫尔姆和达尔克首创，经过戈尔登和兰德公司进一步发展而形成的绩效预测方法。德尔菲法也称专家调查法，其采用通信方式分别将所需解决的问题单独发送到各个专家手中，征询意见，然后回收汇总全部专家的意见，并整理出综合意见。随后将该综合意见和预测问题再分别反馈给专家，再次征询意见。各专家依据综合意见修改自己原有的意见，然后再汇总。这样多次反复，逐步取得比较一致的预测结果。

德尔菲法依据系统的程序，采用匿名发表意见的方式，即专家之间不得互相讨论，不发生横向联系，只能与调查人员联系，通过多轮次调查专家对问卷所提问题的看法，经过反复征询、归纳、修改，最后汇总成专家基本一致的看法，作为预测的结果。这种方法具有广泛的代表性，较为可靠。

（二）企业绩效的预测

绩效是成绩与成效的综合，是一定时期内的工作行为、方式、结果及其产生的客观影响。

（1）企业关键绩效的预测对比。绩效的比较数据信息来源：可以从企业以往的绩效推断而来；可以是基于竞争对手的绩效；也可以是基于标杆的绩效；还可以是对充满变化的市场的预测。

预测是对企业改进和变化速度的综合评估，预测还可用于指出那些突破性改进或变化的需求。关键绩效指标是对企业未来战略发展趋势预测结果进行评估的依据。

通过绩效的预测和对比，能够帮助企业提高绩效预测能力，以便更准确地描绘未来企业和主要竞争对手、标杆的绩效趋势，制定在竞争中领先的目标指标以及对策。企业能更全面地评估其相对于竞争对手、标杆和自身目标的改进和变革的速率，以应对绩效差距，进行绩效改进和战略调控，确保实现所预测的绩效。

（2）绩效预测步骤。①企业应收集关键数据，确定分析方法。企业可通过召开经营分析会、战略研讨会等形式，运用因素分析法等工具找出各指标之间的相互关系和对未来战略实施的影响。②企业应跟踪测量、分析评估当前战略规划实施的过程。根据企业当前业绩发展趋势对其未来绩效结果进行预测。通过预测分析总体战略目标的达成度，及时发现问题并纠正，采取有效的战略控制手段减少执行偏差和降低风险。③企业应明确当前关键绩效水平和长短期战略目标预定的绩效水平，确定未来绩效与当前关键绩效指标对比的基准、目标和方法。

（3）企业绩效对比。企业应根据4.2.2.3所确定的战略关键绩效指标，基于所收集的相关数据和信息，运用适宜的科学方法和工具，对长、短期计划期内的绩效进行预测，并将所预测绩效与竞争对手或对比企业的预测绩效相比较，与主要的标杆企业的目标及以往绩效相比较，以制定和验证自己的目标和计划。绩效预测时，可考虑计入因新创办或并购企业、市场的拓展和转移、新的法律法规和标准要求以及在产品、服务和技术上的创新将导致的显著变化。

（4）数据信息的收集分析及战略修正。为了修正和调整战略方案，企业应该适时收集和分析数据信息，主要包括以下几方面：

① 企业根据当前战略实施情况，预测未来的竞争环境和经营绩效，把握战略趋势的信息；

② 预测结果的分析，检查战略实际运行中是否有偏离预定目标的情况；

③ 竞争对手和标杆信息的渠道。通过多种渠道获取竞争对手和标杆的预期绩效信息，如官方网站、社会组织、报纸杂志、政府部门、证券公司、第三方机构等。

企业应该利用这些数据信息进行纵向和横向的比较分析，找出影响竞争环境变化的主要因素，主动应对变化、适时进行战略的修正和调整。企业还应该密切关注战略相关方对企业的市场拓展、商业合作、产品和服务创新等方面的影响，及时意识到企业创新和变革的必要性，抓住机会。企业通过绩效预测过程中的对比与分析，可以提高自身绩效，实现持续创新发展。

关键绩效测量指标系统及绩效预测分析应与"4.6 测量、分析与改进"中的"4.6.2 测量、分析和评价"相一致。

第三节　案例分析

一、公司战略制定案例

××公司高层领导亲自主持战略制定，采取多种分析工具进行战略分析，多层次多方面进行沟通，注重听取吸纳有关政府部门、专家及第三方机构的意见，经过多次研讨论证和评估，最终确定公司的战略方向、总体战略和战略目标，确保战略制定的质量。

（1）全面收集信息数据，科学分析关键因素。公司在战略策划过程中，充分考虑关键因素，并对关键因素信息进行全面收集和科学分析，见表4.6所列。

表4.6　关键因素信息和数据收集与分析

信息类别		主要收集渠道	信息/数据	信息关键因素	分析方法	主要责任部门
外部信息	宏观环境因素	网络、媒体、学术资料、会议、市场调研、政府政策等	政治法律、宏观经济、调控政策、科技进步、社会文化、自然环境	宏观经济变化、政府调控政策；产业调整及资源整合；环保需要对产品节能的高要求；科学进步带来的技术变革和产品创新要求；法律法规、社会道德的潜在风险	PEST分析、外部因素分析	营销中心、品管部、生产中心
	行业竞争环境	行业报告、网络媒体、纸质媒体、学术资料、行业会议	供应商、顾客、潜在竞争者、行业发展趋势、行业竞争态势	技术变革对产品更新换代带来的冲击；国家产业政策调整、行业资源重组配置所带来的市场结构、行业结构变化；竞争对手以及战略跟随者的市场策略调整等	标杆分析、对比分析、趋势分析、五力模型分析	营销中心、生产中心
内部信息	各运营过程及资源	财务报表、统计报表、分析报告、行业报告、工作总结	技术实力、销售能力、生产能力、基础管理、企业文化、人力资源、财务实力	企业治理模型和组织架构、管理层次的清晰性；企业运营绩效；企业的技术研发能力分析；市场开拓能力，售后服务能力；企业文化对企业的凝聚、推动作用；人才培养、引进对企业发展战略的支持力度	内部因素分析、标杆分析、对比分析、财务分析	营销中心、生产中心、财务部、品管部、行政部、人力资源

（2）公司战略制定中的环境分析。公司运用 PEST 方法对外部宏观环境、行业环境进行分析，得出如下结论，见表4.7、表4.8 所列。

表4.7　公司宏观环境分析结论

项目	宏观环境分析内容描述
政治分析（P）	①未来几年，中央及各地方政府制定的宏观调控政策将会给行业的发展带来积极的影响；②国内政治局势稳定，经济稳步发展，推动了行业的稳步发展，为公司营造了优良的市场环境，政府政策大力支持企业发展
经济分析（E）	①根据相关研究预测，"十四五"期间 GDP 稳定增长；②原材料价格上涨，压缩企业的利润空间；③近年来，持续攀升的通货膨胀率对各类运营成本以及劳动力价格产生非常大的影响
社会分析（S）	①教育水平的进步促进了人员素质的提高，为企业提供了具有竞争力的人力资源；②员工对工作的需求也发生了变化，需求层次不断提高；③更加重视环保
技术分析（T）	①各种新材料、新技术、新工艺的开发应用增加了产品的附加值，增强了产品的核心竞争力；②整个产业设备先进性在提高，从而提高了效率、产品质量等；③信息化水平的提高大幅提升了公司管理效率，节省了管理成本

表4.8　公司关键成功因素分析结论

序号	关键成功要素
1	优秀的领导团队：公司高层领导核心团队睿智创新，以高瞻远瞩的发展战略和市场定位带领企业不断追求可持续发展
2	完善的市场网络：通过市场队伍建设，不断巩固市场地位。公司可根据客户生产工艺、素材特性、性能要求及施工环境等开发定制化产品，满足客户个性化需求。公司已在江苏无锡、广东惠州、浙江义乌等地分别设立了营销中心及技术服务中心，产品覆盖全国70%的省市区域，并远销东南亚、中亚等国际市场
3	先进的技术优势：公司建有省级企业技术中心、市级工程技术研究中心、市博士创新工作站和市级企业技术中心，并与江南大学、云南开放大学等进行紧密的产学研合作。公司目前已获授权专利19项，其中发明专利18项
4	产品优势：产品品种多、设计能力强、产品个性化
5	建立了具有公司特色的企业文化，通过制度建设和文化建设，营造了"公平、进取、和谐"的企业氛围
6	品牌优势：作为行业知名企业，品牌具有较高知名度

综合对公司外部宏观环境、产业环境和企业内部资源的分析，运用 SWOT 分析方法，结合当前的实际运营状况，总结出公司未来5年发展中的比较优势、面临问题、发展机遇和存在的挑战，见表4.9 所列。

表4.9　SWOT 矩阵分析

内部因素 / 外部因素 战略匹配	优势（S）	劣势（W）
	①技术工艺较先进；②信息化程度较高；③人才队伍经验丰富，研发创新能力较强；④深化精益管理，运营效率高；⑤基础设施支撑能力较好	①应收账款余额较大；②募集资金运用的风险；③技术人才竞争激烈，存在流失的风险；④经营成本越来越高
机会（O）①国家宏观经济政策有利于企业发展；②市场需求旺盛；③国家法律比较完善，竞争环境相对规范；④营商环境良好；⑤国内产业链比较完整等	**SO 战略**　实施增长型战略 ①利用国家政策，抢抓市场机遇；②加快主业专业化发展；③发挥人才优势，用核心技术丰富产品结构；④发挥管理和基础设施优势，提升运营管理水平；⑤实施个性化定制和精益生产管控；⑥控制产业链高端，创新经营模式	**WO 战略**　实施扭转型战略 ①寻求合作伙伴，应对财务风险；②通过业务一体化建设，提高组织能力和运营能力；③与知名企业合作共赢；④实施战略转型
威胁（T）①国际竞争对手强劲；②原材料价格波动较大；③国内外市场竞争激烈；④产品迭代加快	**ST 战略**　实施多元发展战略 ①加大自动化、智能化投入；②加大自主研发，加快产品迭代；③大力开拓国内市场，通过同大企业进行合作提升企业影响力；④加强供应商的培育，应对原材料波动带来的影响；⑤加快开发新产品、新市场	**WT 战略**　实施撤退型战略 ①整合资源，实施业务转型；②保留技术业务骨干，实施技术创新；③与供应商加盟，实施战略合作；④强化管理，降低经营成本

（3）战略定位。在对公司内外部环境分析基础上，整合社会资源，实现管理创新，坚持依靠科技进步，坚持绿色发展的理念，在未来发展中，公司采取3年滚动发展规划，定位于增长型（SO）战略，依靠优良的产品与制造技术，坚持发展绿色新材料，打造国内外知名品牌。公司致力于打造辐射固化材料、水性环保材料与膜涂布工艺材料领域领先的科技创新型百年企业，产业覆盖涂料、油墨制造等领域，成为全球业内最顶尖技术的拥有者。

（4）制定公司长短期的总体战略目标及对应的时间表。通过内外部环境分析，明确公司面临的机遇和挑战。通过与竞争对手及标杆的对比剖析更加清楚自身的优势与劣势，依据公司的战略定位（SO），确定到2024年，年销售收入达8亿元以上。公司发展战略关键绩效指标见表4.10所列。

表 4.10　公司发展战略关键绩效指标

分类	指标名称（KPI）	测量周期	责任部门	关键绩效指标		
				2022 年	2023 年	2024 年
财务指标	主营业务收入（亿元）	年度/半年/季度	财务部	5.5	6.5	8.0
	利润总额（亿元）		财务部	1.2	1.5	2.0
	纳税总额（万元）		财务部	4500	5000	5500
顾客与市场	市场占有率（%）	年度	营销中心	45	47	50
	顾客满意度（分）		营销中心	97	97.5	98
	顾客投诉处理及时率（%）		品管部	100	100	100
过程有效性	研发投入（万元）	年度	研发中心	3000	3800	4500
	一次性检验合格率（%）		生产中心、品管部	99	100	100
	准时交货率（%）			100	100	100
	万元产值能耗下降率（%）			1.8	1.85	1.92
学习与成长	员工满意度（分）	年度	人力资源部	95	96	96.5
	教育培训（课时）			256	280	290
	工资增长率（%）			8.0	8.7	9.5
	工伤事故数（千人）		人力资源部、行政部	0	0	0
	公益投入（万元）			200	300	350

【案例分析】

公司为确保战略制定的科学性、可靠性、准确性，在策划时基于事实的决策思维，高度重视关键因素的充分度和准确性，对信息和数据进行全面的分析，运用有关战略制定工具，从而确定了公司的发展战略和战略目标。主要特点如下：信息和数据的来源渠道和途径广泛；公司收集并分析信息数据，明确了部门分工，确定了信息和数据的分析方法；对于所获得的信息和数据，从外部信息分析得出机会和威胁，从内部信息分析得出优势和劣势，为运用 SWOT 战略综合因素分析创造了条件；较好地运用了 SWOT 模型，在内外部环境条件分析得出的结论基础上，进行各要素的组合，确定了公司实施 SO 战略的定位；较好地运用平衡积分卡制定了公司关键绩效指标，充分体现了公司长短期发展的平衡，企业、员工及相关方利益的平衡，体现了《卓越绩效评价准则》（GB/T 19580—2012）系统管理的理念和协调性、一致性的要求。

二、公司战略部署案例

××公司通过职能战略进行总体战略的部署，并将职能战略转化为具体行动计划进行战略实施，建立战略目标考核系统并形成公司各级的 KPI 考核指标体系，保证了战略实施的测量、监控和持续改进。

（1）实施计划的制定与部署。公司战略和战略目标的选择分为两层：公司总体战略、职能战略。发建部牵头组织，各部门参与制定，采用平衡计分卡将公司的总体战略、职能战略层层分解至年度经营计划，将年度经营计划分别展开到各部门、班组的季度、月度工作计划，实现战略目标落地。公司通过平衡计分卡对公司战略进行梳理，绘制了战略地图，形成了5大战略重点、22项战略举措、31项行动任务。

（2）战略规划的展开。公司根据职能战略和国网省公司下达的年度任务，制定年度经营计划，并从层次和时间两个维度把年度经营计划和各项目标、资源和措施分解至部门、单位、班组，并形成相应的年度、月度计划，以保证战略的落地。

公司基于SO的发展战略，制定长短期实施计划，充分考虑了供电服务、顾客和市场以及经营管理方面的关键变化。长短期实施计划见表4.11所列。

表4.11　长短期实施计划

战略重点	战略举措	行动任务
电网新形态，加快电网转型升级	1. 加快推动电网建设（电网规划建设）	任务一：提升电网供电能力和资源配置能力——落实"十四五"电网规划，加快500千伏毫二变、220千伏子胥变的建设进度（2023年）
		任务二：提升多端融合互联互动柔性电网——加快县域境内农网台区改造工程，2022年计划改造210个台区，不断提升电网供电能力；开展配电网巩固提升工程，满足分布式能源、新能源汽车等业务的随报随接，实现配网实时负荷的可调可控（2022年）
	2. 强化调度运行能力（电网运行规划）	任务三：提升源网荷储协同互动智能调控能力——开展智能调度系统建设（2022年）
		任务四：提升多元柔性可控负荷资源聚合优化——持续推进社会运营商电动汽车充电站建设，参与源网荷储绿色调度（2022年）
	3. 开展信息支撑建设（信息化规划）	任务五：建设配电侧信息感知——推进台区智能融合终端设备建设，全面感知开关、配电房、台区及低压线路的电气、状态和环境等状态（2022年）
		任务六：建设配电自动化——实现利辛地区配电自动化线路覆盖率85%，终端在线率不低于20%，遥信正确率不低于22%，遥控成功率不低于22%，馈线自动化（FA）正确率不低于20%（2022年）
	4. 构建智慧运营模式	任务七：融通平台+"检修计划、缺陷动态管理、主动抢修、可靠性分析、故障诊断管理"深化应用（2022年）
	5. 做好普遍供电服务（市场）	任务八：降低用户停电时间，提升优质服务——用户平均停电时间不超过4.4小时/户（2023年）
		任务九：加快提升客户服务能力（2022年）
		任务十：持续优化营商环境
		任务十一：加强保电精细管理

（续表）

战略重点	战略举措	行动任务
服务新业态，快速发展新兴业务	1. 综合能源服务（市场）	任务十二：拓展提升"供电+能效"综合能源业务
	2. 电能替代业务（市场）	任务十三：多领域开展电能替代
	3. 电动汽车服务（市场）	任务十四：拓展电动汽车服务（2022年）
	4. 电力基础资源增值服务业务（市场）	任务十五：多站融合数据中心与电力杆塔共享（2022年）
产业新要求，大力发展支撑业务	1. 施工安装业务（市场）	任务十六：转型发展施工安装业务（2022年）
	2. 电力设备代维（市场）	任务十七：深化开展电力设备代维服务（2022年）
	3. 省管产业支撑主导产业（市场）	任务十八：省管产业支撑主导产业（2022年）
技术新突破，提升创新能力	1. 科技创新提升（规划）	任务十九：持续开展创新工作——加快公司2022年度2项群众创新、5项管理创新、5项QC课题项目研究（2022年）
	2. 数字技术应用（规划）	任务二十：持续推进数字化建设（2022年） 任务二十一："网上电网"业务协同深化应用（2022年）
改革新形势，完善支撑保障	1. 党建引领（企业文化规划）	任务二十二：打造以"智慧党建"为平台的党建价值创造体系（2022年）
	2. 合规管理（企业文化规划）	任务二十三：健全合规管理体系（2022年）
	3. 企业文化（企业文化规划）	任务二十四：持续深化"和美家园"六大工程建设（2022年） 任务二十五：深化品牌文化体系建设（2022年） 任务二十六：深化廉洁文化体系建设（2022年）
	4. 安全生产（设备规划）	任务二十七：完善安全生产体系（2022年）
	5. 人力资源（规划）	任务二十八：构建结构优化、素质优良的队伍配置体系（2022年）
	6. 财务资源（财务规划）	任务二十九：建设基于"花钱问效"的内部五级模拟市场（2022年）
	7. 物资（物资管理规划）	任务三十：深化物资"检储配"一体化运作（2022年）
	8. 政策支撑	任务三十一：构建适应长三角一体化发展的政企联动机制，〔2022〕9号文件（2022年）

（3）获取和配置资源以确保实现长、短期战略目标。公司合理配置人力、财务、信息知识、技术、基础设施、相关方关系方面资源，通过财务预算、电网工程和大修技改项目计划、生产经营综合计划等途径配置或调整资源，确保实现各项实施计划的实现。公司年度资源配置计划见表 4.12 所列。

表 4.12　公司年度资源配置计划表

资源配置类别	2021 年	2022 年	2023—2025 年
人力资源	新增主业员工 4 人、变电运维人员 3 人、信通运检人员 1 人，安排培训资金 232.96 万元	新进主业员工预计 5 人、电网运检人员预计 5 人，安排培训资金 214.86 万元	新增调度、设备运维、市场营销、财务管理、信息通信等岗位人员，人均培训资金年度增幅保持在 0.5 万元以上，年度总培训费 2025 年达到 256.8 万元
财务资源	安排成本可控费用 0.79 亿元，基建、技改等投入 1.38 亿元	3 年预计共安排成本性资金 3 亿元，基建、技改等资金 22.5 亿元	坚持全面预算管控，预计全年安排成本费用 0.73 亿元，电网基建、技改等项目安排投入 1.5 亿元
基础设施资源	新增 35kV 及以上变电容量 40MVA，配变容量 35.678MVA，35kV 及以上输电线路 15.77km，10kV 配网线路 153.059km；新增信息终端设备 86 台	规划建设 35kV 及以上变电站 2 座，新增变电容量 2360MVA，配变容量 46.352MVA，35kV 及以上输电线路 179.6km，10kV 配网线路 105.34km；新增信息终端设备 186 台	计划新增变电容量 45.11MVA，配变容量 126.354MVA，35kV 及以上输电线路 125.6km，10kV 配网线路 214.321km，无人机、机器人、实验仪器等运检装备满足业务需要；信息终端及数据服务器等信息化硬件台数保持在 20% 以上的增长
技术资源	基于大数据技术，打造合规的正向数据流动生态，实现能源大数据各参与方之间的互信互利；强化无人机等智能装备应用，打造多功能、多方位协同的电力"智能+"融合应用新形态	开展新型电力系统数字孪生应用典型场景研究；RPA 流程自动化技术设计应用业务场景；基于多站融合开展交直流混合配电网分析与协调控制技术和综合能源技术研究，实现可控资源高效管控和清洁能源全面消纳	围绕区块链、人工智能、电力北斗、5G 等关键核心技术加大研发，深入推进数字技术在电网生产、客户服务、企业管理和新兴产业等领域的应用，提升自主可控技术应用水平
信息和知识资源	基于智慧能源平台，部署上线智慧双碳和区块链系统，实现多能源数据互信共享，碳排放精准追踪高效溯源，辅助政府开展节能减排综合决策和双碳监管	构筑以移动安全、物理安全、数据安全、云安全为核心的"零信任"安全防护体系；基于智慧能源平台大力研发能源数字产品，通过能源大数据赋能城市高质量发展	基于电网资源业务中台，建设新一代设备智能管控系统；基本形成电网生产、企业经营、客户服务等领域的数字化支撑体系，以及覆盖能源互联网全场景的数字化运营服务体系

（续表）

资源配置类别	2021 年	2022 年	2023—2025 年
相关方关系资源	配合省、市公司规范开展供应商不良行为处理；定期组织开展供应商绩效评价；电力物资采购供应商维持在 235 家左右	持续开展供应商评价，配合省、市公司规范开展供应商不良行为处理；电力物资采购供应商保持稳定	到 2025 年服务与设备材料合格供应商保持在 300 家左右，电力物资采购供应商保持稳定

（4）监测关键绩效指标及实施计划进展情况。关键绩效指标体系从财务、顾客与市场、内部运营、学习和成长、社会责任 5 个维度构建了实施战略目标的时间表，为资源配置、绩效评价、战略跟踪、改进和创新提供了依据，充分体现了股东、员工、顾客、供方和合作伙伴、社会等相关方的利益，关键绩效测量指标见表 4.13 所列。

表 4.13 关键绩效测量指标一览表

序号	评价层面	指标名称（单位）	计算方法	责任部门	监测部门	频次
1	财务	主营业务收入（亿元）	报表分析	经营部	财务部	月
2		总资产报酬率（%）	统计分析	财务部	财务部	年
3		纳税总额（亿元）	统计分析	财务部	财务部	年
4		利润总额（亿元）	统计分析	财务部	财务部	月
5	顾客与市场	客户服务数字化指数	统计分析	营销部	营销部	月
6		市场开拓成效指数	统计分析	营销部	财务部	月
7		供电服务合规率（%）	统计分析	营销部	财务部	
8		获得电力指数	统计分析	营销部	财务部	
9	内部运营	综合线损率（%）	统计分析	营销部	运检部	月
10		台区线损管理水平指数				
11		分线线损管理成效指数				
12		计量管理指数				
13		单位资产运维费率（%）	系统采集	营销部	财务部	
14		采购设备质量	统计分析	物资部	物资部	
15		数据基础质量指数	统计分析	运检部	财务部	
16		配变停电指数				
17	学习与成长	人才当量密度	统计分析	组织部	组织部	年
18		职工劳动生产率（%）				
19		数字化发展指数	统计分析	运检部	运检部	年
20	社会责任	用户平均停电时间（分钟）				
21		安全事故发生次数（次）	统计分析	安监部	安监部	月
22		输变电设备故障停运率（%）	报表分析	运检部	运检部	年
23		综合供电电压合格率（%）	统计分析	运检部	运检部	

最后，公司办公室、发建部、组织部和各专业部门及时跟踪监测关键绩效指标的完成情况，并对目标达成情况进行分析评价，当绩效指标发生偏离或当内外部环境发生变化时，由公司战略管理委员会组织分析，对实施计划和目标进行适当调整。重大战略调整由公司执行董事及管理层集体决策批准。

【案例分析】

该公司对总体战略和目标进行层层分解，形成了 5 大战略重点、22 项战略举措、31 项行动任务，并绘制战略地图，有效展开战略规划。公司目标层层分解，形成了公司、部门、岗位的 KPI，形成了公司的绩效指标考核系统，数据信息来源、计算方法、责任部门、考核频次对比较明确，便于操作。不足在于有些指标的责任部门与监测部门是同一个部门，既是运动员，又是裁判员，不利于监督考核。

三、公司绩效预测案例

××公司在充分考虑业务发展状况后，选择省内×××信息科技有限公司为竞争对手、国内×××芯片技术有限公司为学习标杆，进行绩效的预测和比较，详见表 4.14—4.16 所列。

表 4.14　×××信息科技有限公司绩效预测对比表

单位	指标名称	单位	2020 年	2021 年	2022 年	2023 年	2024 年	2025 年
×××信息科技有限公司（竞争对手）	产量	亿只	6	8	10	13	17	20
	开发新产品数量	个	1	2	3	4	5	7
	研发投入（销售收入占比）	%	5	5	6	7	7	8
	主营业务收入	亿元	8.6	9.8	11	14	18	22
	利润总额	亿元	0.96	1.0	1.3	1.7	2.2	2.8
	资金周转率	次	2	3	4	4	5.5	6
	国内市场占有率	%	6	6.5	7	8	9.5	12
	顾客满意度	分	88	88	90	93	93	95
	销售收入增长率	%	11	13	15	16	19	22
	产品一次性验收合格率	%	93	94	95	95	97	97
	人均劳动生产率（人·年）	万元	59	61	72	81	85	91
	员工培训时间	学时	47	54	56	60	62	65
	薪酬增长率	%	8	9.5	11	13	14.5	15
	员工满意度	分	85	85	86	87	89	90

表4.15　×××芯片技术有限公司绩效预测对比表

单位	指标名称	单位	2020年	2021年	2022年	2023年	2024年	2025年
×××芯片技术有限公司（学习标杆）	产量	亿只	8	11	15	18	22	26.5
	开发新产品数量	个	3	3	5	6	8	10
	研发投入（销售收入占比）	%	9	10	12	12	12	13
	主营业务收入	亿元	11	12.5	15	19	23	29
	利润总额	亿元	1.4	1.8	2.3	2.7	3.2	4
	资金周转率	次	4	5	6	6	8	8
	国内市场占有率	%	11.1	12.5	14	14	15.3	16
	顾客满意度	分	86	89	90	92	94	96
	销售收入增长率	%	14	15.5	19	21	25	26
	产品一次性验收合格率	%	95	95.5	96.7	97	98	98
	人均劳动生产率（人·年）	万元	58	64	70	80	86	92
	员工培训时间	学时	50	55	60	65	65	70
	薪酬增长率	%	7	8	9.5	12	14	15
	员工满意度	分	81	82.6	86	86.5	88	89

表4.16　××公司绩效预测表

单位	指标名称	单位	2020年	2021年	2022年	2023年	2024年	2025年
××公司	产量	亿只	6	9	12	14	17	20
	开发新产品数量	个	2	3	3	5	6	8
	研发投入（销售收入占比）	%	7	8	8	10	11	11
	主营业务收入	亿元	9.5	11	14	17	20	23
	利润总额	亿元	1.1	1.3	1.6	2.2	2.7	3.4
	资金周转率	次	4	4	5	6	6	8
	国内市场占有率	%	8	9	11	12	12.5	13
	顾客满意度	分	88	89	89	92	93	95
	销售收入增长率	%	14	15	18	20	25	25
	产品一次性验收合格率	%	94.2	95	96	97	97	98
	人均劳动生产率（人·年）	万元	54	60	70	80	85	90
	员工培训时间	学时	46	50	50	60	60	60
	薪酬增长率	%	7	9	11	13	14	14
	员工满意度	分	82	85	85	87	88	90

通过上表对比可以看出，公司与标杆公司之间还存在较大的差距。标杆公司产品覆盖面更广，市场占有率更高。未来，公司需进一步加大研发投入，扩充产品线，提高公司竞争力，努力缩小与标杆的差距，向标杆靠拢。公司与竞争对手差距不大，因此，在关键绩效指标方面（如产量、市场占有率、盈利能力等）必须采取有力措施，与竞争对手拉开差距，追求卓越，实现超越。

【案例分析】

该公司基于所收集的相关数据和信息，运用相关分析方法，较全面地对长、短期计划期内的绩效指标进行预测，并将所预测绩效指标与竞争对手和标杆企业的预测绩效指标相比较，找出与竞争对手或标杆企业间的差距，并采取相应的措施，及时赶超目标，促进公司管理水平和效率的提升。

第
五
章

顾客与市场

　　"4.3 顾客与市场"是企业运作的出发点和落脚点。市场是由顾客、购买力和购买欲望构成的，也是商品和劳务交换的场所或领域。顾客是市场的重要因素，他们是接受产品或服务的个人或组织，他们的购买能力和需求决定了市场的规模和容量。企业要实现战略目标和卓越绩效，就必须识别、了解和定位顾客与市场，建立和维护良好的顾客关系，测量和提高顾客满意度和忠诚度，并不断改进和创新，以适应业务需要和发展要求。这体现了"顾客驱动"和"合作共赢"的基本理念，与"领导"和"战略"共同构成了卓越绩效评价框架的"领导作用"三角，驱动企业高质量发展。"4.3 顾客与市场"主要评价企业在这些方面的表现，包括以下内容：顾客与市场的识别、了解和定位；顾客关系的建立和维护；顾客满意度和忠诚度的测量和提高。本类目主要内容及结构见表 5.1 所列。

表 5.1　《卓越绩效评价准则》（GB/T 19580—2012）结构表——顾客与市场

类目	基本要求	着重方面	详细要求	参考结果指标	参考管理方法/工具
4.3 顾客与市场	4.3.2 顾客和市场的了解	4.3.2.2 顾客和市场的细分	顾客和市场的识别	市场占有率、市场排名、业务增长率、新增市场区域及出口、电子商务销售收入等，市场绩效与竞争对手和本行业标杆的对比结果，在国内外同行业中的水平，必要时包括细分市场的结果对比；主要产品和服务的关键绩效指标与竞争对手对比的结果，与国内、国际同类产品和服务的对比结果	STP 分析法、4P 营销理论等
			竞争对手及其他潜在的顾客和市场		

类目	基本要求	着重方面	详细要求	参考结果指标	参考管理方法/工具
4.3 顾客与市场	4.3.2 顾客和市场的了解	4.3.2.3 顾客需求和期望的了解	顾客需求和期望	主要产品和服务的质量特性、可靠性、性价比、交付周期或准时交付、顾客服务或技术支持等方面的指标	问卷调查、焦点小组访谈法、KANO 模型等
			顾客信息应用		
			持续改进和战略协同		
	4.3.3 顾客关系与顾客满意	4.3.3.2 顾客关系的建立	顾客关系		顾客关系管理
			顾客接触		
			顾客投诉	顾客投诉及时响应率和有效解决率（或顾客投诉响应时间和有效解决时间）	
			持续改进和战略协同		
		4.3.3.3 顾客满意的测量	顾客满意和忠诚	顾客满意度、顾客忠诚度、留住顾客、获得积极推荐和与顾客建立关系的其他方面，如来自顾客和独立评价机构的评价、表彰和授奖	顾客满意度测评、顾客忠诚度测评等
			顾客跟踪		
			比较性信息	顾客满意与竞争对手和本行业标杆对比的结果，必要时包括细分数据的对比	
			持续改进和战略协同		

"4.3 顾客与市场"与其他类目有密切的内在联系，主要体现在以下3个方面：

（1）"4.3 顾客与市场"是"4.1 领导"和"4.2 战略"的重要输入和输出。领导要正确决策，战略要有效实施，都要基于对顾客与市场的识别、了解和定位，同时也要通过顾客与市场的卓越绩效结果来验证。顾客与市场决定了企业的市场地位，影响企业的使命、愿景、价值观和战略选择。

（2）"4.3 顾客与市场"是"4.4 资源"和"4.5 过程管理"的重要驱动和指导。为满足顾客与市场的需求，企业要配备必要的资源，如人力、财力、物力等，实施有效的过程管理，如产品开发、生产、销售、服务等。资源和过程管理要随着顾客与市场的变化而调整并优化，以持续提升企业满足顾客的能力和水平。

（3）"4.3 顾客与市场"是"4.6 测量、分析与改进"的重要对象和结果。企业要通过测量、分析与改进，收集和测量顾客与市场的绩效数据，如产品质量、服务水平、顾客满意度、美誉度、忠诚度和市场份额等，反馈给领导和战略，指导资源和过程管理的改进和创新。顾客与市场的绩效数据应在"4.7 结果"类目中呈现，如产品和服务结果、顾客与市场结果等。

第一节　重点难点

"4.3 顾客与市场"要求企业以顾客与市场为中心，倾听顾客的声音，关注顾客的需求、期望、偏好和满意度，利用这些信息来改进与创新产品和服务，提升顾客的满意度和忠诚度。本类目的评价和实施重点与难点主要有以下 6 个方面。

一、市场细分是市场营销的前提

市场细分是市场营销活动中至关重要的一环，它不仅是营销策略制定的基础，更是实现有效资源配置的关键。在当今竞争激烈的商业环境下，任何企业都无法以通用的方式满足所有潜在客户的需求。因此，通过市场细分，企业可以将广泛的市场拆分成具有相似需求、偏好或行为特征的小市场，从而更精确地定位目标客户。

市场细分能够帮助企业深入理解不同客户群体的特性，并据此设计出针对性的营销组合策略，包括定制化的产品、合理的定价、便捷的分销渠道以及有效的促销活动。此外，细分市场还使企业能够识别出最具潜力和盈利前景的市场机会，集中资源进行深度开发，以实现最大化的市场影响力和经济效益。

在实施市场细分的过程中，企业必须确保所依据的细分标准能够准确反映市场上的真实情况，并且这些标准要具有一定的持久性和可操作性。同时，随着市场的动态变化，企业需要不断审视和调整其细分策略，确保营销活动的相关性与有效性。市场细分不仅为市场营销提供了方向和焦点，也为企业在复杂多变的市场环境中做出明智决策提供了坚实基础，是企业营销成功的重要前提。

在数字化时代，企业要想获得成功，就必须借助信息化手段，通过建立顾客数据平台来精准细分市场。细分不仅依据传统的地理和人口统计学变量，还涉及消费者的心理特点、生活方式和价值观念等多维度因素，使得目标顾客群的识别更加精确。确定目标顾客群，找准市场定位，并针对不同价值的顾客采取针对性策略，这样的做法将极大提升企业资源的整合经营效率，成为企业在激烈的市场竞争中制胜的重要秘诀之一。

二、市场营销"始于顾客需求"

市场营销"始于顾客需求"，这理念主张在制定和实施营销策略时，企业必须从理解顾客的需求和期望出发。这不仅要求企业关注产品销售，更要重视与顾客建立长期、互利的关系。为此，企业需要通过多种途径和方法收集、分析顾客信息，以更好地满足他们的需求。以下是 5 种常用的了解顾客需求和期望的方法：

（1）市场调查：这是一种常用的获取顾客意见的手段，可以通过问卷调查、电话访谈或在线调查等形式进行。市场调查有助于量化地了解顾客的偏好、购买行为以及对于产品或服务的看法。企业可以借助市场调查结果来评估顾客满意度，并据此调整营销策略。

（2）焦点小组：通过组织一组目标顾客，让他们就特定的主题或问题展开讨论，企业能够获得更深层次的见解。焦点小组讨论通常在引导者的带领下进行，旨在激发参与者之间的互动和深入对话。这种方法尤其适用于探索顾客的感知、态度和情感反应。

（3）顾客接触：管理层亲自参与顾客接触活动，如访问、考察或参加顾客会议等，可以直接从顾客那里获得第一手资料。这种直接的沟通有助于揭示顾客的真实想法和未被市场调研所覆盖的独特观点。

（4）现场反馈：企业中任何与顾客有直接互动的员工都是了解顾客需求的重要渠道。他们可以在销售和服务过程中收集顾客的即时反馈。为了充分利用这一资源，企业应确保员工受到适当的培训，能够识别关键信息，并通过内部系统有效地传达这些信息以供改进产品和服务。

（5）媒体监测：随着社交媒体和在线论坛的兴起，顾客越来越多地在网络上分享他们的体验和看法。企业可以利用专业的媒体监测工具来追踪品牌提及、评价和讨论，从而洞察市场趋势和顾客关切点。此外，网络分析可以揭示顾客对特定话题的情感倾向，为企业提供宝贵的市场情报。

市场营销的核心在于理解和满足顾客的需求。通过上述方法的综合应用，企业可以更准确地把握市场脉动，设计和推广符合顾客期望的产品和服务，进而实现持续的市场成功。

三、顾客关系管理带来投资回报

顾客关系管理的核心是以顾客为中心，为顾客创造价值，与顾客建立长期稳定的互利关系。企业要根据顾客的需求和期望，调整其组织结构、管理制度、工作流程和文化氛围，以提高对顾客的快速响应能力和服务质量。顾客关系管理通常包括以下3个方面：

（1）完善顾客信息管理系统。企业要建立和利用顾客资料库，收集和分析顾客的基本信息（如姓名、地址等）、购买行为（如购买频率、购买数量等）、满意度和忠诚度等数据，以了解顾客的需求偏好，据此制定针对性营销策略。

（2）建立不同层次的营销关系。企业要根据不同顾客群体的特点和价值，采用不同的方法来增加与顾客的联系和互动，提高顾客的满意度和忠诚度。一般有3个层次的营销关系：一级营销关系是指企业通过让渡利润给顾客，如提供折扣、奖励等，来吸引和留住顾客；二级营销关系是指企业在前者基础上，同时增加顾客的社会利益，如建立俱乐部、社区等，来增进与顾客的沟通和信任；三级营销关系是指企业在前两者基础上，进一步增强与顾客的结构性纽带，如与关键顾客建立战略联盟、定制化服务等，以形成稳定的合作伙伴关系。

（3）制定差异化的营销策略。企业根据不同目标市场或不同目标顾客群体的需求和期望，提供不同的产品或服务，以满足其特定需求和偏好，从而形成独特的市场定位和竞争优势。制定差异化的营销策略需要对目标市场或目标顾客群体的特征、需求、价值和行为等方面进行深入了解和分析，并结合企业的核心竞争力和资源优势，制定合适的产品、价格、渠道和促销等营销策略组合。

四、顾客满意度问卷调查

顾客满意度是指顾客对企业的产品或服务的质量和效果的主观评价。顾客满意度是市场竞争的一个重要指标，它不仅反映企业的产品或服务水平，而且帮助企业分析顾客需求和期望，以提高企业的竞争力和利润。为了提升企业的顾客满意度，企业需要定期进行顾客满意度调查，及时了解顾客的意见和建议，并根据调查结果制定相应的改进措施。顾客满意度调查通常包括以下步骤：

（1）明确调查目的：在开始任何调查之前，需要明确调查的目的和目标。这将帮助调查者确定调查的范围和需要收集的信息类型。

（2）设计调查问卷：根据调查目的，设计包含合适问题的问卷。问卷应该简洁明了且是封闭式的，以便于数据分析。

（3）选择调查样本：确定调查的目标群体，选择合适的样本量和抽样方法，以确保调查结果的代表性和准确性。

（4）发放调研问卷：通过邮件、电话、在线调查或面对面访谈等方式分发问卷给目标客户。

（5）收集调研数据：在规定的时间内收集客户的反馈信息，确保数据的完整性和准确性。

（6）进行数据分析：对收集到的数据进行整理和分析，找出客户的满意点和不满意点，以及潜在的服务短板。

（7）撰写调研报告：根据分析结果撰写详细的报告，报告中应包括调查结果、分析结论和改进建议。

（8）制定改进计划：基于报告的建议，制定具体的改进措施和执行计划，以提高客户满意度。

（9）持续跟踪改进：定期跟踪效果，确保改进措施得到有效实施，顾客满意度调查定期进行，以便不断优化产品和服务，提升客户满意度。

进行顾客满意度调查是企业了解客户需求、评估服务质量和改进产品的重要手段。调查结果的应用和反馈也是提高顾客满意度的关键部分，企业应根据调查结果调整和优化产品及服务，以实现持续改进和顾客满意度的提升，从而在竞争激烈的市场中获得优势。

五、顾客忠诚度的测量指标

顾客忠诚是指顾客对某种产品或服务的信赖、维护和重复购买，以及向他人推荐该产品或服务的倾向，是企业在市场中获得竞争优势和高利润的重要因素，包括行为忠诚、意向忠诚和情感忠诚3个层次。行为忠诚是指顾客对某一品牌或企业的重复购买行为；意向忠诚是指顾客对某一品牌或企业的重复购买意愿和向他人推荐意愿；情感忠诚是指顾客对某一品牌或企业的情感依恋和认同感。测量顾客忠诚度的常用指标如下：

（1）顾客重复购买次数，是指一段时间内，顾客对某一种产品或服务重复购买的次数。一般来说，重复购买次数越多，说明忠诚度越高；反之，则越低。对于经营多种产品或服务的企业来说，重复购买同一品牌的不同产品或服务，也是一种高忠诚度的表现。

（2）购买量占其总需求量的比例，是指顾客购买某一种产品或服务的数量占其总需求量的比例。比例越高，说明忠诚度越高；反之，则越低。

（3）顾客对品牌的关注程度，是指顾客对品牌的了解、认知和喜爱程度。关注程度越高，说明忠诚度越高；反之，则越低。关注程度可以通过观察顾客是否经常光顾销售地点、是否关注广告和活动、是否参与本企业的促销和互动等方式来判断。

（4）顾客对竞争对手的态度，是指顾客对竞争对手的产品或服务的了解、认知和喜爱程度。态度越消极，说明忠诚度越高；反之，则越低。态度可以通过观察顾客是否经常关注竞争对手的信息、是否易受竞争对手的促销手段影响、是否愿意尝试竞争对手的产品或服务等方式来判断。

（5）顾客购买时的决策时间，是指顾客在本企业购买某一种产品或服务时，花费在挑选上的时间。时间越短，说明忠诚度越高；反之，则越低。

（6）顾客对价格的敏感程度，是指顾客对产品或服务价格变化的反应程度。敏感程度越低，说明忠诚度越高；反之，则越低。

（7）顾客对质量事故的接受度，是指当本企业产品或服务出现质量问题时，顾客的反应和态度。接受度越高，说明忠诚度越高；反之，则越低。

（8）顾客对产品或服务的认同度，是指顾客对产品或服务的满意度和信任度。认同度越高，说明忠诚度越高；反之，则越低。认同度可以通过观察顾客是否经常向他人推荐本企业的产品或服务、是否在公开场合表达对本企业的支持和赞扬等方式来判断。

顾客忠诚度的测量主要指标是顾客保留率和顾客占有率。顾客保留率是指在一定时间内，企业能够保留的顾客数量占原有顾客数量的比例；顾客占有率是指在一定时间内，本企业能够获得的顾客需求量占总需求量的比例。

顾客满意和顾客忠诚是两个相互关联但又有明显区别的概念。顾客满意是指顾客对企业产品或服务的期望与感受之间的差距；顾客忠诚是指顾客对企业产品或服务的重复购买和推荐行为。顾客满意是影响顾客忠诚的一个重要因素，但不是唯一因素。顾客满意度调查反映了顾客对过去购买经历的意见和想法，只能反映过去的行为，不能作为未来行为的可靠预测。

六、处理好顾客投诉

顾客投诉是指顾客对企业的产品或服务不满意，向企业提出的意见或要求。顾客投诉是企业改进产品或服务质量，提高顾客满意度和忠诚度的重要机会。研究表明，如果投诉得到及时和有效的解决，有一半以上的顾客还会继续光顾；如果投诉没有得到及时妥善处理，顾客会流失，并有可能产生负面舆情。处理顾客投诉的过程中要仔细倾听顾客的投诉，判断顾客的感受和需求，不要打断或反驳顾客；以同情和尊重的方式回应顾客，表达对顾客遇到问题的歉意和理解，不要轻视或责怪顾客；搞清楚投诉的内容和原因，向顾客询问相关的细节和证据，不要假设或推测；第一时间尽力解决问题，向顾客说明纠正措施和时间，不要推诿或拖延；呼吁顾客继续保持忠诚，向顾客表示感谢和欢迎，不要冷漠或敷衍。

企业应当实施积极策略以妥善解决客户投诉，具体措施包括：

（1）设立畅通且高效的客户反馈及投诉途径，便于客户通过电话、电子邮件、官方网站、社交媒体等多种方式提出意见和建议。

（2）形成标准化的客户投诉处理流程，明确指派部门及员工的职责，并制定明确的处理标准和步骤，确保投诉得到迅速、精确和公平的处理。

（3）优化客户投诉的快速响应体系，增强与客户的交流与协作，及时更新投诉处理的最新动态及成果，并向客户进行反馈。

（4）汇总和分析客户的投诉与反馈，识别常见问题和根本原因，促进企业及其业务伙伴共同提升产品或服务品质。

（5）从客户的投诉和反馈中洞察潜在的需求，利用这些信息推动企业在产品或服务上的创新，进而吸引更多满意并忠诚的客户群体。

第二节　条款解析

一、总则

条款引用

4.3.1　总则

本条款用于评价组织确定顾客和市场的需求、期望和偏好以及建立顾客关系、确定影响顾客满意程度关键因素的方法。

条款解读

企业要想在市场上取得成功，就必须了解和满足顾客的需求、期望和偏好，建立和维护良好的顾客关系，提高顾客的满意度和忠诚度。本条款是对"顾客与市场"类目的概述，提出了以下综合性要求：

（1）确定顾客和市场的需求、期望和偏好的方法；

（2）建立顾客关系的方法；

（3）确定影响顾客满意程度关键因素的方法。

二、顾客和市场的了解

条款引用

4.3.2　顾客和市场的了解

4.3.2.1　提要

组织如何确定顾客和市场的需求、期望和偏好以及如何拓展新的市场。

条款解读

"谁了解顾客，谁就拥有顾客"，这句话强调了解顾客和市场的重要性。企业应采用全面、动态、差异化的方法，了解顾客和市场当前及未来的需求、期望和偏好以及满意和不满意的信息，为企业提供满足顾客要求的产品和服务打好基础。同时，企业应将了解到的顾客、市场需求和期望的信息作为开发新产品、改进产品和服务质量、提高管理水平及不断创新的动力，提高顾客的满意和忠诚程度，不断拓展新的市场。

条款引用

4.3.2.2 顾客和市场的细分

4.3.2.2.1 如何识别顾客、顾客群和细分市场，如何确定当前及未来的产品和服务所针对的顾客、顾客群和细分市场。

条款解读

本条款要求企业从 3 个方面说明和展开工作，即市场细分、目标市场选择和市场定位。

（1）市场细分就是根据顾客的需求、期望、购买行为、购买习惯等因素，把某一产品的整体市场划分为多个顾客群的市场分类过程。企业应先根据影响顾客需求的差异性来确定市场细分因素，再进行市场细分。市场细分有利于企业分析并发掘新的市场机会，以集中优势资源生产适销对路的产品。市场细分时，企业应考虑可衡量性、可进入性、可盈利性和可区分性等原则，既要注意细分过于简单，也要避免细分过于复杂。

（2）目标市场选择。目标市场，指通过有效的市场细分后，被企业所选定的、拟通过产品或服务去满足现实或潜在顾客需求的一个或多个细分市场。市场细分是选择目标市场的基础和前提，目标市场选择则是市场细分的目的。

（3）市场定位。选定目标市场后，企业应根据竞争者现有产品或服务在市场上所处的位置，针对顾客对该类产品或服务某些特征或属性的重视程度，为本企业的产品或服务塑造与众不同的、给人印象鲜明的形象，并将这种形象通过广告等形式生动地传递给顾客，从而使该产品或服务在市场上确定适当位置。

条款引用

4.3.2.2.2 在顾客和市场的细分过程中，如何考虑竞争对手的顾客及其他潜在的顾客和市场。

条款解读

在进行市场细分时，企业应从整体市场出发，不仅考虑现有的顾客，还要考虑竞争对手的顾客和其他潜在的顾客和市场。

（1）发现自己和竞争对手之间的差异。通过对比自己和竞争对手在不同细分市场中的表现，企业可以发现自己在哪些方面有优势、在哪些方面有劣势，从而制定相应的战略和行动计划。例如，通过对比自己和竞争对手在不同年龄段、收入水平、购买动机等方面的顾客满意度，企业可以发现自己在哪些细分市场中有较高的忠诚度、在哪些细分市场中有较大改进空间。

（2）找到自己未覆盖或忽视的细分市场。通过分析竞争对手的细分市场，企业可以找到自己未覆盖或忽视的潜在机会。例如，通过分析竞争对手所针对或准备针对的新兴行业、新兴地区、新兴消费群体等细分市场，企业可以发现自己是否有能力和条件进入这些细分市场，并评估这些细分市场的吸引力和竞争力。

（3）预测未来可能出现的新需求和新市场。通过研究除竞争对手外的其他潜在顾客和市场，企业可以预测未来可能出现的新需求和新市场。例如，通过研究社会、经济、技术、政治、法律、文化等因素的变化，企业可以预测未来可能出现的新消费趋势、新消费场景、新消费方式等，从而提前做好准备，抢占市场先机。

条款引用

4.3.2.3　顾客需求和期望的了解

4.3.2.3.1　如何了解关键顾客的需求、期望和偏好及其对于顾客的购买或建立长期关系的相对重要性，如何针对不同的顾客、顾客群和细分市场采取不同的了解方法。

条款解读

获取和了解关键顾客的需求、期望和偏好是企业进行市场营销的基础，也是企业提高顾客满意度和忠诚度的关键。企业可以从以下3个方面进行：

（1）企业应建立获取和了解关键顾客的需求、期望和偏好的方法和程序，如顾客满意的测量、顾客投诉处理、建立顾客档案、设计顾客管理系统、大客户的问卷调查、重要客户的座谈、高端客户的访谈、热线电话、维修信息、销售商信息反馈、售后服务数据等方法。

（2）企业应该根据获取和了解顾客需求的方法和程序所收集和分析的数据，识别和确定不同顾客群的需求、期望和偏好，以及这些需求、期望和偏好的相对重要性或优先次序。重点考虑诸如质量特性、可靠性、性价比、交付周期或准时交付、顾客服务或技术支持等影响顾客购买的关键因素，包括企业的产品和服务与竞争对手相区别。

（3）不同的顾客、顾客群和细分市场可能有不同的特征、需求、偏好、行为等，如果采用同一种了解方法，可能无法充分地获取和了解他们的信息，从而影响企业提供满足他们需求和期望的产品或服务。因此，企业应该根据不同的顾客、顾客群和细分市场的特点，选择合适的了解方法，以提高了解的效率和效果，如对经销商和终端顾客采用不同的调查问卷。

条款引用

4.3.2.3.2　如何将当前和以往顾客的相关信息用于产品和服务的设计、生产、改进、创新以及市场开发和营销过程。如何使用这些信息来强化顾客导向、满足顾客需要以及识别创新的机会。

条款解读

顾客驱动企业追求卓越，卓越的企业不仅善于倾听顾客的声音，而且更善于运用这些有效信息。

首先，企业收集当前和以往顾客的相关信息，包括顾客的基本信息，如姓名、年龄、性别、地理位置、职业、收入等；顾客的行为信息，如购买历史、浏览记录、点击率、反馈评价、转化率等；顾客的心理信息，如需求、偏好、满意度、忠诚度、信任度、情感态度等；顾客的社会信息，如社交网络、口碑传播、影响力、参与度等。

其次，通过多种渠道和方式来收集和分析顾客信息，例如：使用在线或离线的问卷调查、访谈、观察等方法来获取顾客的反馈和意见；使用网站分析工具、社交媒体分析工具、CRM 系统等工具来间接获取顾客的行为数据；使用数据挖掘、统计分析、文本分析、情感分析等技术来处理和分析顾客信息，提取出有价值的洞察和规律，以用于产品和服务的设计、生产、改进、创新以及市场开发和营销过程。

最后，企业可以通过以下 3 种方式强化顾客导向、满足顾客需要以及识别创新的机会：

（1）强化顾客导向：可以通过建立和维护与顾客的沟通渠道，如网站、社交媒体、客服等，及时收集和反馈顾客信息，从而增进与顾客的互动，提高顾客的参与度和信任度；

（2）满足顾客需要：可以通过不断地分析和理解顾客信息来准确把握顾客的需求和偏好，并根据顾客的需求和偏好来设计、生产、改进、创新产品或服务，从而提高顾客的满意度和忠诚度；

（3）识别创新机会：可以通过深入地挖掘和利用顾客信息来发现市场上的新趋势、新问题、新需求等，并根据这些发现来提出创新方案，从而创造出更有价值的产品或服务，或者为现有的产品或服务增值。

🔍 条款引用 ▶▶▶ ─────────────────────────────────────▶▶▶

4.3.2.3.3 如何使了解顾客需求和期望的方法适应发展方向、业务需要及市场的变化。

✏️ 条款解读

企业面临的外部环境是不断变化的，其顾客的需求和期望也处于不断变化中。因此，企业要定期检查了解顾客需求和期望的方法，如问卷调查、访谈、实验、数据分析、情感分析、用户故事等，并对其适用性、有效性进行分析评价和改进，以确保了解顾客需求和期望的方法适应企业发展方向、业务需要及市场变化。

三、顾客关系与顾客满意

🔍 条款引用 ▶▶▶ ─────────────────────────────────────▶▶▶

4.3.3 顾客关系与顾客满意

4.3.3.1 提要

组织如何建立、维护和加强顾客关系，如何确定赢得和保持顾客并使顾客满意、忠诚的关键因素的方法。

✎ 条款解读

顾客是企业生存发展的根本，企业应该关注顾客的需求和反馈，努力满足并超出他们的期望，提升他们的满意度和忠诚度，建立并维持良好的顾客关系。这是企业取得成功的基础。

本条款是"顾客关系与顾客满意"评分条款的主题概述，提出了建立顾客关系、测量顾客满意和忠诚的总体要求。企业应该在了解顾客和市场的基础上，采取多种措施来增强与顾客的联系，同时应该确定影响顾客满意和忠诚的关键因素，并进行定期的测量和评估，以促进产品、服务和管理的改进，保证留住现有顾客并开拓新的市场。

🔍 条款引用 》》》

4.3.3.2　顾客关系的建立

4.3.3.2.1　如何建立顾客关系以赢得顾客，满足并超越其期望，提高其忠诚度，获得良好口碑。

✎ 条款解读

本条款评价企业如何根据不同顾客群的特点和需求，建立适合他们的顾客关系。企业可以采用以下方式和渠道来与顾客保持良好的联系，例如：

（1）高层定期走访，增进沟通和信任，了解顾客的意见和建议；

（2）共同进行产品开发，充分利用顾客的创意和反馈，提供更符合他们需求的产品；

（3）与关键顾客建立合作伙伴或战略联盟关系，实现资源共享和利益共赢，提升双方的竞争力。

🔍 条款引用 》》》

4.3.3.2.2　如何建立与顾客接触的主要渠道，这些渠道如何方便顾客查询信息、进行交易和提出投诉；如何确定每种渠道主要的顾客接触要求，并将这些要求落实到有关的人员和过程。

✎ 条款解读

与顾客建立良好的联系，是建立顾客关系的基础。本条款评价企业为强化顾客关系管理，应建立多种顾客接触渠道，如网站、展销会、登门拜访、订货会、电子商务、电话、传真、邮件、顾客座谈会、发放意见卡等，以满足顾客在售前（信息查询、产品咨询、服务预约等）、售中（服务和交易过程）、售后（投诉、维修服务等）的不同需求，以方便顾客查询产品信息、进行交易和提出投诉；确定顾客对每种渠道的主要接触要求，如响应速度、服务质量、信息准确性等，并制定相应的顾客服务标准，以确保顾客接触的效果和满意度；应在内部展开和落实顾客服务标准，将其分解为具体的人员、过程和职责要求，并进行监督和评估，以保证顾客接触质量的一致性。

条款引用 »»»

4.3.3.2.3 如何处理顾客投诉，确保投诉得到有效、快速的解决。如何最大限度地减少顾客不满和业务流失。如何积累和分析投诉信息以用于组织及合作伙伴的改进。

条款解读

建立和实施高效的投诉管理体系是增加顾客满意度、提升组织绩效的有力保证。本条款要求企业展开说明如何建立和实施高效的投诉管理体系，以增加顾客满意度和提升组织绩效，评价企业在以下方面的表现：

（1）设立顾客投诉处理过程和职责，并公布投诉渠道和时限承诺，建立快速反应机制，并监测和改进投诉处理的绩效指标，确保投诉得到有效、快速的解决。

（2）进行投诉处理的跟踪回访，包括去人、去函、电话回访等，了解顾客对投诉处理的满意度，并根据顾客的意见、建议，提出让顾客满意的补救方法，减少顾客不满和业务流失。

（3）收集、整理和分析所有的投诉及处理信息，找出共性问题及其原因，并采取相应措施。如果问题涉及供方和其他合作伙伴，则与他们协作解决、共同改进。

条款引用 »»»

4.3.3.2.4 如何使建立顾客关系的方法适合组织发展方向及业务需要。

条款解读

本条款要求企业说明和展开如何持续评价和改进建立顾客关系的方法。具体来说，本条款评价企业在以下方面的表现：

（1）根据企业发展方向及业务需要的变化，定期检查和更新建立顾客关系的方法，使其符合企业的目标和战略。

（2）采取措施监测和评估关于建立顾客关系的方法所带来的效果和效率，如通过客户满意度调查、客户忠诚度指标、市场份额等数据来反馈和分析。

（3）根据评估结果及时调整和优化建立顾客关系的方法，如通过改进产品和服务、增加顾客参与度、提供个性化体验等方式来提高顾客满意度和忠诚度。

（4）考虑外部环境的变化，如市场竞争、技术创新、消费者行为等因素，灵活应对和适应，保持建立顾客关系方法的有效性和先进性。

条款引用 »»»

4.3.3.3 顾客满意的测量

4.3.3.3.1 如何测量顾客满意和忠诚，所用方法如何因顾客群不同而异，如何确保测量能够获得有效的信息并用于改进，以超越顾客期望、获得良好口碑并赢得市场。

条款解读

本条款要求企业说明和展开如何测量和提高顾客满意和忠诚程度，评价企业在以下方面的表现：

（1）采用多种方法来测量顾客满意和忠诚程度，如分析顾客投诉、反馈、评价、推荐等信息，计算顾客满意率、满意度、净推荐值等指标，比较市场占有率、增长率、流失业务、新老顾客等数据。

（2）根据不同顾客群的特点和需求，选择合适的测量方法，考虑其经济性和有效性，避免浪费资源或误导结果。

（3）根据测量结果，收集、分析顾客满意和不满意及顾客忠诚方面的信息，找出存在的主要问题及其原因。及时采取改进和创新措施，如优化产品、服务和内部运营等方面，以提高顾客满意和忠诚程度，超越顾客期望。

条款引用

4.3.3.3.2 如何对顾客进行产品和服务质量的跟踪，以获得及时、有效的反馈信息并将其用于改进与创新活动。

条款解读

本条款要求企业说明和展开如何跟踪和改进产品和服务质量，评价企业在以下方面的表现：

（1）采用多种方法来跟踪顾客对产品和服务质量的感受，如通过顾客反馈卡、跟踪产品交付、电话回访、定期拜访、市场调查和座谈交流等方式，及时了解顾客在使用企业的产品或服务后的满意度和需求。

（2）根据跟踪结果，收集、分析顾客对产品和服务质量的反馈信息，找出存在的共性问题及其原因。及时采取改进或创新措施，如优化产品设计、提高服务水平、完善内部流程等方式，以解决问题，防止顾客不满意。

条款引用

4.3.3.3.3 如何获取和应用可供比较的竞争对手和标杆的顾客满意信息。

条款解读

本条款要求企业说明和展开如何获取和利用顾客满意方面的信息来提升企业的竞争力，评价企业在以下方面的表现：

（1）通过各种途径来获取竞争对手和标杆在顾客满意方面的可比信息，如通过分析行业协会的顾客满意度测评报告、聘请第三方机构测评、企业自己的测评等方式，收集并获得有关信息。

（2）利用获取到的可比信息来分析和比较企业在顾客满意方面的表现，如通过对比顾客满意度、满意率、净推荐值等指标，了解自身在行业中所处的位置，明确竞争的优势以及和标杆、竞争对手之间的差距。

（3）根据分析和比较结果，制定并实施新决策，如通过优化产品和服务、增加顾客参与度、提供个性化体验等方式，提高顾客满意度和忠诚度，增强企业的竞争力。

条款引用 》》》————————————————————————————》》》

4.3.3.3.4　如何使测量顾客满意和忠诚的方法适应发展方向及业务需要。

条款解读

本条款要求企业说明和展开如何评价和改进顾客满意和忠诚的测量方法，评价企业在以下方面的表现：

（1）是否定期对顾客满意和忠诚的测量方法进行系统评价和分析，如通过检查测量方法的设计、实施、结果等方面，或通过考察测量方法的有效性、准确性、经济性等方面，或通过与其他企业或标杆的测量方法进行对比和学习。

（2）是否根据评价和分析的结果，评估顾客满意和忠诚的测量方法是否适应企业发展方向及业务需要，如是否符合企业的目标和战略、是否满足顾客的需求和期望、是否适应市场环境和竞争态势等。

（3）是否在必要时对顾客满意和忠诚的测量方法进行改进，如通过优化测量方法的流程、工具、指标等方面，通过增加减少测量方法的种类、频率、范围等方面，通过引入新的技术或理念来创新测量方法。

第三节　案例分析

一、顾客和市场细分案例

××公司自成立以来，始终专注于电磁线系列产品的研发、制造，以"顾客至上"为企业理念，追求顾客百分之百满意。其通过建立信息畅通、反应灵敏、决策迅速、运行高效的营销渠道，实施客户分级管理制度，针对不同的客户群采用不同的方法确定客户需求并予以满足，全面提高顾客满意度。

公司收集全球各地市场的年销售量、需求量、行业地位、发展态势、市场及竞争对手等信息，进行汇总、分析，对市场进行细分，确定目标顾客群，捕捉和挖掘顾客需求，进行有效市场定位。

（1）细分市场，识别顾客、顾客群。公司拥有完善的销售网络，国内市场覆盖中国经济最发达的长江三角洲、珠江三角洲和环渤海地区。海外远销到美国、巴西、意大利、波兰等欧美市场以及印度、泰国、新加坡、马来西亚等东南亚国家。公司电磁线产品市场细分详见表5.2—5.3。

表5.2 铜电磁线产品市场细分一览表

类别	铜电磁线市场细分结果（耐热等级：155—240级）	
按区域	国内：华东市场、华中市场、华南市场和华北市场	
	国外：欧美市场、日本及东南亚市场、其他市场	
按产品	家电：空调压缩机、冰箱压缩机、变压器、镇流器等	
	汽车：新能源汽车、充电桩等	
	其他：工业电机、电动工具、风力发电机、光伏、5G基站等	
按客户	战略顾客（A类）：中国的格力、美的、瑞智、加西贝拉、华为、比亚迪、联合电子、雷勃、阳光电源等，日本的日立、松下、三菱、电装、尼得科等，德国的博世、大众等	
	重点顾客（B+、B类）：中国的海尔、富生、江西特种、康迈斯、电驱动、吉利等，美国的博格华纳、艾默生、通用等，韩国的LG、三星等，巴西的恩布拉科，日本的东芝、电产、牧田、阿斯莫、爱知等	
	一般顾客（C类）：中国的白雪、钱江、信质电机、杰诺瑞、汉拿、百得、东成、方正、艾博科技、迪贝等，德国的博西华、伍尔特等	

表5.3 铝电磁线产品市场细分一览表

类别	铝电磁线市场细分结果（耐热等级：130—240级）	
按区域	国内：华东市场、华中市场、华南市场和华北市场	
	国外：欧美市场、日本及东南亚市场、其他市场	
按产品	家电：冰箱压缩机、洗衣机电机、变压器、镇流器等	
	其他：工业电机、电动工具等	
按客户	战略顾客（A类）：中国的加西贝拉、雷勃、长虹、华意压缩、威灵、凯邦等，美国的艾默生等，日本的电装、尼得科等，德国的博世等	
	重点顾客（B+、B类）：中国的美芝、白雪、莱克电气、迪贝、海立美达等，韩国的LG、三星等，巴西的恩布拉科等，日本的东芝、电产等，荷兰的飞利浦等	
	一般顾客（C类）：中国的钱江、芝浦等，韩国的迪皮茜等，德国的博西华等	

（2）利用自身优势，吸引和挖掘潜在客户。公司的竞争优势在于设计、质量、生产能力和价格。公司建立了完整的管理体系，通过了国际权威机构的认证；拥有年产27万吨电磁线的规模和低成本、高质量优势，并具有国内先进的铜扁电磁线生产线，保证了产品技术及成本的绝对竞争优势。

在确定顾客群和细分市场时，公司通过前期市场走访，了解行业竞争态势，明确主要竞争对手，有针对性地制定市场策略及提供产品附加服务。公司竞争对手产品及市场特点见表5.4所列。

表5.4 公司竞争对手产品及市场特点

主要竞争对手	竞争对手产品和市场特点	公司市场策略
埃塞克斯	年产38万吨，产品齐全，种类多，涉及面广，居全球第一位	①实施国际化市场战略——对标埃塞克斯，扩大市场占有率；紧抓"一带一路"发展机遇，在维持国内现有市场的前提下，抢占国际市场
长城科技	年产11万吨，电动工具为其特色产品，快速响应较慢，产品客户群与公司一致	②实施两极拉伸战略，一方面满足客户需求，大力开发高端市场，如新能源汽车、光伏、5G等；另一方面协同发展工业电机产品等中端产品市场，推动工业电机行业的升级换代

【案例分析】

公司通过广泛收集全球各地市场的年销售量、需求量、行业地位、发展态势、市场及竞争对手等信息，进行汇总、分析，依据STP理论，确定目标顾客群，捕捉和挖掘顾客需求，利用自身优势，吸引和挖掘潜在客户。

二、了解顾客需求和期望案例

（1）采用不同方法，有针对性地了解顾客需求及购买决策因素。按照顾客价值程度、顾客信誉等级，将顾客细分为A、B+、B、C类，其中A类顾客为公司的战略顾客、B+、B类顾客为公司的重点顾客，C类顾客为公司的一般顾客。针对不同的顾客在价格、交货期、付款方式等方面采取不同的营销组合策略。

公司根据在产品、市场、技术、人才、品牌上的竞争优势，结合外部经济环境与行业竞争状况，确定了公司目标顾客细分，见表5.5所列。

表5.5 目标顾客细分一览表

细分类别	划分标准
战略顾客（A类）	行业地位高，规模大，需求高端，与公司合作时间长
重点顾客（B+、B类）	产品需求量大，规模较大，可以保证公司产品的市场占有份额
一般顾客（C类）	其他

公司通过各种方式来确定关键顾客的要求、期望及其关注要素，并将这些信息运用到产品研发、过程改进、营销开发等业务中，提升客户的满意度，见表5.6所列。

表5.6 收集顾客要求和期望的方式

客户类型	目的和内容	收集渠道	频次	实施部门
战略顾客（A类）	加强高层沟通，取得共识，解决重大问题	高层走访	每年1次	公司领导

（续表）

客户类型	目的和内容	收集渠道	频　次	实施部门
重点顾客 （B+、B类）	市场开发支持、解决重要问题、沟通信息	一般走访	每年至少1次	市场部
	解决技术问题	技术服务	客户需要	市场部、制造部、品质部
	提供招标支持	联合投标	客户需要	市场部
	沟通订单、生产、合同履行、市场等信息	电话、传真	随时	市场部
	了解客户需求，反映服务、质量等问题	顾客满意度调查	每年1次	市场部
	快速处理质量异议，赔付客户损失	质量异议处理	异议发生时	市场部、品质部
	解决客户提出的问题	抱怨、投诉、意见	随时	市场部、品质部
一般顾客 （C类）	提供技术支持	联合技术攻关	开发新产品	市场部、制造部、品质部

公司依据《市场部销售管理办法》《顾客满意度测量程序》《产品质量先期策划控制程序》，利用上面所述的各种方法所搜集的信息，确定不同顾客的关键需求特点，以及这些需求愿望对于顾客购买决策的影响，见表5.7所列。

表5.7　关键顾客需求及购买决策的影响因素

关键顾客	需求特点	影响购买决策因素排序
家电类	量大，价格竞争力，质量稳定，品种较多	成本、质量、研发
汽车类	质量稳定，偏心度要求高	质量、研发、成本
其他类	产品技术要求高，新技术应用多	研发、质量、成本

（2）顾客信息的收集与利用。公司将顾客信息收集工作融入日常管理之中，充分利用当前及以往的客户信息用于产品和服务质量的改进和创新。顾客信息的收集与利用方法见表5.8所列。

表5.8　顾客信息的收集与利用方法

信息类别	收集渠道	信息内容	利用和改进
当前信息	走访、市场会议、信息系统、客户档案	市场信息、发展趋势、竞争对手信息	改进市场策略与服务水平，应对竞争对手
		对于服务的改进建议、客户需求、竞争对手信息	以客户建议为改进方向，考虑竞争对手，改进管理与服务

（续表）

信息类别	收集渠道	信息内容	利用和改进
以往信息	客户档案、会议记录、问卷记录、满意度调查记录	销售走势、满意度与投诉状况、竞争对手信息	合理制定市场策略，完善功能、提升管理
	市场调研、顾客档案、会议记录、拜访记录、调查记录	客户需求信息及变化，服务水平	前瞻性研究

（3）对了解顾客需求方法的评价。公司外部环境是不断变化的，顾客的需求和期望也处于不断变化之中，公司通过管理评审、经营计划跟踪、内外部审核结果、合理化提案等，定期评价了解顾客需求和期望的调查范围、频次、流程、项目内容等方法是否科学、适用、有效，并进行分析和改进。了解顾客需求方法的改进见表5.9所列。

表5.9 了解顾客需求方法的改进

改进方法	典型措施
与顾客接触方式改进	增加高层定期走访战略顾客频次
顾客投诉处理改进	设立售后服务部门，提高投诉处理效率
市场调查方法改进	委托专业调查机构，提高准确性和客观性
增加考虑最终顾客	与客户共同进行消费者市场调查和走访

【案例分析】

该公司通过调研走访、会展宣传、邀请客户参观、参与招投标、与客户技术人员研讨、联合研发等方式充分与客户进行沟通，了解顾客和市场的需求、期望和偏好及顾客购买决策及影响因素，以确保产品和服务不断符合需要，并将这些信息运用到产品研发、过程改进、营销开发等业务中，提升客户的满意度。公司还定期评价了解顾客需求和期望的调查范围、频次、流程、项目内容等方法是否科学、适用、有效，并进行分析和改进。

三、顾客关系案例

为了贯彻以市场和顾客需求为导向的宗旨，追求顾客满意度与忠诚度的持续提高，××公司制定了完备的顾客关系建立与维护工作流程，如图5.1所示。

（1）建立顾客关系以赢得顾客，满足并超越其期望，提高其忠诚度。公司坚持"顾客至上"的企业理念建立顾客关系，通过多种形式的营销策略、赢得顾客。公司通过平面媒体、专业展会、网络媒体等多种平台立体推广，广泛接触客户和业内人士，强化品牌知名度和企业文化认知度。

市场部通过参加行业展会、顾客拜访等多种方式与顾客建立关系，建有客户关系管理系统以满足并超越顾客期望，提高顾客满意度和忠诚度。

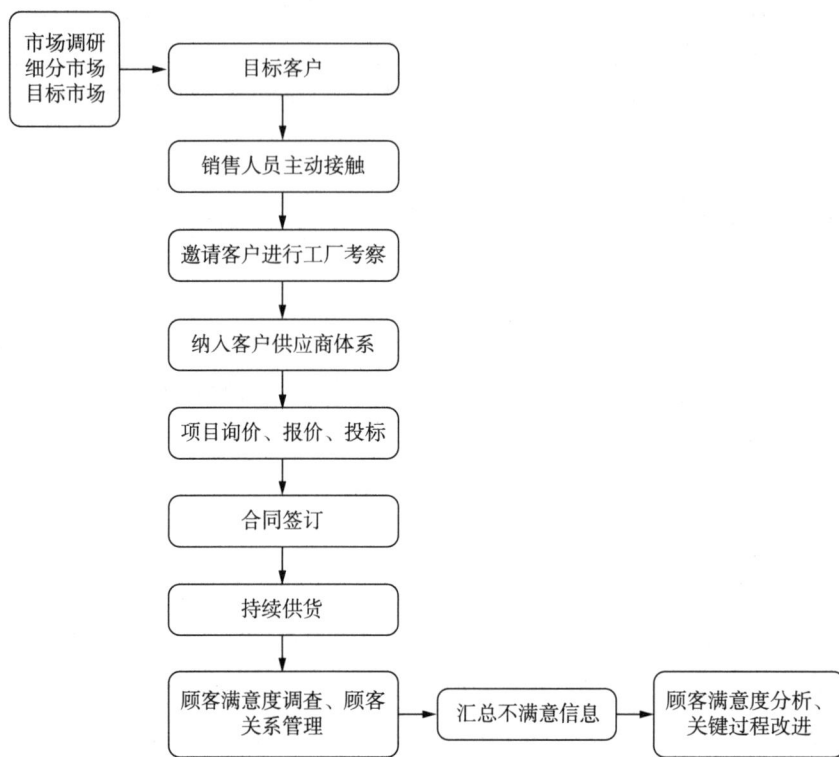

图5.1 顾客关系建立和维护工作流程图

公司的战略顾客是 A 类顾客，重点顾客是 B+和 B 类顾客，整合资源维护战略顾客关系，公司不同顾客的区别管理，见表5.10 所列。

表5.10 公司不同顾客的区别管理

顾客项目	战略顾客（A 类）	重点顾客（B+类、B 类）	一般顾客（C 类）
品种开发	优先保证	保证	基本保证
价格水平	最优惠并满足其个性化需求	最优惠	优惠
技术服务	实时开展	实时开展	定期开展
生产交付	优先生产、发货	确保供应且在与一般客户有冲突的时候优先照顾	尽量确保供应，但一般情况下无优先权
信息交流	信息交流	信息共享	信息通报
顾客访问方式	高层访问、销售人员访问	高层访问、销售人员访问	销售人员访问

（2）明确顾客接触方式要求，确保顾客需求的有效传达。为确保信息及时传递，公司制定了各种管理文件，并且将这些文件归档以便于查找管理。顾客需求传达渠道见表5.11 所列。

表 5.11　顾客需求传达渠道表

主要接触方式	信息分类	顾客对接触方式的要求	现　状	顾客要求的传达
销售业务电话	投诉查询	接触方便，工作时间有人接听，解答	每位销售人员都有固定电话	即时传达，及时解决，形成记录
QQ、邮件、微信	投诉查询	及时传递	业务员配有独立的邮箱	及时转发给相关部门，落实顾客需求
视频会议	投诉查询	解决距离、时差问题	有专门会议室和会议系统	顾客在会议中表达诉求，并形成会议记录作为落实凭证
面对面会谈	交易	高级别、正式的商务磋商	业务员确认时间地点	形成会议记录，或形成书面协议

（3）明确投诉管理过程，确保投诉及时有效解决。公司制定了《销售作业管理流程》《客户满意度调查流程》《纠正预防措施管理基准》，规定了产品退换的处理流程和投诉调查处理流程，规定处理顾客投诉的时间限制（要求国内市场 12 小时内响应、24 小时内到达现场、72 小时内妥善处理），同时明确人员进行跟踪，确保顾客投诉得到及时有效解决。顾客投诉处理流程见图 5.2 所示。

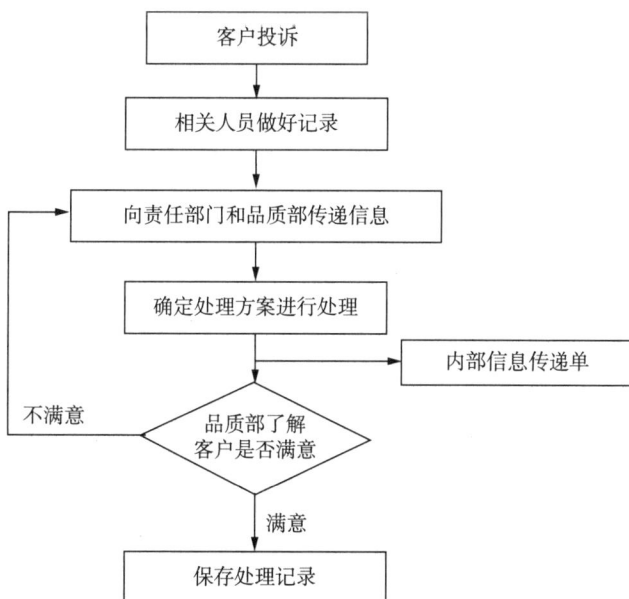

图 5.2　顾客投诉处理流程

（4）定期分析、改进建立顾客关系的方法。公司目前的顾客关系定期评价机制有：每年年初由公司董事会组织召开的经营分析会，对影响经营目标实施的顾客关系建立方法提出改进要求；每年由公司总经理组织实施的管理评审会议，对影响经营目标实施的顾客关系建立方法提出改进要求，并组织整改；召开月度经营工作例会，分析上月经营工作情况，对存在的问题提出改进要求并组织实施。

【案例分析】

该公司通过参加行业展会、顾客拜访等多种交流方式与顾客建立关系，建立客户关系管理系统以满足并超越顾客期望，提高顾客满意度和忠诚度。将关键顾客的要求及时传达到相关部门和岗位，明确处理顾客投诉的时间限制，确保投诉得到及时有效解决，维护了良好的顾客关系，提升了企业竞争力。

四、顾客满意测量案例

（1）获取客户满意信息的方法。为了持续追踪并理解公司产品在客户心目中的定位，以及评估公司在行业内的竞争地位和探索潜在的发展趋势，公司定期进行顾客满意度调研。该调研流程主要包括以下步骤：

① 确定评估指标：包括产品性能、客户体验、服务质量、包装以及交货时间等关键维度。

② 明确评估对象：将客户分为战略性客户（A类）、主要客户（B+类、B类）和一般客户（C类）。

③ 抽样设计：根据不同类别的客户采用不同的抽样比例，确保样本的代表性。

④ 问卷设计：为每次调研设计专门的问卷，以收集具体而准确的数据。

⑤ 实地调研：包括客户访谈等方式，直接从客户获取反馈信息。

⑥ 数据收集与整理：将收集到的数据进行汇总整理，为分析做准备。

⑦ 计算与分析顾客满意度：基于调研结果计算顾客满意度，并进行深入分析。

⑧ 编写顾客满意度报告：撰写详细的调研报告，为决策提供依据。

⑨ 提出改进建议和措施：根据调研结果，提出相应的改善措施，以提高顾客满意度。

市场部通过多种方式获取顾客满意度信息，包括但不限于：定期发放顾客满意度问卷；开展专项评价（如顾客访谈）；收集顾客的日常反馈；进行自我评估等。这些方法的综合运用，确保我们能够从多角度、全方位地了解顾客的需求和期望，从而不断优化产品和服务，提升顾客的整体满意度。顾客满意信息的获得方法见表5.12所列。

表5.12　顾客满意信息的获得方法

测量方法	调查方式	具体说明	针对顾客
定期测评	销售部门调查，品质部门汇总	销售部门开展顾客满意度问卷调查，发放到客户公司相关部门	战略顾客（A类） 重点顾客（B+、B类） 一般顾客（C类）
日常评价	销售人员与顾客的交流	由销售人员对收集的顾客意见、建议和不满意信息记录整理，突发信息当天反映	战略顾客（A类） 重点顾客（B+、B类） 一般顾客（C类）
服务评价	服务人员与顾客的交流	每次服务结束由顾客填写服务评价，并由销售部门汇总	战略顾客（A类） 重点顾客（B+、B类） 一般顾客（C类）
	驻厂人员反馈	由驻厂员工将顾客意见直接反馈	战略顾客（A类）

（续表）

测量方法	调查方式	具体说明	针对顾客
专项改进	面谈	质量改进或其他新产品	战略顾客（A 类）
	深度访谈	分为焦点访谈和上门调查两种方式	战略顾客（A 类） 重点顾客（B+、B 类）

（2）对不同顾客群采用不同调查方法。公司侧重对 A 类顾客和 B+、B 类顾客满意信息的关注，因此对不同顾客的满意信息的收集采取不同的方式。此外，由于不同市场的顾客需求有所不同，公司在进行顾客满意度调查时所侧重的方面也有所区别。公司不同顾客的调查方法见表 5.13 所列。

表 5.13 公司不同顾客的调查方法

顾客群	测量方法
战略顾客（A 类）	高层走访、市场部经理深度访谈、上门调查、电话调查、问卷、邮件、网络
重点顾客（B+、B 类）	市场部经理或业务员深度访谈、上门调查、电话调查、问卷、邮件、网络
一般顾客（C 类）	销售人员走访、上门调查、电话调查、问卷、邮件、网络

（3）将可用的信息用于公司的改进。市场部每年对顾客满意程度进行评定，向顾客发放《顾客满意度调查表》进行测评。顾客满意度调查表见表 5.14 所列。

表 5.14 顾客满意度调查表

编号：

顾客名称		联系方式	

尊敬的_____女士/先生：

您好！

首先，感激贵公司给我公司提供了一个服务的机会。为了能使我公司更好地为您服务，让公司产品品质、交期、服务最大化满足贵公司的要求，同时，完善公司管理机制，特进行此项顾客满意度调查。希望您在百忙之中给予我们客观的评价，谢谢配合！

一、产品自身性能

1. 贵司对我司产品的内在质量：

□ 很满意 □ 比较满意 □ 一般 □ 有点不满意 □ 很不满意

2. 贵司对我司产品的机械性能：

□ 很满意 □ 比较满意 □ 一般 □ 有点不满意 □ 很不满意

3. 贵司对我司产品的化学性能：

□ 很满意 □ 比较满意 □ 一般 □ 有点不满意 □ 很不满意

4. 贵司对我司产品的电性能：

□ 很满意 □ 比较满意 □ 一般 □ 有点不满意 □ 很不满意

（续表）

5. 贵司对我司产品的热性能：
☐ 很满意　☐ 比较满意　☐ 一般　☐ 有点不满意　☐ 很不满意

二、客户适用性

1. 产品是否符合技术标准：
☐ 很符合　☐ 比较符合　☐ 一般　☐ 偶尔不符合　☐ 非常不符合

2. 产品性能测试是否合格：
☐ 全部合格　☐ 普遍合格　☐ 偶尔不合格　☐ 经常不合格

3. 产品能否满足贵司的特殊要求：
☐ 非常满足　☐ 较满足　☐ 偶尔不满足　☐ 很不满足

4. 产品是否符合客户标准：
☐ 很符合　☐ 比较符合　☐ 偶尔不符合　☐ 很不符合

5. 产品其他未列方面：
☐ 很满足　☐ 较满足　☐ 偶尔不满足　☐ 很不满足

三、服务质量

1. 贵司与我司人员沟通是否顺畅：
☐ 非常顺畅　☐ 基本顺畅　☐ 偶尔不顺畅　☐ 很不顺畅

2. 对反馈信息是否及时回应：
☐ 非常及时　☐ 基本及时　☐ 偶尔不及时　☐ 很不及时

3. 业务人员服务态度：
☐ 很满意　☐ 比较满意　☐ 偶尔不满意　☐ 很不满意

4. 业务人员的工作能力：
☐ 很满意　☐ 比较满意　☐ 偶尔不满意　☐ 很不满意

5. 对我司人员的拜访频率：
☐ 很满意　☐ 比较满意　☐ 偶尔不满意　☐ 很不满意

四、包装及交期

1. 产品包装是否符合贵司要求：
☐ 很符合　☐ 比较符合　☐ 偶尔不符合　☐ 很不符合

2. 公司是否及时回收线轴：
☐ 非常及时　☐ 基本及时　☐ 偶尔不及时　☐ 很不及时

3. 公司产品交付是否及时：
☐ 非常及时　☐ 基本及时　☐ 偶尔不及时　☐ 很不及时

4. 公司交付的货物是否完好：
☐ 很完好　☐ 基本完好　☐ 偶尔破损　☐ 破损严重

5. 公司产品交付的手续是否齐全：
☐ 非常齐全　☐ 基本齐全　☐ 偶尔缺少　☐ 严重缺少

顾客其他意见或要求：

顾客签字盖章：＿＿＿＿＿＿＿

填表日期：＿＿＿＿＿年＿＿＿月＿＿＿日

【案例分析】

该公司通过开展调研活动，深入理解顾客的期望和关注焦点，跟踪顾客满意度的变化趋势。接着对这些数据进行细致分析，对比竞争对手的表现与公司的业务目标，同时评估公司内部流程的效率对顾客满意度的可能影响。基于这些分析结果，编制《顾客满意度调查报告》并分发至各相关部门，以便针对报告中指出的问题采取相应的改进措施。对于顾客反馈不满意的方面，公司将逐一进行问题解决和流程优化。通过这种持续不断的努力，公司旨在逐年提高顾客满意度，从而促进企业的整体服务水平和市场竞争力。

第
六
章

资　源

　　"4.4 资源"是企业在运营过程中投入所有要素的总和。资源的拥有、使用和管理，直接影响到企业的绩效，决定了企业能否持续经营。对于"资源"的运用要求，主要是评价企业高层领导如何为确保战略目标实现与过程的有效性、效率和敏捷实施，提供所需的人力、财务、信息和知识、技术、基础设施和相关方关系等资源，其中人力资源是企业管理的核心。"资源"类目与9项基本理念中的"以人为本""合作共赢"密切相关。本类目主要内容及结构见表6.1所列。

表6.1　《卓越绩效评价准则》（GB/T 19580—2012）结构表——资源

类目	基本要求	着重方面	详细要求	参考结果指标	参考管理方法/工具
4.4 资源	4.4.2 人力资源	4.4.2.2 工作的组织和管理	组织机构和职位	简化管理层级和岗位的数量、跨职能小组的数量	矩阵制组织、联合攻关小组、六西格玛小组、跨部门 QC 小组、并行工程小组
			员工能力和量能	员工晋升率、员工流失率、管理人员比例的变化	人力资源规划、职位分析、企业核心员工流失分析
			相关方意见及共享	听取和采纳意见的渠道数量、沟通和技能共享渠道数量	
		4.4.2.3 员工绩效管理	EPM、薪酬与激励	全员劳动生产率、人均利税率、员工薪酬增长率、对员工的各类表彰和奖励数量	目标管理、BSC、KPI、绩效面谈
		4.4.2.4 员工的学习与发展	教育与培训	人均培训时间和经费投入、员工培训满意度，以及培训前后员工绩效对比、人均交叉培训时间及课程数量	柯氏四级培训评估模式、交叉培训
			职业发展	参与职业发展规划员工的数量；参与高、中层领导岗位及关键技术岗位的继任计划人员数量	职业生涯规划、继任计划

（续表）

类目	基本要求	着重方面	详细要求	参考结果指标	参考管理方法/工具
4.4 资源	4.4.2 人力资源	4.4.2.5 员工的权益与满意程度	职业健康安全	员工职业健康和安全指标	OHSMS、应急管理
			员工支持	员工保险费用、员工休假天数、员工福利支出	员工福利管理
			员工参与	技术创新、合理化建议、QC小组的数量	QC、合理化建议、精益管理
			员工满意	员工满意度及其细分结果	员工满意度测评
	4.4.3 财务资源	财务资源	财务资源	主营业务收入、投资收益、营业外收入、利润总额、总资产贡献率、资本保值增值率、资产负债率、流动资金周转率、银行授信额度、现金流	全面预算管理
	4.4.4 信息和知识资源	信息和知识资源	信息管理机制	信息管理的部门、职责跨部门的实施要求	信息与信息技术管理
			信息系统	信息系统的投资额、软件系统的开发和应用；硬件的投入数量、应用和管理；软硬件的可靠性、安全性和易用性	管理信息系统（MIS）
			信息化战略		
			知识管理	知识资产的积累	知识管理
			六项属性		
	4.4.5 技术资源	技术资源	技术评估	研发经费支出及其占销售收入的比例、新产品产值率	
			先进技术和标准	先进技术和标准数量	
			技术诀窍和专利	专利数量、科技进步奖数量	
			技术改造	技术改造投资额	
	4.4.6 基础设施	基础设施	供给	办公场所和厂房面积、关键设备数量、基本建设投资额	
			维保制度		全员生产维护（TPM）
			更新改造	技术改造投资额	
			风险预测和处置		
	4.4.7 相关方关系	相关方关系	相关方关系	供应商总数量、长期合作供应商和合作伙伴的数量或比例、战略联盟的数量	《工业企业供应商管理评价准则》（GB/T 33456—2016）

资源与其他类目的内在联系主要体现在以下几个方面：

"4.4 资源"与"4.1 领导"和"4.2 战略"之间相互联系，相互影响。"资源"是实现企业使命、愿景和战略的基本保障，"领导"对"资源"的有效配置和利用起着决定性作用，"资源"配置又是战略规划中的重要组成部分。一方面，"领导"和"战略"有效发挥作用，离不开"资源"的质量和高效配置；另一方面，"资源"的充分利用，也离不开"领导"的正确决策和"战略"的有效实施。

"4.3 顾客与市场"对"4.4 资源"起到引导和制约作用，企业的"资源"管理必须满足"顾客和市场"不断变化的需求。

"4.4 资源"是"4.5 过程管理"的对象。企业对"资源"的选择、配置和利用是企业过程管理的前提。企业的各种"资源"是企业内的各个独立要素，"过程管理"正是将这些要素进行有机的整合，发挥"资源"的价值。

"4.4 资源"的利用效率和效果要通过"4.6 测量、分析与改进"来评价、分析、改进，实现"资源"的有效配置、充分利用。"4.4 资源"管理的结果应在"4.7 结果"中得到反映。

第一节　重点难点

资源管理的主要目标是评价公司的资源配置、利用和管理，以确保实现战略规划和目标。它旨在有效实施运营和过程管理，充分发挥资源作用，实现卓越绩效，并推动公司持续发展和成功。在评价和实施过程中的主要难点和重点包括以下几个方面。

一、企业依据发展战略构建最佳组织结构

在当今竞争激烈的商业环境中，企业的成功与否往往取决于其是否能够有效地实施和执行战略规划。为了确保企业能够顺利实现其中长期发展目标，至关重要的是建立一个与企业发展战略相适应的最佳组织结构。这意味着，企业需要依据自身的发展愿景和战略目标，设计并实施一个能够促进资源优化配置、提高工作效率、增强市场竞争力的组织结构。

企业需要构建一个能够支持这些战略目标的组织结构。这包括调整部门设置，优化管理层级，强化跨部门协作，或者建立更为灵活的项目团队，以便于快速响应市场变化。如常见有事业部制、矩阵制、项目制等，都是根据企业业务特点和战略要求，采取合适的组织结构，以实现反应快捷、运作顺畅、降本增效、提高竞争力的目的。

企业还需要定期评价组织结构的运行效果，确保它仍然与发展战略保持一致。随着市场环境的变化和企业战略的调整，组织结构需要适时予以调整。因此，企业应当建立起一套灵活的机制，以便及时调整组织结构，确保它始终能够支持企业的发展战略目标。

二、企业资源管理的核心是人力资源规划

人力资源规划是企业资源管理的重要组成部分，它根据公司的战略目标，基于对企业

人力资源状况的分析，科学地预测在未来环境变化中企业对人力资源的需求与供给。为了确保公司在数量和质量上满足对人力资源的需求，并从中获得长远利益，需要制定相关的人力资源获取、开发和调整计划。具体而言，主要包括 3 个方面：

（1）调查人力资源的供需状况。这一步需要我们从数量、素质和结构 3 个角度出发，评估企业的人力资源需求和供应情况。通过确认企业战略规划中的人力资源需求，盘点现有人力资源，以及预测未来的人力资源供应，企业能完成这项调查。其中，对现有人力资源的盘点就是对企业现有的人力资源进行详细的调查和确认，这是制定人力资源规划的基础。然后，企业可以利用相关方法，根据企业战略规划和企业内外部条件的变化，预测未来对人力资源的需求。

在明确对人力资源的需求后，企业需要进一步调查和预测人力资源的供应状况。通常可以从企业内部供应预测和外部供应预测两个方向进行。内部供应预测是根据企业现有的人力资源以及可能发生的变化，确定未来企业内部所能提供的人力数量和素质。外部供应预测则是根据地区乃至全国的情况，例如人口密度、劳动人口增长速度、就业状况、企业对人力的吸引力、各类学校毕业生的规模等，预测企业外部可能提供的人力数量和素质。

（2）制定人力资源规划。在明确供应和需求的预测结果后，企业需要根据两者的平衡结果，制定出全面的人力资源规划和具体的业务规划。在这个过程中，企业要特别关注如何有效地平衡人力资源的供需，以满足企业对人力资源的需求。同时，企业在制定相关措施时，还需要注意人力资源规划与企业其他规划的相互协调。

（3）实施人力资源规划。按照制定的人力资源规划分步实施，但由于各种原因，完全实现人力资源的平衡是一项具有挑战性的任务。因此，实施人力资源规划的关键就在于如何有效地平衡和调整人力资源。对于其余的工作，我们可以按照相应的计划进行分解和落实。

通常情况下，当人力资源供大于求时，企业可能需要采取裁员、减薪、工作轮换、提前退休或离岗培训等措施；反之，当供不应求时，企业可能需要加班、招聘临时工、外包或招聘新员工等。

三、企业通过有效授权提升执行力

授权是指把工作的权力和责任分配给员工。这个过程包括让员工更多地参与到那些影响他们工作的决策中，并扩大他们对工作成果所承担的责任，以此提高他们对工作的投入度。将责任委托给员工是增强组织执行力的一个有效途径。授权使得组织中的决策权可以下放。一般来说，员工是直接面临问题的人，因此拥有更全面的信息，这使得他们做出的决策更有可能得到高质量的解决方案。此外，员工由于与问题的距离较近，他们的响应更加迅速，并且对于自己做出的决策有更高的热情和支持。因此，有效的授权不仅可以提升决策的品质和反应速度，还可以增强组织的执行力。同时，授权激励员工加强学习、积累知识，从而提高他们的工作能力；还有助于员工增强综合协调和决策制定的能力，为他们未来的职业发展打下坚实的基础。

有效的授权一般包含 3 个步骤：首先，分配任务。这指的是管理者希望员工完成的具体任务和活动。在授权之前，管理者需要将超出员工日常职责范围的工作分配给他们。其次，赋予权力。授权的核心在于让员工在一定范围内代表管理者行使职责。作为管理者，你可以将一部分正式权力转交给员工，允许他们代表你采取行动。最后，明确责任。当管理者赋予员工权力时，也必须确保员工明白他们所承担的责任。

四、企业的绩效管理实现闭环运营

绩效管理的宗旨在于促进企业效益的增长和团队能力的提升，其核心目的在于激励员工，而非限制员工。通过高效的绩效管理，员工在追求工作目标的过程中能够发挥积极性与创造力，进而推动工作的顺利开展，并提升整体效益，同时也为员工提供更多的成长机会。为了确保绩效管理的效果，必须构建一个封闭的管理循环，包括目标制定、过程监控、绩效评估和结果应用4个不可分割的环节。

在目标制定阶段，应结合企业的发展战略来构建目标库。根据企业管理的不同层面，可以设立定性和定量的目标，并对每个目标明确其适用范围、考核标准、考核责任人及其权重。此外，应根据不同时间点设定具体的考核目标，并为不同的考核目标制定相应的标准和自定义权重，使员工能依据个人情况设定适宜的个人目标。

在过程监控阶段，企业应采取组织、指导、协调等管理手段，及时进行组织协调和问题分析，以保障目标的按时、按质完成。对员工而言，基于既定目标，他们应完成阶段性任务，并在执行过程中不断梳理工作进度，自动记录每日工作详情，以便随时审视进展，并根据实际情况调整方法和计划，优化达成目标的途径。

在绩效评估阶段，应根据预设目标采用科学的定性和定量评估方法，对员工的实际表现以及对企业的贡献或价值进行综合考核和评价。

在结果应用阶段，绩效考核的结果应作为人员晋升和岗位调整的重要参考；在薪酬分配中体现绩效差异；在技能和技术职务评审时反映员工的绩效贡献；同时，员工应通过识别不足之处，明确改进方向，实施绩效优化措施；企业还应提供相关知识和技能培训，增强员工的职业能力，从而赋予员工更多发展机会，并推动企业的整体进步。

五、企业注重提升员工培训的有效性

企业需正确识别、理解和掌握员工教育和培训的需求，并明确教育和培训的目标。教育和培训需求分析是整个培训开发过程的起点，其准确性直接决定了培训工作的效果。首先，应将企业的教育与培训同战略目标相结合，识别当前员工能力与实现战略目标所需能力之间的差距，关注于核心竞争力的培养，从而确定具体的培训需求。其次，基于各级管理者和员工的绩效评价改进及职业发展计划来确定培训需求，确保培训计划反映出企业长短期目标、个人目标与企业目标间的平衡和协调。最后，根据不同层级人员的具体需求，为新员工、操作人员、管理人员及高层团队分别制定分类培训计划。例如，对于产品销售人员，培训内容应包括了解企业的产品、服务和顾客，倾听顾客的声音，处理顾客抱怨，以及有效管理顾客期望等。企业应利用员工培训需求表等工具进行培训需求分析，确保培训策划能够兼顾公司与员工的共同发展需要。

企业应对教育培训的效果进行有效评估。一个完整且有效的培训效果评估应涵盖从培训需求分析到课程开发、师资开发、培训活动组织与实施，以及最终效果评价各个环节。

在培训需求分析阶段，评估重点主要是培训要点的全面性和准确性；在培训课程开发阶段，评估的重点为课程目标的适宜性；对培训活动实施阶段的评估则可从教务组织、授课内容、授课形式、授课效果等方面进行。

员工教育与培训的最终效果可以采用柯氏模型进行评估。该模型由威斯康星大学的唐纳德·柯克帕特里克教授于 1959 年提出，是广泛应用的培训评估工具，分为 4 个层次：反应评估，即评估受训者的满意度；学习评估，即衡量受训者的学习成果；行为评估，即考察受训者的知识应用程度；成果评估，即计算培训为公司创造的经济价值。这 4 个层次分别代表员工对培训活动的反应、学习到的知识和技能、在工作中所表现出的行为和能力，以及员工对企业产生的实际效果。通过这 4 个层次的评估，可以全面了解员工在工作中的表现，从而为员工的职业发展和企业的人力资源管理提供有力支持。

六、企业通过职业生涯管理与员工共同成长

在现代人力资源管理中，职业生涯管理是其核心要素之一。它涉及企业的发展战略与员工个人的职业规划，目的在于辅助员工规划并达成他们的职业发展目标。要有效实施职业生涯管理，需要解决以下 3 个关键问题：

首先，必须营造一个支持员工个人发展的积极职业文化环境，确保员工不因担忧职位被取代而回避参与职业发展规划。例如，某些公司实行一种政策，即员工只有在培养出自己的接班人之后，才有资格获得晋升机会。其次，需构建包含多个职位系列、互相衔接的职业晋升途径，涵盖管理、技术和操作技能等各类职位的发展路径。一些公司已经创设了"首席工程师""首席技师"等职位，为技术人员和操作人员提供了专业的职业发展渠道。最后，企业应全面推行个性化的职业生涯规划服务。从后备干部和新进员工开始，逐渐扩展至全体员工，确保每位员工都能得到关注。

通常，员工职业生涯管理的关键步骤可概括为以下 5 个方面：

（1）设计职业发展通道体系，降低组织结构刚性对人才流动的限制，激发员工潜力，并确保个人职业发展与企业愿景保持一致。这包括梳理企业目标、优化岗位体系、设计职业发展路径。

（2）建立自我评估系统，运用各类评估工具帮助员工深入了解自身，如职业满意度测试、职业定位测试等，并在测评过程前后提供必要的辅导与解释，同时确保评估结果的保密性。

（3）编制《职业生涯规划手册》，指导员工确立明确的职业目标，并通过职业规划研讨等多种方式协助员工更准确地制定目标。

（4）进行员工能力评估，明确员工当前能力与既定职业目标之间的差距，选择合适的方法与工具，根据目标岗位的能力要求，对员工的综合素质进行全面评价。

（5）构建支撑职业发展的体系，针对不同职业发展阶段的员工提供相应的培训和绩效评价等支持，持续挖掘员工潜力，并鼓励他们取得进步。

通过细致的职业生涯规划，企业能够将自身的发展目标与员工的个人职业目标相结合，建立起互利共赢的伙伴关系，从而推动企业实现更加迅速和优质的发展。

七、企业构建信息安全管理体系确保过程的运行

在信息化社会的背景下，信息资源对于社会发展的重要性日益凸显。信息安全涉及众多因素，包括自然灾害、黑客攻击、计算机病毒以及企业内部信息的泄露等。然而，许多人误以为黑客和病毒就是信息安全的全部威胁，认为信息安全工作仅仅是与黑客和病毒作斗争，以为全面系统的安全解决方案仅仅是部署反病毒软件、防火墙、入侵检测系统。这种片面的认识对企业实施信息安全保护产生了负面影响。据统计，在所有的信息安全事故中，只有20%—30%是由黑客入侵或其他外部原因造成的，70%—80%是由于内部员工的疏忽或故意泄密引发的。不完善的安全体系无法保障日益复杂的企业信息系统的安全。因此，企业需要重视信息安全管理体系的构建。通常来说，构建信息安全管理体系包括以下几个步骤：

（1）进行安全风险评估，建立企业的信息安全基线，具体包括领导全员理解企业业务与企业文化，评估用户企业的风险环境，准备安全基线分析报告。

（2）根据安全基线分析报告，制定企业信息安全计划，具体包括制定和执行安全企业建设计划，实施安全预算计划，制定投资回报计划。制定计划的目的是防患于未然，强调预防胜于治疗。

（3）按照 ISO/IEC 27000 等系列标准构建信息安全管理框架和防护体系，通过 PDCA 循环，实现信息安全管理体系的有效运行。PDCA 循环具体包括以下 4 个环节：计划（信息安全现状调研与诊断）、实施（实施管理程序和控制措施）、检查（定期评价程序有效性，评估风险等级）和改进（收集相关的改进建议并处置，采取适当的纠正和预防措施）。

为了确保信息安全管理体系文件要求在各个层级、各个岗位均得到有效的沟通和理解，培训是提升信息安全意识、明确信息安全要求的有效途径。要组织全员参与到体系的运行维护中，发挥每一个员工的重要作用。实施 ISO 27001 信息安全管理体系，将为企业带来多方面的益处，包括：证明企业内部控制具备独立保障，并满足公司信息管理和业务连续性要求；独立证明已遵守各项适用的法律法规；通过满足合同要求以提供竞争优势，并向客户展示其云计算信息。

在实施信息安全管理体系过程中，需要注意以下几个关键方面。首先，信息安全管理应该是全员参与的，每个员工都应该积极参与信息安全管理，提高信息安全意识，共同保护信息资产。其次，开展信息安全培训和教育，提高员工对信息安全的认识和意识，增强其信息安全管理的能力和自觉性，减少信息安全事故的发生。再次，使用先进的信息安全技术和工具，包括网络安全、系统安全、数据安全等方面的技术措施，加强对网络和系统的防护和监控，保障信息的安全性和可靠性。最后，制定应急预案和应对措施，明确信息安全事件的处理流程和责任人，及时响应和处理信息安全事件，确保信息系统的连续性和可靠性。

八、企业的知识管理能力决定发展潜力

知识是人类智慧的基础要素。彼得·德鲁克在 1965 年就预言："知识将取代土地、劳

动、资本和设备，成为最重要的生产要素。"企业通过知识管理的工具和方法，对所拥有的信息进行整理、分享、转化和应用，使知识能够对公司大多数员工有所裨益，提高工作效率，创造分享的企业文化氛围。知识管理有利于知识资源的整合、应用、共享和创新。提升知识管理能力可以帮助企业形成自身的核心竞争力（如技术诀窍和专利等）和竞争优势，增强企业的发展潜力。提升企业知识管理能力的具体做法包括：

首先，营造有利于知识管理能力提升的文化氛围。企业需要通过塑造共同的愿景、建立有效的知识共享及创新激励机制，不断增强员工的知识共享意识。

其次，必须考虑将知识管理提升到企业战略管理的核心地位。这意味着企业需要深入探讨如何通过高效而系统的知识管理实践，持续地增强企业的核心竞争力。

再次，增强员工对知识管理的认可度。企业可通过企业培训班、企业网等方式，向员工宣传知识管理的相关知识及同行其他企业在知识管理方面的成功案例，让员工切身体会知识是企业核心竞争力的重要组成部分。

最后，建立健全的知识保护体系。从围绕自身发展战略制定明确的知识保护制度，减少员工流动率以避免核心知识流失，建立一整套的知识产权保护体系来保护企业的核心知识，提升企业的知识管理能力。

九、企业制定信息系统建设规划以保障可持续发展

随着信息技术的不断进步，信息化在提升企业核心竞争力方面扮演越来越关键的角色。信息系统建设是一项涉及计算机处理技术、系统理论、企业结构、管理功能及管理知识等多方面问题的复杂系统工程。为了适应内外部环境的变化，增强企业的敏捷性，企业信息系统需要不断地进行开发与建设。因此，重视信息系统的建设规划显得尤为重要。

一个完整的信息系统结构应包括电子数据处理系统、分析部分、决策部分和数据库部分等4个方面，以及库存管理子系统、生产管理子系统、人事管理子系统、财务管理子系统、销售管理子系统和决策支持子系统等纵向分支。

制定信息系统建设规划的步骤如下：

（1）明确企业所需信息系统及其相互关联，安排资金计划和时间进度。首先，企业需要根据自身的业务需求和发展战略，明确所需的信息系统及其相互关联。然后，根据这些需求，制定合理的资金计划和时间进度，确保信息系统建设能够按照既定的目标和要求进行。

（2）明确如何获取这些系统，比较并筛选与本企业需求相契合的项目或方案。企业需要对市场上的各种信息系统项目或方案进行调查和比较，从中筛选出与本企业需求相契合的项目或方案。在此过程中，企业可以借助专业的信息系统咨询公司或内部专业团队的力量，以确保所选项目或方案能够满足企业的实际需求。

（3）监控信息系统建设规划进程，确保按计划实施。在信息系统建设过程中，企业需要建立一套完善的监控机制，对项目的进度、质量和成本进行实时监控，确保项目能够按照既定的计划和要求顺利进行。同时，企业还需要建立健全的风险应对机制，对可能出现的问题和风险进行预测和应对，确保信息系统建设的顺利完成。

总之，制定信息系统建设规划是保障企业可持续发展的重要环节。企业需要根据自身

的需求和发展战略，明确信息系统建设的目标和要求，合理安排资金和时间，选择合适的项目或方案，并建立完善的监控和风险应对机制，确保信息系统建设能够为企业的发展提供有力支持。

十、企业技术资源与战略紧密结合以推动创新

企业的战略定位明确了其所需的技术资源支撑。从公司战略的角度出发，企业需要明确技术的定位、在行业中的水平以及主要的核心技术。为了制定有效的战略，企业必须收集并评估内外部的技术信息，并与同行业的其他企业进行对比分析。技术创新是一个持续的过程，公司应该不断地进行自主创新、合作创新，以及引进、消化、吸收集成创新等方式。团队建设、项目支持和创新活动的开展也是至关重要的。在项目支持方面，可以考虑纵向项目、联合攻关项目和自研项目等。此外，企业需要建立适合技术创新的管理和激励机制，以吸引、培养和留住人才，全面考虑人力资源战略来进行科学的管理。

同时，技术资源的核心在于知识积累，并形成核心竞争力。在技术资源层面，充分重视知识的积累是至关重要的。企业需要采取以下方法来管理在技术创新过程中形成的有形和无形的技术实力，如技术诀窍、专利和标准。一是通过总结、提炼和固化保存成果。二是积极鼓励知识的分享和传承，以确保团队成员间的交流合作。三是明确技术开发和改造的目标和计划，例如一年和三年计划，并将其与公司战略相衔接，确保技术发展与公司整体发展一致。四是科学地管理信息和知识资源有助于把握行业动态和技术趋势。这些方法将有助于保持公司的核心竞争力并在市场竞争中保持领先地位。

十一、企业依据发展计划配置基础设施资源

企业在配置其基础设施资源时，应当基于公司的战略定位以及利益相关者的需求来制定决策。具体而言，企业需要根据战略计划的实施和过程管理的需求，明确公司所需提供的基础设施支持，这可能包括工厂建筑、设备类型、设备数量、生产线、检验中心等。这些资源配置的决策必须符合公司的战略需求，以确保基础设施能够有效地支撑公司的整体战略目标。因此，企业需要详细描述设施设备的先进水平，例如是否达到国际或行业的领先水平，并明确关键参数和主要性能指标。

至于设备或生产线，企业应建立一套保养和维护机制，定期或根据需要进行专业和日常的预防性及故障性维护，确保基础设施的完整性、可持续性和效率。尤其对于特种设备或高端设备，企业应实行专责人员管理制度，清晰界定部门职责、岗位职责和人员责任。通过这些措施，企业可以依据战略需求合理地配置基础设施，并制定出科学而规范的维护和保养体系，保障设施设备在支持公司战略实施过程中的稳定运作，为公司的持续发展提供坚实的基础支持。

十二、企业应建立并维护与相关方的双向沟通渠道

在社会经济和科学技术飞速发展的背景下，企业所面临的竞争环境已经发生了深刻的变化。面对全球化的竞争，企业需要将自身业务与合作伙伴的业务紧密集成，以缩短相互之间的距离。因此，为了提高效率、优化成本结构以及快速响应顾客需求，企业都在积极

寻求与相关方的合作。相关方关系成为企业发展中的一种重要资源，正确处理企业与相关方之间的关系，构建互惠互利、共同发展的合作关系，是确保企业持续发展和稳固经济基础的重要前提。企业应该依据其目标和发展战略，与顾客、股东、员工、社会、供应商以及合作伙伴等建立良好的合作关系，推动并促进双方的交流，共同实现发展与壮大。因此，为了形成共赢的战略合作关系，企业与相关方之间必须建立起有效的双向沟通。具体措施如下：

（1）构建双向沟通渠道。企业应当明确设立各种沟通渠道，包括负责沟通的部门及人员；指定相关方接收沟通的部门及人员；确定沟通方式，如邮件、电话、联席会议或实地走访等；规定沟通时间，既包括定期安排的联席会议和走访，也包括因临时问题而采取的非定期沟通。

（2）保持沟通渠道畅通无阻。企业应能及时向相关方报告发现的问题或遇到的困难，尤其是供应商，并迅速采取行动解决问题。以采购过程为例，采购员为了与供应商保持通畅的沟通，必须掌握供应商的名称、地址、负责人、负责沟通的部门及人员名单，供应商的联系电话和传真号码，供应商提供的产品目录，供应商的供货能力，以及供应商处理问题的态度和能力，供应商对沟通的反应速度等信息。

（3）建立相应的沟通程序。为了使双向沟通更为高效，企业和相关方都应建立明确的沟通程序。该程序应当详细规定定期沟通和不定期沟通的时间、内容、方式和记录等方面的要求。沟通状况应被视为战略伙伴关系的一项重要指标，并将其作为评估合作关系的一个重要条件。

当企业遇到拒绝沟通或沟通不及时的相关方时，首先应理解对方存在沟通障碍的原因，并基于此进行沟通。如果问题依然无法解决，企业可考虑解除合作关系。

第二节　条款解析

一、总则

条款引用

4.4.1　总则

本条款用于评价组织的人力、财务、信息和知识、技术、基础设施和相关方关系等资源管理的情况。

条款解读

本条款是对"资源"类目的概述，旨在评价组织在人力资源、财务资源、信息与知识、技术、基础设施以及相关方关系等资源管理方面的表现。该条款提供了对"资源"类别的综合概览，企业根据其战略规划和长期发展目标，从不同角度对这些"资源"有效地进行配置和管理，核心在于探讨如何通过有效的"资源管理"提升企业的整体业绩。

二、人力资源

条款引用

4.4.2 人力资源

4.4.2.1 提要

组织如何建立以人为本的人力资源管理体系，促进员工的学习和发展，提高员工的满意程度。

条款解读

本条款旨在详细阐述"人力资源"评分标准的核心内容，并概括人力资源管理的4个关键要素："选拔""应用""培养"和"留存"。以下是各要素对应的具体说明：

（1）工作组织的与管理（4.4.2.2）：该部分要求企业展示如何面对战略挑战。它强调根据企业的战略发展和业务需求的变化，对工作岗位和职位进行有效的组织和管理。此外，企业需要确定人力资源的需求，合理配置资源，并确保通过有效沟通实现组织目标。

（2）员工绩效管理（4.4.2.3）：该部分需要企业说明其如何实施员工绩效管理，以确保员工、部门和整个组织的绩效目标相互协调。此举旨在提升员工及组织的绩效水平，以支持组织战略目标的达成。

（3）员工的学习与发展（4.4.2.4）：该部分突出企业应如何通过教育和培训手段来提升员工的意识、知识和技能。这样的措施有助于提高员工和组织的整体绩效，同时促进组织的战略发展以及员工个人的职业成长。

（4）员工的权益与满意程度（4.4.2.5）：该部分强调企业必须确保员工的权益得到保障。这包括提供良好的工作环境、福利支持，以及确保员工有参与决策的权利，从而提升员工的满意度和整体福祉。

条款引用

4.4.2.2 工作的组织和管理

4.4.2.2.1 如何对工作和职位进行组织、管理，以应对战略挑战、满足实施计划，对业务变化作出快速灵活反应，促进组织内部的合作，调动员工的积极性、主动性，促进组织的授权、创新，以提高组织的执行力。

条款解读

本条款旨在评价企业如何有效地应对战略挑战，并根据战略发展和业务需求的变化对工作岗位和职位进行重组与管理。以下是一些可采取的方法：通过向基层部门和员工充分授权，可以提升决策的质量和速度，进而提高组织的执行力。减少中间管理层的数量，以增强企业对市场变化的快速响应能力。实施矩阵式组织结构，建立跨职能团队，如管理委员会、项目管理团队、卓越绩效促进小组、六西格玛改进团队、全面生产维护（TPM）小组和质量控制（QC）小组，以促进横向沟通，消除部门间的隔阂。

为了实现这些组织形式的高效运作，应尽量采用扁平化管理，并通过管理信息系统实现敏捷高效的运营。这样的结构能够赋予员工更多创造空间，促进横向沟通和内部合作，激发员工的积极性和主动性，推动组织授权和创新，从而提升组织的整体执行力。

🔍 **条款引用** ≫≫≫

4.4.2.2.2　如何确定员工的类型和数量的需求，如何识别所需员工的特点和技能、如何提高现有员工的能力，如何招聘、任用和留住员工。

✏️ **条款解读**

根据企业战略部署和业务变化的需求，人力资源部门应负责制定长短期的人力资源规划。这包括确定企业的组织结构、职位设置、职位描述以及职位资格要求，同时明确每个职位所需员工的类型和数量。此外，人力资源部门还需识别所需员工的特点和技能，并形成职位说明书，以便在招聘、任用和留住员工方面有明确的指导。在必要时，应对员工流失情况进行统计分析，并提出相应的应对措施。

（1）制定长短期的人力资源规划以支持企业战略目标的实现。人力资源部门应进行人才盘点，确定实现企业战略目标所需的员工类型和数量。通过多种方法和渠道，如性格测试、能力评估测验、绘制岗位技能图、上级评价等，全面评估员工现有的能力和达成战略目标所需能力之间的差距。基于这些评估，提出相应的员工能力提升策略，开展有针对性的培训和教育，以提高员工的技能，确保战略目标的实现。

（2）制定人力资源招聘计划。企业可以通过与外部机构建立广泛的合作关系来针对不同人才层次建立招聘渠道，包括用专业猎头机构、网络招聘、人才市场、校企合作等方式聘用满足企业需要的人才。同时，企业应建立健全规范、透明的内部任用、晋升制度，确保员工任用、职业晋升能够公平、公正、公开，以适应企业发展的需要。员工的招聘任用和职业晋升应该包括内部和外部的候选人员，以促进企业未来的持续经营和发展。

（3）分析员工流失情况是企业人力资源管理的重要一环。例如，对于新员工流失情况，企业可以查找主要原因，制定并实施改进措施。但企业需要注意离职原因的真实性，因为离职时所谈的原因并不一定是真正的原因。因此，需要在后期根据所了解的信息进行修正。员工流失率太高或太低都不利于企业的发展，适当的员工流动有助于知识和技术的交流，为企业带来新的活力，实现人力资源配置的市场化。一般而言，年度员工流失率为6%—10%较好，但因地域和所有制不同而有所差异。企业需要持续关注人力资源的变化和发展，及时调整和优化人力资源管理策略，以满足企业的发展需求。

🔍 **条款引用** ≫≫≫

4.4.2.2.3　如何听取和采纳员工、顾客和其他相关方的各种意见和建议，如何在不同的部门、职位和地区之间实现有效的沟通和技能共享。

条款解读

本条款阐释了组织工作设计和管理的两大核心原则，即"促进吸纳员工、顾客及其他利益相关者的意见与建议"以及"在不同部门、职位和地区之间促进有效沟通与技能共享"。

（1）为加强企业内部凝聚力及外部协同合作，组织应构建多种沟通渠道。这些渠道包括总经理信箱、合理化建议系统、新员工入职面谈、年终绩效评估会谈、离职访谈、在线论坛和各种形式的座谈会，以此收集并采纳员工、顾客及其他相关方的宝贵意见与建议。

（2）在设计工作系统时，确保沟通有效性和技能共享是至关重要的。企业可借助以下方式强化这一原则：建立知识管理平台、开展创新微课程、组织经验分享会、提供基本技能培训、实施内部讲师交叉训练、推行岗位轮换制度，以及利用网络通信和视频会议等技术手段，在不同的部门、职位和地区之间实现有效的沟通和技能共享。

（3）公司高层、中层与基层之间的纵向沟通障碍可通过组织结构精简、管理流程信息化以及采纳"流动式、开放式"管理模式加以解决。至于与关键供应商和顾客间的跨公司沟通障碍，则可以通过采取准时制生产（JIT）、实行免检免订单机制、优化供应链管理、建立战略伙伴关系等策略予以消除。

条款引用

4.4.2.3 员工绩效管理

如何实施员工绩效管理，包括员工绩效的评价、考核和反馈，以及如何建立科学合理的薪酬体系和实施适宜的激励政策和措施，以提高员工和组织的工作绩效，实现组织的战略实施计划。

条款解读

员工绩效管理构成了一个具有反馈机制的闭环管理体系。企业需要将战略与绩效管理紧密关联，并将其作为一个系统进行考量，以确保员工、部门和企业整体的绩效相互协调，进而提升员工及企业的绩效水平，并实现企业的战略实施计划。

（1）企业应基于关键绩效指标的分解来设计员工绩效管理系统。通过战略规划，将关键绩效指标自顶层管理层逐步向下展开，构建从公司到部门再到个人岗位的关键绩效指标体系。这样，战略目标就能够转化为每位员工日常工作的具体行动，确保组织运作的协调一致性。

（2）企业应对员工绩效进行定量和定性的评价与考核，并在适当的时间以适宜的方式将评价和考核结果反馈给员工，以便及时采取改进措施。绩效评价的内容应当多方面，包括绩效结果、影响绩效的因素（如员工态度、知识和技能等）、工作行为以及实现目标的能力等，全面评估员工的表现和贡献。评价和考核既可以针对个人也可以针对团队进行，覆盖的对象不仅包括正式员工，也涵盖临时工和季节工，以确保所有员工都能从该过程中受益。

（3）企业应建立科学合理的薪酬体系，并实施适当的激励政策和措施，这包括薪酬、奖惩制度、认可、提供培训和晋升机会等各种精神和物质的员工激励政策。薪酬还应该包含非货币形式的报酬，如福利和股权等，这是维持和提升员工满意度与敬业度的重要手段之一，同时也是企业吸引和留住人才的关键因素。

条款引用

4.4.2.4　员工的学习与发展
4.4.2.4.1　员工的教育与培训

如何识别教育与培训需求，制定和实施教育与培训计划，并结合员工和组织的绩效以评价其有效性，使教育与培训适应组织发展方向和员工职业发展的要求；如何针对不同的岗位和职位实施教育与培训，鼓励和支持员工以多种方式实现与工作需要和职业发展、技能提高相关的学习目标。

条款解读

教育和培训管理是人力资源管理中不可或缺的一部分，它充当企业持续成长的"推进器"。鉴于员工现有的知识、技能和能力与企业的实际工作需求、战略规划的实施以及发展方向之间可能存在的差异或间隔，企业必须通过适当的方式对员工进行教育和培训，以确保员工的能力满足企业的发展要求。以下是企业应重点考虑的3个主要方面：

（1）员工教育与培训的需求分析确定。培训需求分析是整个培训开发过程的关键步骤，其准确性和全面性直接决定了培训的成效。培训需求分析的目标是识别和分析员工的培训需求，并制定符合企业战略和员工职业发展需求的培训计划。为了精确地识别和分析这些需求，需要从企业战略发展、绩效测量、绩效改善、创新计划以及员工职业发展等多个角度出发。可以通过调查问卷、座谈会和员工绩效评价等手段来进行需求分析。在明确培训需求后，企业应根据长短期目标，按照优先级原则，有计划地平衡和满足这些需求，确保培训计划能够有效支持企业战略和员工的职业发展。

（2）员工教育与培训计划的制定。在制定教育培训计划时，需综合考虑多个要素，包括培训对象、目标、方法、内容、预算和设施等。针对不同的教育与培训需求及要求，应采取不同的分类和分层实施策略，例如按管理、技术、操作等工种进行分类，按高层、中层、基层进行分层，确保教育与培训计划的有效执行。此外，为满足不同员工的需求，可采纳多样化的方法，比如委托外部培训、自主学习、短期课程、学术研讨会、远程教育、岗位轮换、交叉培训等，以适应员工在不同阶段的学习和成长需求。

（3）员工教育与培训效果的评价。在评估教育与培训的效果时，企业不能仅依靠考试、问卷等方式进行即时评估，还应结合员工和企业绩效的变化来全面评价教育与培训的成效。具体而言，评估教育与培训有效性时应考虑以下方面：针对知识和技能掌握程度，评估员工在教育和培训过程中所学习的知识和技能，以此判断培训的有效性；针对学以致用的程度，评价员工是否能将所学知识和技能应用于实际工作中，从而评判教育和培训的实效；针对绩效改善程度，评估员工接受教育和培训后的工作表现是否有所提升，以此确定教育和培训的影响；针对反馈与改进机制，建立及时的反馈系统，收集员工的意见和建议，不断优化教育和培训质量。

条款引用 »»»

4.4.2.4.2　员工的职业发展

如何对包括高层领导在内的所有员工的职业发展实施有效管理，如何帮助员工实现学习和发展目标，如何实施继任计划，形成人才梯队，以提高组织的持续经营能力。

条款解读

员工是企业发展的基石，因此企业应当积极鼓励和支持员工制定及执行职业发展计划，以助力员工达成个人成长目标。同时，企业应实施继任规划，构建人才储备体系，确保为员工提供顺畅的职业晋升通道。为此，本条款要求企业从以下3个层面进行详细阐述：

（1）企业需推行一套系统的、全员覆盖的、高效的职业发展管理机制，重视并激励员工自主规划职业生涯，并提供全面的咨询与指导服务。人力资源管理部门在策划和管理员工职业发展的进程中，须将员工的个人发展愿景与企业的战略方针和发展方向紧密结合，确保双方共赢。

（2）企业应搭建多元化的发展途径，通过必要的培训、工作重构、岗位轮换、职务晋升等多种方式，支持和引导不同级别的员工执行定制化、个性化的职业发展规划，以实现其学习和成长目标。

（3）企业应制定并执行恰当的继任规划，包括为高层、中层领导职位及关键岗位的核心人才设立继任规划，建立人才梯队，从而增强企业的持久运营能力。

通过这些措施，企业不仅能够提升员工的满意度和忠诚度，还能够为企业的长远发展打下坚实的人才基础。

条款引用 »»»

4.4.2.5　员工的权益与满意程度

4.4.2.5.1　员工权益

——如何保证和不断改善员工的职业健康安全，针对不同的工作场所确定相应的测量指标和目标，并确保对工作场所的紧急状态和危险情况做好应急准备；

——如何针对不同的员工群体，提供针对性、个性化和多样化的支持，保障员工的合法权益；

——如何鼓励员工积极参与多种形式的管理和改进活动，并为员工参与的活动提供必要的资源，以提高员工的参与程度和效果。

条款解读

员工是组织的根基，企业应致力于维护一个优越的工作环境，并提供福利支持，鼓励员工积极参与管理和改进活动。本条款要求企业做到以下4个方面：

（1）识别和确定每个办公场所工作环境的测量指标和目标。工作环境既要考虑物质环境，包括厂房、场地、设备设施、空气、阳光等构成员工办公场所的硬环境；也要考虑精神环境，包括企业营造的保障员工身心健康的民主、平等、公正、友爱、团结和尊重员工的软环境。工作场所的职业健康安全要体现企业"以人为本"的核心价值观。企业应根据测评结果，并结合不同员工在健康、安全等方面的不同需求，制定预防性改善员工职业健康安全条件的措施。

（2）识别工作场所可能发生的紧急状态和危险情况。在工作场所，我们需要识别可能出现的紧急情况和危险情况，对工作环境进行设计时需要考虑添加适当的应急设施并制定应急预案。为了确保有效性，应在必要时进行演练以应对紧急情况和灾难的发生。

（3）细分员工，识别不同的员工群体有不同的需求和期望，如企业不同年龄、学历、级别、工种的员工，重点需求会有所差异。企业应结合关键因素识别员工群体的差异化需求，并提供有针对性、个性化的员工服务和福利等方面的支持。员工支持的内容可包括带薪休假、弹性工作时间、健康体检、节日礼品、文娱活动、个性化培训、个人额外医疗保险等。

（4）为了鼓励员工参与管理和改进活动，企业需要营造一个主动参与的工作环境。通过建立 QC 小组、引入合理化建议等多种形式的活动，鼓励和支持员工参与，同时采用一定的激励机制来提高员工的参与积极性。这样可以促进员工的创新思维和工作效率，同时也为企业提高生产效率和质量水平带来好处。

🔍 条款引用 》》》————————————————————————————————》》》

4.4.2.5.2　员工满意程度

如何确定影响员工满意程度和积极性的关键因素以及这些因素对不同员工群体的影响，如何测量和提高员工满意程度。

✏️ 条款解读

企业应将员工视为核心资产，重视他们的福祉，定期进行员工满意度调研，并基于反馈采取相应的改进措施以提升员工的满足感。为达成此目标，企业需从以下 3 个层面展开工作：

（1）确定关键影响因素。企业可以运用多种方式，如员工问卷、讨论会等，来识别那些对员工满意度和积极性产生显著影响的因素。这些因素可能包括公司文化、绩效评估与薪酬体系、晋升机会、培训与发展、福利和保险计划、工作环境及安全性、问题解决的效率、对管理层的看法、管理授权、信息沟通、工作量、团队合作精神等。由于这些因素对于不同员工群体的影响不尽相同，因此需要根据员工分类来进行细致分析。

（2）收集与评估信息。企业应选择合适的手段和方法，如发放问卷、组织座谈会、聘请专业调查机构进行特定群体访谈、设立总经理接待日等，结合各种信息平台和渠道，搜集员工对工作本身的意见和建议，以及关于员工流失率、缺勤率、投诉情况、安全记录和生产效率的数据。通过定期评价员工的满意度和积极性，并深入分析背后的原因，企业能够制定出有效的改善策略，进而提高员工的满意度和积极性。必要时，企业还应开展针对性调查，比如针对特定员工群体（例如青年员工、女性员工等）或特定议题（如困难救助、职业发展、兴趣爱好等）。在进行抽样调查时，必须确保样本的代表性。

（3）多元化调查方法的综合分析。在运用多种调查手段时，企业需注意如何整合和分析不同渠道收集到的结果。例如，通过电子邮件收集的反馈可能只能代表那些使用电脑且愿意分享意见的员工，而不一定反映不使用电脑的一线工人的观点。因此，在汇总和分析数据时，应充分考虑不同群体的特点和意见，以确保得出的结论更全面和客观。

综上，企业要通过多维度的调查和细致的数据分析，深入了解并积极响应员工的需求和期望，从而不断提升员工的满意度和工作热情，推动企业的持续发展与成功。

三、财务资源

财务资源是企业运营中不可或缺的重要资源，该条款主要评价企业如何利用财务资源来支持企业的运营。具体地说，这包括两个方面：第一，企业需要通过战略规划来支持企业业务过程的实施和管理，从而实现企业的战略目标。这就要求企业在制定战略规划时考虑财务资源的配置和利用，确保财务资源能够最大限度地支持企业的业务发展和战略目标的实现。第二，需要提高资金的使用效率和安全，以确保财务资源的合理使用和管理。具体而言，企业需要加强资金管理，规范财务流程，确保资金使用符合法律法规和内部控制要求，同时还需要加强风险管理，防范各种财务风险的发生，保障财务资源的安全。其逻辑关系如图 6.1 所示。

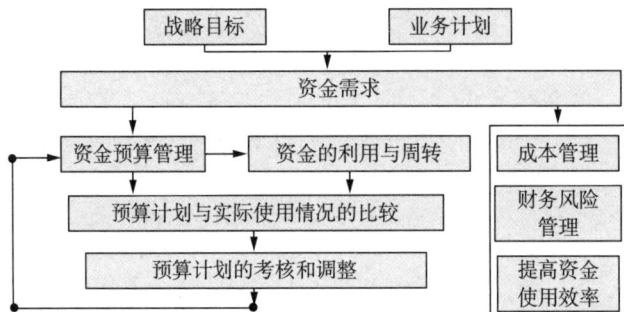

图 6.1　"财务资源"的逻辑关系图

条款引用

4.4.3　财务资源

如何确定资金需求，保证资金供给。如何实施资金预算管理、成本管理和财务风险管理，将资金的实际使用情况与计划相比较，及时采取必要的措施，适时调整。如何加快资金周转，提高资产利用率，以实现财务资源的最优配置，并提高资金的使用效率和安全。

条款解读

企业要制定严谨科学的财务管理制度、财务岗位职责及细则，规定财务审批权限。卓越绩效模式的财务资源重视资产的利用效率，提高资金的使用效率和安全性，最终实现财务资源的最优配置。

（一）资金预算管理

资金是企业的"血液"，加强资金的预算管理是提高资金使用效率和企业持续发展的首要任务，资金预算是全面预算管理的关键环节。资金预算不是简单的资金收入和资金支出的加减，是负责资金预算的部门要与企业的每个部门充分沟通和讨论，是业财融合的最好方式。做好资金预算关键是企业负责人要认识到预算对企业管理的重要性，全力支持并落地实施，不仅要做年度预算，还要做月度预算，更重要的是每月要定期开预算分析会议，预算的准确性是月度考核和年度考核的一个重要指标。

首先，确定资金需求与资金供给。组织应根据战略目标和实施计划确定资金需求，通过提高银行授信额度、发行债券以及上市或增发股票等方法保障资金供给。重点考虑 3 个方面因素：其一，资金供给应和企业的战略目标相适应，并根据企业战略目标制定资金供给计划，即企业需要制定相应的财务融资战略。其二，为避免单一融资渠道带来的局限性，企业应通过银行贷款、发行债券等债务融资渠道和上市或增发股票等股权融资渠道保障企业资金供给，使企业融资渠道多元化，这实际上是多元化的财务融资战略。其三，确定股权融资和债权融资的比例，这需要综合考虑 3 个因素：第一是从债券融资需求来看，企业有更好的财务状况和现金流，保证定期支付债券利息，否则会面临信用降级、债券违约，甚至破产的风险，而股权融资对现金流的要求不高，因为股息的配发不是强制的；第二是从盈利的角度来看，发债券可以给既有股东带来更大的收益，而增发股票则可能冲淡老股东的利益；第三是从风险角度来看，债权融资的违约会影响既有股东的利益，股票则不存在违约情况。

其次，做资金收入预算。负责编制预算的部门与企业每个部门沟通讨论是做资金预算的前提和基础。根据"应收账款本期收回金额+本期现金销售收入+其他现金收入"，推算出本期现金收入。其中本期现金销售收入要和销售部门的销售预算及历史数据进行判断预测，见表 6.2 所列。

表 6.2　资金收入预算表

项　目		金　额
收入	应收账款	
	期初余额	
	本期发生额	
	本期收回金额	
	本期余额	
	现金销售（服务）收入 1	
	现金销售（服务）收入 2	
	现金销售（服务）收入 3	
	……	
	其他现金收入	
	合计	

再次，做资金支出预算。资金支出预算是根据"应付账款本期付款金额+本期原材料采购现金付款+商品采购现金付款+人员成本+应交税费+租赁费+物业水电费+营销费用+其他费用+固定资产+无形资产+项目+投资+其他支出"推算出本期现金支出。其中人员成本、应交税费大多数企业根据上月在岗人员和销售数据可以测算，租赁费和物业费可以根据租赁合同填报，其他费用、固定资产、无形资产、项目和投资支出根据预算月份的业务计划和付款时间进行测算填写，见表6.3所列。

表6.3 资金支出预算表

项 目		金 额
支出	应收账款	
	期初余额	
	本期发生额	
	本期付款金额	
	本期余额	
	原材料及商品采购现金付款	
	人员成本	
	应交税费	
	租赁费	
	物业水电费	
	营销费用	
	其他费用	
	固定资产	
	无形资产	
	项目	
	投资	
	其他支出	
	合计	

负责预算的部门根据"期初资金余额+资金收入-资金支出"可以推算出本期资金余额，如果推算出的资金余额低于企业的资金余额下限。财务部则要通过筹资渠道筹集相应资金，保证资金余额高于企业资金余额下限，筹资渠道一般有信贷融资、债券融资、股权融资和融资租赁。企业资金余额判断标准不同行业不一样，每个企业可根据行业特点和企业实际类型进行判断，通常有3种类型：激进型（资金余额占当年销售收入的5%—10%）、温和型（资金余额占当年销售收入的10%—20%）、保守型（资金余额大于当年

销售收入的 20%）。

（二）成本控制管理

成本控制管理指企业生产经营过程中各项成本核算、成本分析、成本决策和成本控制等一系列科学管理行为的总称。成本管理能使企业降低成本，为企业扩大再生产创造条件；可以增加企业的利润，提高企业经济效益；能帮助其降低成本，提高竞争优势，增强企业的竞争能力。

目前企业常用的成本管理方法为标准成本法，是指企业以预先制定的标准成本为基础，通过比较标准成本与实际成本，计算和分析成本差异、揭示成本差异动因，进而实施成本控制、评价经营业绩的一种成本管理方法。一般按照确定应用对象、制定标准成本、实施过程控制、成本差异计算与动因分析，以及修订与改进标准成本等程序进行。在制定标准成本时，企业应结合经验数据、行业标杆或实地测算的结果，运用统计分析、工程试验等方法，按照表 6.4 所列的程序进行。

表 6.4　企业制定标准成本步骤表

步骤	内容
步骤一	分别确定不同的成本或费用项目的消耗量标准和价格标准，形成一个数量金额式的表格
步骤二	按照企业的经营特点，确定每一个生产和服务环境的成本或费用项目的标准成本
步骤三	汇总不同成本项目或步骤的标准成本，确定本企业产品或服务的标准成本

企业制定标准成本之后，与实际成本进行比较，对此动因进行分析、找出原因，以便在下一次的实施方案中将其融入进去。标准成本与实际成本差异分析及改进情况见表 6.5 所列。企业应关注各项成本差异的规模、趋势及可控性，将生产的成本差异信息汇总，定期形成标准成本差异分析报告，并针对性地提出成本改进措施。此外，企业应定期或不定期对标准成本进行修订与改进，特别是当外部市场、技术水平、生产工艺、产品品种等内外部因素发生较大变化时。

表 6.5　标准成本与实际成本差异分析及改进表

成本差异类别	标准差异构成因子	产生成本差异的原因	责任部门
直接材料成本差异	A. 直接材料价格差异=实际耗用量×（实际单价−标准单价）	直接材料价格与标准价格差异	采购部门
	B. 直接材料数量差异=（实际耗用量−标准耗用量）×标准单价	直接材料耗用量与标准用量差异	生产部门
直接人工成本差异	A. 直接人工薪资差异=实际工时×（实际工资率−标准工资率）	人工工资差异	人力资源部门
	B. 直接人工效率差异=（实际工时−标准工时）×标准工资率	人工耗用的工时差异	生产部门

（续表）

成本 差异类别	标准差异构成因子	产生成本差异 的原因	责任部门
制造费用 成本差异	A. 变动制造费用项目价格差异＝产品实际辅料数×（辅料实际单价－辅料标准单价）	燃料、辅料等价格差异	生产部门
	B. 变动制造费用项目用量差异＝（产品实际辅料数－产品预算辅料数）×标准辅料单价	燃料、辅料等用量差异	生产部门
	C. 固定制造费用耗费差异＝固定制造费用项目实际成本－预算产量×单位固定制造费用项目标准成本	实际固定制造费用与预算固定制造费用的差异	财务部门
	D. 固定制造费用能量差异＝（预算产量－实际产量）×单位固定制造费用项目标准成本	开工率不足导致的固定成本耗费	财务部门

（三）财务风险管理

财务风险管理是指经营主体对可能存在的各种风险进行识别、度量和分析评价，并适时采取及时有效的方法进行防范和控制，以经济合理可行的方法进行处理，以保障理财活动安全正常开展，保证其经济利益免受损失的管理过程。

1. 健全内控制度

内部控制对于确保企业经济安全运行具有重要作用，是有效防范企业财务风险的基础。经营主体应重视内部控制制度建设，建立严密的内控体系，实现对企业经营过程和经营环节的全面控制，并定期对内部控制制度的执行情况进行检查，建立问责制和责任追究制度，规范组织工作人员行为，防范各种违规违法行为，减少财务风险的发生。

经营主体为使公司的经营风险为零风险，可在企业内部对各部门的流程、程序运作进行设定控制点作业，做好流程、程序的内部控制的管理制度。经营主体可设置如下的内控制度：授权审批制度、资金管理制度、采购及付款流程管理制度、销售及收款流程管理制度、成本费用管理制度、实物资产管理制度、合同管理制度。

2. 优化资本结构

经营主体要合理安排负债比例，适度负债经营可以在一定程度上降低资金成本，而过度负债经营会使企业面临严重的财务危机。因此，企业需要在考虑自身承受能力的基础上，通过建立贷款风险评价模型来确定合理的贷款规模，与企业的发展规模相适应。在筹资过程中，应合理预测资金的需要量，在计算各种筹资方式的资金成本基础上，分析各种筹资方式所存在的风险，通过比较各种筹资方式的成本和风险，力求使组织的综合资本成本最低，优化企业的资本结构。

资本结构中最主要的指标为资产负债率，它是用以衡量企业利用债权人提供资金进行经营活动的能力，以及反映债权人发放贷款的安全程度的指标，通过将企业的负债总额与资产总额相比较得出，反映在企业全部资产中属于负债比率。资产负债率是期末负债总额除以资产总额的百分比，也就是负债总额与资产总额的比例关系。资产负债率反映在总资产中有多大比例是通过借债来筹资的，也可以衡量企业在清算时保护债权人利益的程度。

资产负债率这个指标反映债权人所提供的资本占全部资本的比例，也被称为举债经营比率。资产负债率＝总负债／总资产。

3. 建立管控机构

企业财务风险控制的复杂性要求组织必须建立相应的组织机构，以便对财务风险实施及时有效的控制，这也体现了企业对财务风险管理的重视。企业可单独设立一个管理机构并配备相应的人员对财务风险进行预测、分析、监控，以便及时发现并化解企业财务风险。配备的人员必须具有较高的风险管理能力，既要能应用理论方法进行财务风险分析，又要能够对具体环境、方法的切合性及某些条件进行合理假设和估计，并在此基础上准确识别财务风险，及时发现和估计潜在的风险。当前，企业应着力培养风险管理方面的人才，这是提高企业财务风险管理水平的关键举措。

4. 适应环境变化

外部环境客观上存在于组织之外，对企业财务活动深具影响。为降低环境变化给企业带来的财务风险，企业应增强对国家政策、市场环境、经济环境等外部环境的关注度，加强分析研究，及时、充分了解与掌握外部环境的变化趋势及规律，制定多种应变措施，适时调整财务管理政策，改变财务管理方法，提高企业的适应能力和应变能力。所以，必须建立有效的财务管理手段和方法，以防范财务风险，其主要方法包括（不限于）：

（1）财务预测所采用的具体方法主要有属于定性预测的判断分析法和属于定量预测的时间序列法、因果分析法和税率分析法等。

（2）财务决策所采用的具体方法主要有概率决策法、平均报酬率法、净现值法、现值指数法、内含报酬率法等。

（3）财务预算所采用的具体方法主要有平衡法、定率法、定额法、比例法、弹性计划法和前期实绩推算法等。

（4）财务控制所采用的具体方法主要有计划控制法、制度控制法、定额控制法等。

（5）财务分析所采用的具体方法有比较分析法、比率分析法、平衡分析法、因素分析法等。

（四）提高资产利用效率

1. 加强资金管理

企业要成立专门的资金管理机构，实现资金集中管理和控制，不只为了实时监控分支公司的现金收支，更重要的是在保证集团内部资金流动性的前提下，减少闲置资金，降低资金成本，提高剩余资金的投资收益，充分发挥整体资金的规模优势；建立完善的资金内部集中管理和控制体系，对资金管理的具体实施进行垂直化管理和考核；开发资金集中管理结算系统，搭建子分公司、分支机构、银行等跨地区的资金管理平台，实现信息共享，便于资金集中管理，为决策提供充足信息。

2. 加强应收账款管理

首先，企业应设置专门的赊销和征信部门，专门对客户的信用进行调查，并向对企业进行信用评级的征信机构取得信息，以便确定要求赊购客户的信用状况及付款能力。企业的赊销和征信部门在应收账款管理中的职能是：其一，对客户的信用状况进行评级。其二，批准赊销的对象及规模，未经批准，企业的其他部门及人员一般无权同意赊销。其三，负责赊销账款的及时催收，加速资金周转。其次，企业要实行严格的坏账核销制度。目前，我国企业对坏账的处理为备抵法，符合配比原则与谨慎性原则，要做到以下几点：第一，准确地判断是否为坏账，坏账的核销至少应经两人之手。第二，在应收账款明细账中应清晰地记载坏账的核销，对已核销的坏账仍要进行专门的管理。第三，对已核销的坏账重新收回要进行严格的会计处理，这样做有利于管理人员掌握信息。

3. 加强固定资产管理

首先，建立严格的使用、保养和管理制度，对不需用的固定资产应及时采取措施，以免浪费，注意提高机器设备的时间利用强度和它的生产能力的利用程度。其次，根据轻重缓急，合理购置和建设固定资产，把资金使用在经济效果最大而且在生产上迫切需要的项目上；购置和建造固定资产要量力而行，做到与企业的生产规模和财力相适应。最后，各类固定资产务求配套完备，注意加强设备的通用性和适用性，使固定资产能充分发挥效用。

四、信息和知识资源

条款引用

4.4.4　信息和知识资源

4.4.4.1　如何识别和开发信息源，如何确保获得和提供所需的数据和信息，并使员工、供方和合作伙伴及顾客易于获取相关数据和信息。

条款解读

本条款需要回答"信息和知识资源"的识别和开发方法及应用途径。卓越的企业把运用信息技术进行管理看作是取得竞争优势、实现战略目标的有效途径。所谓信息源指产生或存在信息的地方，主要包括企业内部的各个流程和外部的政府机构、行业协会、技术研究机构、专业杂志、调查公司等。信息管理的目的是有效地收集、分析和整合这些信息，为各层级的决策和管理提供支持。通过对信息的管理，企业可以更好地了解市场和行业的情况，把握商机，提高竞争力。为了确保信息和数据的所有使用者获得高质量的、及时的数据和信息，企业的硬件和软件系统要可靠、安全和界面友好，并更容易访问有关数据和信息，鼓励相关人员经常使用这些数据和信息。企业可根据战略制定和日常运营的需求，通过流程分析、建立绩效测量系统和信息系统等方法，识别和开发内部信息源。通过与行业协会、顾客、供方和合作伙伴等的外部合作以及利用搜索引擎等方法识别和开发外部信息源，特别是竞争和标杆情报信息源，从而确保获得所需的数据和信息。企业可以通过信息系统等途径，向员工、供方和合作伙伴及顾客提供相关数据和信息，使之在获得权限范围内易于获取，以提高包括供方、企业、顾客在内的供应链整体效率和快速反应能力。

条款引用

4.4.4.2　如何配备获取、传递、分析和发布数据和信息的设施，如何建立和运行信息系统，如何确保信息系统硬件和软件的可靠性、安全性、易用性。

条款解读

该条款评价企业在数据信息的获取、传递、分析和发布等方面设施配备状况和信息技术水平。信息技术包括计算机硬件、软件与通信设备，但能够产生竞争优势的是计算机软件系统和数据库，而非计算机硬件。企业在信息化建设过程中，不仅要注重硬件投资，还要更注重软件投资，及时应用新信息系统，使企业的信息化状况能够适应企业的战略规划和发展方向，积极将信息技术资源与企业其他资源结合，主动发挥企业在信息化建设中的主导作用，提高企业竞争优势。

信息技术在企业运营中的日益广泛使用、更多知识网络的出现、B2B 和 B2C 等商业模式的挑战等，使得企业在确保信息系统数据的可靠性、安全性和易用性等方面变得至关重要。另外，在网络运营、战略联盟和供应链管理中，信息管理系统应该帮助管理者更快捷地、安全地使用数据和信息。企业应优选软硬件供方及其产品，优化用户界面，建立符合行业特点及业务需求的信息系统，并通过与供方密切合作、培养软硬件维护人员、信息系统用户参与等方法，确保信息系统软硬件的可靠性、安全性、易用性。

条款引用

4.4.4.3　如何使信息系统适应组织的发展方向及业务需要。

条款解读

为保证企业的信息系统适应战略发展需要，企业必须系统地评价和改进数据获取机制、软件和硬件，以使它们与变化的经营需要和战略方向保持同步和一致。因此，企业应基于战略及其实施计划，开展信息化需求调查和分析，制定长短期的信息化发展计划，积极、系统地推进信息化建设，逐步建立和运行满足内外部用户要求的集成化信息系统。

条款引用

4.4.4.4　如何有效地管理组织的知识资产，收集和传递来自员工、顾客、供方和合作伙伴等方面的相关知识，识别、确认、分享和应用最佳实践。

条款解读

本条款评价企业的知识管理水平，包含对来自员工、顾客、供方和合作伙伴的相关有价值信息、最佳实践等知识资产的收集、确认、分享和应用。所谓知识资产指的是企业积累的智力资源。它是企业和其员工所拥有的知识，包括信息、建议、学习、理解、记忆、洞察力、感知与技术技能、能力等。软件、专利、数据库、文件、指导书、制度和程序以及工艺绘图都是企业资产的宝库。知识资产不仅存在于企业内，而且存在于顾客、供应商和合作伙伴中。知识资产使企业在运营、投资、发展中知道如何去做。建立和管理其知识资产是使企业为股东、顾客和其他相关方创造价值的关键组成部分。

企业应营造重视知识的学习型企业文化氛围，明确知识管理过程，建立知识管理的信息平台，收集和传递来自员工、顾客、供方和合作伙伴的知识，通过内部知识分享和外部标杆对比，识别最佳绩效背后的最佳实践，进行确认、积累、整合、分享和推广应用，使分散的知识集成化、隐性的知识显性化，将知识转化为效益，促进知识资产的不断增值。其中，企业内部的知识可包括：图纸、文件、专利、技术诀窍、攻关成果、技术革新和改造成果、QC 小组和六西格玛管理成果、合理化建议成果、专业论文等；企业外部的知识可包括：顾客的图纸和文件，竞争对手和标杆的技术诀窍、管理经验，供方和合作伙伴的专业技术文件，与企业运营相关的法律法规等。

条款引用 >>>>>>

4.4.4.5　如何确保数据、信息和知识的准确性、完整性、可靠性、及时性、安全性和保密性。

条款解读

企业应该认识到在广泛应用电子数据的环境下，应建立确保数据、信息和知识的准确性、完整性、可靠性、及时性、安全性和保密性等质量属性的方法、监测指标并持续改进，以不断提高数据、信息和知识的质量。

对数据、信息和知识的管理包括对其特性的管理，具体包括完整性（所需要的信息全面而充分）、及时性（当信息被合法地需要时可以得到）、可靠性（一致性）、安全性（免篡改和丢失）、准确性（正确、没有错误，与事实相同）和保密性（防止不当的泄密和非法使用者的侵入）。

企业应根据数据、信息和知识所具有的特性来进行管理，使其满足所有使用者的需求。由于数据和信息的可靠性对于做出正确的决策、有效地监测运营，以及有效整合数据以评估企业的整体绩效而言是至关重要的，所以企业必须保持数据和信息的可靠性。这种可靠性是指数据和信息的前后一致性、其测量方法和获得途径是保持一致的。数据和信息需要同时具备可靠性、一致性和准确性，仅凭一致性和可靠性是不够的。准确性是数据和信息的另一个重要特点，因为即使数据和信息在各个来源之间是一致的和可靠的，但如果这些数据和信息本身不准确，那么它们就不会对决策产生任何实际帮助。因此，在管理信息和数据时，除了保证一致性和可靠性外，还必须确保其准确性，以确保领导者能够依据数据和信息做出正确的决策。

企业应具备分析和防范信息系统外部风险的能力，包括黑客攻击、病毒传染、电流冲击和其他暴力损害等，以提高数据、信息和知识的安全性。企业应建立避免系统失效（崩溃）的过程，因为如果系统失效可能损害关键数据，这要求有冗余系统以及有效的备份和异地数据储存系统。

五、技术资源

中小企业所拥有的技术是战略制定过程进行战略分析时必须考虑的关键要素之一。其既是企业战略资源，也是各个价值创造过程能力水平的一种体现。中小企业应当通过对所拥有的技术资源进行评估、比较、引进、消化和吸收，不断提升组织的技术水平和创新能力。"技术资源"的逻辑关系如图6.2所示。

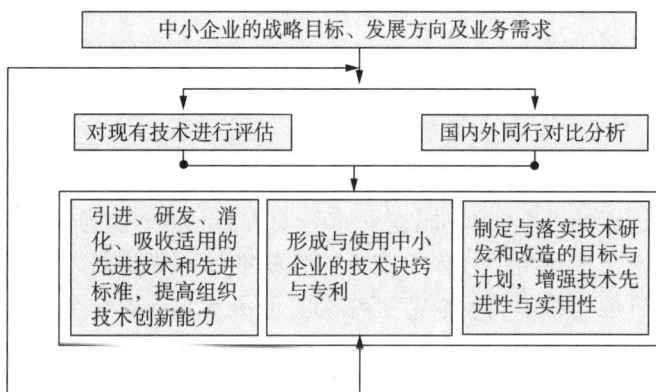

图6.2　"技术资源"的逻辑关系图

条款引用

4.4.5　技术资源

4.4.5.1　组织如何对其拥有的技术进行评估，并与同行先进水平进行比较分析，为制定战略和增强核心竞争力提供充分依据。

条款解读

不同企业由于自身特点和所处行业的不同，对技术评估的方法可能不尽相同。但是，在同行业中，技术先进程度是可以通过特定方法进行评估的。因此，在开展技术资源方面的活动时，需要先制定评估方法，评估要实际可行，具体到所使用的技术参数、评价体系和指标等方面。举例来说，像量子技术、华为的5G技术等在世界范围内处于前沿水平，这是通过对信息传输过程和质量进行测试与评估得出的结论。

技术评估要结合公司战略制定流程，收集内外部如国内、国际、行业内、行业外相关行业技术信息，及时了解并预测行业技术发展状况，对企业的技术现状进行评估，并与同行对比分析，为制定战略提供依据，并为增强企业的核心竞争力创造机会。

围绕这第一个"如何"，一般可以从以下角度开展工作。首先，建立技术评估体系，为公司战略制定提供依据。例如，制定技术评估管理办法，建立以技术研发部、市场部等为主体的技术和产品信息收集、分析处理中枢，处理国际、国内同行业科技信息数据。其次，定期召开技术分析会议。每季度召开由总经理牵头主持的技术委员会会议，分析当前国际国内同行业的技术发展状况。运用对比分析、趋势分析方法，评估公司现有技术水平及未来技术的研究方向。找出技术优势与差距，调整技术发展战略等。最后，评估方法的展开应用。随着科技进步和管理水平的提高，应用的评估方法需要更加科学、合理。技术评估获得的成果可以列表呈现，将更生动。

条款引用 》》》——》》》

4.4.5.2 如何以国际先进技术为目标，积极开发、引进、消化、吸收适用的先进技术和先进标准，提高组织的技术创新能力。

条款解读

这是技术资源管理中的第二个"如何"。在导入卓越绩效管理时，就需要将"开发、引进、消化、吸收适用的先进技术和先进标准"等方面的创新能力明确展现出来。基于公司战略定位，确定与之相适应的技术定位，并且瞄准国际先进技术和标准，将"原始创新、集成创新与引进消化吸收再创新"相结合，开展自主技术创新，或者以自主创新为主，产学研合作，联合攻关相互配合的路径，提高组织的技术创新能力。

围绕第二个"如何"，可以从以下几个角度入手。首先，组织可以把国际或国内先进技术作为目标，提高自身技术创新能力。例如，建立三级技术创新体系，开展技术比武和技术创新大赛等活动，建立技术创新与技术标准相结合的管理机制。其次，组织可以积极与高校和科研院合作或联合攻关，开展技术创新活动，缩小与国内先进或国际先进企业的技术差距。例如，投入研发经费，争取国家项目，建设优秀团队，与清华大学、中国科学院等高校和科研院所合作攻克关键技术。最后，组织可以在具体领域中进行技术创新，争取成为领先企业。例如，研发新能源车用 SRM 开关磁阻电机使其处于全国领先水平。综合这些方法，组织可以持续提升自身技术实力，并在市场竞争中拥有一定优势。

条款引用 》》》——》》》

4.4.5.3 如何形成和使用组织的技术诀窍与专利。

条款解读

企业可以通过形成和使用技术诀窍与专利来提升自身在技术领域的竞争力。技术诀窍是指企业在实践中积累的、独特的技术经验和知识，是企业技术创新的重要资产。专利则是企业在技术领域取得的创新成果，对企业的技术实力和市场地位具有重要影响。形成技术诀窍和专利需要企业具备一定的技术创新能力和专业知识。企业可以通过加强技术研发、与高校科研机构合作、吸纳高端人才等方式提升技术创新能力。同时，企业也需要注重知识产权保护，建立专利申请和维护管理机制，充分利用和保护自身的技术资产。

围绕这第三个"如何"，形成和使用组织的技术诀窍与专利，可以从以下几个角度入手。首先，企业需要注重知识性资产的积累，可通过制定规章制度、固化知识或标准化文件规定等方式实现，以确保知识能够得到有效积累和传承。其次，企业需要在设计、操作和服务等方面形成技术诀窍，通过不断积累和总结经验，提高生产效率和质量。最后，企业需要在各个领域取得专利，并推广应用，逐步形成企业在技术方面的核心竞争力。通过这些措施，企业可以在技术领域中不断提升自身实力，增强市场竞争力，为企业可持续发展奠定坚实基础。

条款引用 》》》——》》》》

4.4.5.4　如何制定技术开发与改造的目标和计划，论证方案，落实增强技术先进性、实用性所采取的措施。

条款解读

企业在进行技术开发和改造时需要制定明确的目标和计划，并通过论证方案、落实措施等方式增强技术先进性和实用性。首先，企业在制定技术开发和改造目标时需要明确具体的要求和指标，例如产品质量、生产效率、技术水平等，以确保技术开发和改造能够实现预期效果。其次，企业需要制定详细的技术开发和改造计划，包括任务分解、时间进度、资源投入等方面，以确保进度和质量能够得到控制。在制定技术开发和改造方案时，企业需要进行论证，包括技术可行性、市场前景、风险评估等方面，以确保方案的可行性和可靠性。最后，在落实技术开发和改造方案时，企业需要采取一系列措施，以增强技术的先进性和实用性。

围绕这第四个"如何"，可以按照以下步骤展开工作。首先，确定技术开发与改造的需求和目标。明确企业的技术定位和市场需求，确定所需开发或改造的技术范围和目标，为后续制定计划和方案提供基础。其次，制定技术开发与改造的计划。根据技术开发的需求和目标，制定长短期技术发展计划，确定项目周期、时间节点、成本预算和人员分工等，为后续实施提供具体的指导。再次，进行技术经济论证和可行性分析。对技术开发的方案进行技术、经济、市场等多方面的论证和分析，确定技术方案的可行性和经济效益，为后续实施提供决策依据。然后，落实增强技术先进性、实用性所采取的措施。针对技术开发过程中可能存在的问题和难点，采取相应的技术措施和创新手段，以确保技术方案的先进性和实用性。最后，跟进和评估技术开发与改造的效果。按照制定的计划和指标跟进技术开发的实施情况，对开发成果进行评估和总结，为后续技术开发和改造提供参考和借鉴。

技术资源条款中，除了把四个"如何"从"方法—展开—学习—整合"管理成熟等角度逐一展开，表明企业基于技术评估去制定战略，开展技术创新，形成在技术方面的核心竞争力，并制定和落实长短期技术发展计划外，还有几点需要明确：首先，需要明确技术研发部的架构、团队及人员组成，以及相应的管理和制度建设。这包括如何组建高效的技术团队、如何确保团队成员的专业能力和素质、如何制定相应的管理制度和流程等。其次，需要明确技术研发部的工作要承接公司战略，并与公司的人力资源配比相结合。这就要求技术部门要紧密配合公司的各项业务，在技术研发中做到与各个业务板块紧密相连，实现科技与业务的无缝对接，从而提升企业的整体竞争力。最后，还需要明确研发过程及其管理（属于"过程管理"，此处主要涉及研发过程），这包括如何规范研发流程、如何系统化地管理研发项目、如何确保项目的进度和质量管控等。

六、基础设施

基础设施是指为了支持中小企业运营所必需的硬件、软件、设备、建筑物、办公家具和设备等各种资源和设施。这些设施通常被用于支持企业的日常工作和业务活动，例如采购、生产、销售、物流、客户服务、人力资源管理、财务管理、信息技术管理等方面。基础设施的质量和可靠性对企业的运营和发展至关重要，因为它们直接影响企业的效率、生产力和运营成本。基础设施的需求不仅来自中小企业自身发展的需要，也和相关方的需求与期望密切相关。企业在提供过程管理所需要的基础设施的同时，需要维护、保养、更新、改造和处置由基础设施引发的工作环境问题，其逻辑关系如图6.3所示。

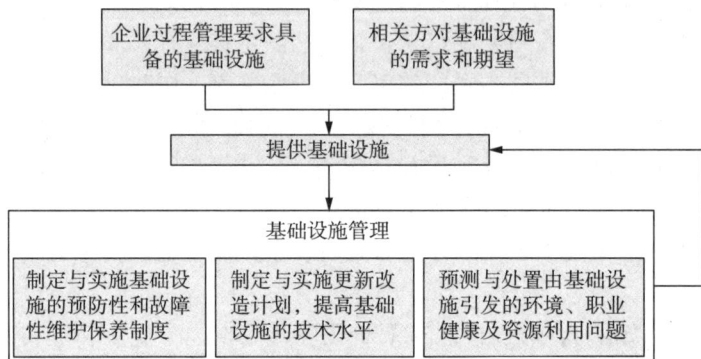

图6.3 "基础设施"的逻辑关系图

🔍 条款引用》》》━━━━━━━━━━━━━━━━━━━━━━━━━━━━━》》》

4.4.6 基础设施

在考虑组织自身和相关方需求和期望的同时，如何确定和提供所必需的基础设施，包括：

a）根据战略实施计划和过程管理的要求提供基础设施；

✏️ 条款解读

公司战略实施计划是方向与纲，过程管理是需求。因此，必要的基础设施就是"物质"（资源）支撑。确定需求，配置必要设施设备，是依据公司战略、过程管理和相关方的期望展开的。如战略实施计划涉及"产能、产品质量、技术水平、安全性"等，这就要求基础设施设备能够符合或超过既定目标要求，换言之，根据公司战略实施计划和过程管理的要求，提供满足产能、质量、成本、安全、环保等各方面要求的基础设施。

例如，某公司根据工艺技术、质量和产能提升以及环境改善的要求，有效地配置了技术先进、高效的设施和设备。在基础设施硬件方面，公司配置了研发大楼、标准车间等，并且采购了德国进口设备和国内先进设备220台，总价值达3亿元，并配置了检验检测和试验设备50台（套），总价值为8000万元。在软件方面，公司拥有ERP管理系统、OA系统、PLM生产周期管理系统、智能物流管理系统、仿真验证系统等，以满足公司中长期战略目标以及相关方的需求和期望，并全面满足过程管理的要求。这样的设施设备和检测仪器等可以通过表格和图片的形式进行管理，并细分为关键生产设备或生产线、车间现场检测或在线检测设备、研发设备以及实验室检验检测设备等。这些配置可以使公司的生产效率和产品质量得到提升，同时增强公司的竞争力，从而达成中长期的战略目标及满足相关方的期望。

🔍 条款引用 》》》——》》》

b）制定并实施基础设施的预防性和故障性维护保养制度；

✏️ 条款解读

完善的基础设施需要用制度来保障，制定故障性和预防性维护保养制度，并且实施执行，对于基础设施的稳定、高效、持久运行至关重要。建立故障性和预防性维护保养制度，要根据企业的行业特点和自身条件，处理好专业维护保养（专业公司，或专业人员）和操作者维护保养（日常维护保养制度）之间的关系，制定科学合理的测量指标，保证基础设施的状态稳定完好。

例如，某公司建立了一系列规章制度，包括《设备台账》《设备管理制度》《设备巡回检查制度》《特种设备管理制度》《设备点检制度》《设备报修管理制度》《设备计划检修管理制度》等。这些规章制度构成了全面的设备保全管理体系，内容涵盖了设备的整个生命周期，包括设备申购、验收、安装调试、移交、检修、维护、点检、借用、迁移、报废、技术文档归档等。同时该公司采用全员设备管理（TPM）模式，强调预防维护，同时配合应急维修，实施设备大修、计划检修、定期检修等措施进行设备维护，对不同级别的设备进行分级管理（可以列表，或用图示表明管理上的亮点）。这样的管理体系有效提高了设备的使用寿命和安全性能，保障了生产的稳定进行。

🔍 条款引用 》》》——》》》

c）制定和实施更新改造计划，不断提高基础设施的技术水平；

✏️ 条款解读

随着时间的推移，无论是设施设备、生产线，还是分析仪器，都会逐渐老化和陈旧，需要不断更新换代、优化升级。因此，制定和实施设施设备的更新改造计划，不断提高设施设备的技术水平是必不可少的。制定和实施设备更新及技术改造计划需要以战略目标和长短期实施计划为依据，同时考虑日常过程管理的要求，以确保设施设备能够跟上技术的发展步伐。目的是不断提高基础设施的技术水平，以保证企业生产运营的高效性和竞争力。

例如，某公司制定了基础设施更新改造计划，以提升设施设备的技术水平和生产效率。该计划依据公司战略规划（长短期计划），由装备组和生产、研发部门共同制定，并经过论证、评估、公司高层批准后实施。在近三年的基础设施更新改造中，公司投入了大量资金，以期实现技术升级和产能提升。其中，2022 年的计划是新增年产450 万件汽车关键零部件的精密加工中心技术改造计划，投入 7200 万元。2023 年的计划则是新增自动化生产线技术改造计划，投入 8500 万元。该计划对原有生产线进行改造，建成自动化生产线9条，形成年产320万件的生产能力。

d）预测和处置因基础设施而引起的环境、职业健康安全和资源利用问题。

条款解读

预防设施设备风险是基础设备管理的一个重要方面，需要按照计划和步骤执行。其基础是根据设施设备的关键失效模式，制定相应的预案，以防止基础设施失效所带来的环境、职业健康安全以及资源利用等方面的问题。

例如，某公司在已建立环境管理体系和职业健康安全管理体系的基础上，坚持基础设施建设，并且通过危险源辨识、设施设备关键失效模式预判，充分识别重大危险源，对辨识出的存在安全、环境风险隐患的基础设施制定预案，并且列入整改计划。对整改项目通过自检测、委托检测、第三方监督检测等手段，监视基础设施存在的可能性隐患的问题，及时改进。定期开展安全检查，找出需要改进的环节和更新的设施，解决并及时处置因基础设施引起的环境、职业健康安全等问题，制定整改计划并加以实施。

七、相关方关系

4.4.7　相关方关系

如何建立与其战略实施相适应的相关方关系，尤其是与关键供方和合作伙伴的良好合作关系，促进双向交流，共同提高过程的有效性和效率。

条款解读

随着企业家们逐渐认同双赢和多方共赢的管理理念，相关方关系成为企业发展的重要资源，因此得到了越来越多企业的关注。相关方是指可影响决策或活动、受决策或活动所影响、自认为受决策或活动影响的个人或企业，包括员工、顾客、股东、供方和合作伙伴、社会等。其中组织与顾客、员工、社会的关系分别在"4.3 顾客与市场""4.4.2 人力资源""4.1.4 社会责任"等条款中描述。相关方关系作为中小企业的重要资源需要加以管理，其逻辑关系如图6.4所示。

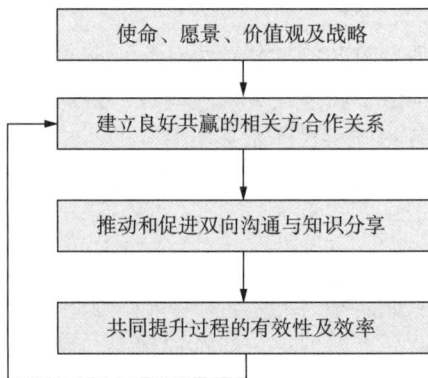

图6.4　"相关方关系"的逻辑关系图

企业应该努力与顾客、股东、员工、社会、供方和合作伙伴建立多方共赢的关系，以支持企业使命、愿景、价值观和战略的实现。为了实现持续的成功运营，特别需要关注与供方和合作伙伴的关系。确定对企业生产运营影响程度较大的关键供方和合作伙伴，基于平等互利、共同发展的原则，推动和促进双向沟通和知识分享，提供技术、管理、人员和资金等方面的支持，建立长期合作伙伴关系或战略联盟等，共同提高过程的有效性和效率，达成双赢的目标。

该条款包括以下内容：相关方关系管理；建立战略合作伙伴关系；构建双向沟通和知识分享机制；相关方相互支持。

（一）相关方关系管理

为实现持续成功，企业需要有效管理与顾客、投资者、员工、社会和合作伙伴等相关方的关系，以最大化地利用相关方对企业绩效的积极影响。特别需要关注与供方和合作伙伴的关系管理。现代企业应借鉴国内外先进经验，建立完善的相关方管理体系，不断优化相关方参与企业管理的方式，建立、巩固和提升与相关方的和谐关系，赢得他们的理解、信任、支持和合作，共同推进可持续发展，实现经济、社会和环境的综合价值最大化。

为了有效管理相关方关系，企业应遵循平等互利和共同发展的原则，按照《质量管理体系要求》（GB/T 19001—2016）要求，开展以下活动：

（1）明确所有相关方及其与企业的关系；

（2）确定需要管理的相关方的关系，对重点管理的相关方进行具体管理；

（3）平衡短期利益与长期考虑的相关方关系；

（4）主动与相关方建立积极沟通机制，共享信息、专业知识和资源；

（5）测量并向相关方报告企业绩效，有利于质量改进和控制；

（6）与供方、合作伙伴共同开展产品或服务开发和改进活动；

（7）鼓励和表彰供方及合作伙伴的改进和成绩。

这些措施有助于确保企业与相关方之间的良好关系，促进持续改进和卓越绩效，为企业的成功提供坚实基础。

（二）建立战略合作伙伴关系

企业作为产业链、供应链上的一环，应根据经营战略目标和发展方向，建立优势互补、诚信合作的战略合作伙伴关系。通过平等合作、相互信任、互利共赢、资源共享、风险共担、协同工作等原则，与供方、合作伙伴、顾客等相关方建立良好的战略合作伙伴关系，实现共同发展和市场领先能力。

为建立战略合作伙伴关系，企业应高度重视和支持，将战略供应商的能力纳入企业发展战略，并建立良好的信任机制、知识共享和沟通合作渠道。共同的利益和需求是战略合作的基础，共同的利益将促成持久而积极的合作关系。

在战略合作伙伴关系管理中，企业需采用适应合作伙伴关系的经营管理理念，将战略供应商视为发展的合作伙伴，共同实现发展和收益。这些措施将促进企业与合作伙伴之间的紧密合作，提升过程的有效性和效率，从而取得市场竞争的优势，并实现双赢的目标。

（三）构建双向沟通和知识分享机制

加强与相关方的交流沟通对企业的健康发展至关重要，也是卓越绩效管理和资源管理的关键要素之一。企业与相关方建立沟通渠道，不仅是为了及时解决问题，更重要的是通过分享经验和知识为企业管理者提供有效参考，推动企业健康发展，增强企业的发展动力和核心竞争力。沟通质量成为影响企业成功或失败的重要因素。

为实现双向互动，企业应与相关方建立良好的沟通机制，并定期进行交流和知识分享。沟通方式可以多样化，包括正式或非正式会议，员工代表座谈会，公司内部网站、宣传栏，供应商会议，经销商会议，公司外部网站、邮件等。通过这样的双向互动式沟通，企业能够更好地了解相关方的需求和意见，促进问题的快速解决，共同提高产品质量和服务实现过程的有效性与效率。

（四）相关方相互支持

为了实现企业的成功，必须获得各种必要的资源，特别是相关方的技术、资金和管理等方面的支持。如企业忽视员工的学习与成长，或者没有合理的薪酬和激励机制，可能导致员工负面情绪，甚至流失，从而对产品或服务质量产生负面影响，阻碍企业的稳定发展。另外，企业需要与相关方建立良好的相互支持关系，致力于与供应商共同发展，在推进供应商分级体系建设的同时，协助供应商解决生产管理中的问题，以确保产品质量持续提高。

第三节　案例分析

一、工作的组织和管理中的组织授权案例

（一）每一位员工都像是一个"迷你CEO"

××公司是全球电力行业的巨头，公司的4万名员工都得到了充分的授权。在1981年创立该公司时，他们就决定要创建一家能体现公正、诚信、社会责任以及乐趣这4项基本价值原则的公司。其中，最后一项原则乐趣，对该公司非常重要。有些企业只是在公司使命宣言的结尾部分才附上这一条，但该公司确实把乐趣摆在了中心位置。他们从来没有想成为世界上效率最高、实力最强或者最富有的公司，他们只是想成为最有乐趣的公司，并一直朝着这个方向努力。

该公司用小组的形式建立公司的企业体系，将下属的电厂和业务发展活动划分成两个区域，每个区域由一位经理领导。每个电厂也设立一位经理，监管厂内5~20个小组，每个小组包括组长在内有5~20名员工。各个小组对自己的工作完全负责。不过，最让外人吃惊的是该公司没有设立任何值得一提的职能机构，没有市场部、财务部和环境部，也没有人力资源部。要想让这一制度运行起来，公司的每一位员工都必须成为技术全面的通才，通过轮岗和不断学习了解业务的各方面，了解经济环境，做决策时以公司的整体利益为重。每一位员工都像是一个"迷你CEO"。

招聘到适合该公司的员工非常重要，如果大多数员工对该公司的价值观没有激情，那么整个体系就会分崩离析。在招聘过程中，公司将技术能力放在第二位，而主要侧重文化上的适应性。薪酬和绩效评估制度也随着公司的发展而不断演变，目前，每名员工的薪酬约有50%是基于技术性的因素，例如公司的财务业绩、安全和环境影响等方面，另外50%是基于员工在理解和坚持公司价值观方面的表现。

自由而频繁的信息流动对维持这套授权管理机制非常重要，在该公司几乎没有什么秘密可言，哪怕是未来可能进行的并购，其决策细节都会和员工共享。有人担心这样过于公开化，信息可能会被竞争对手利用。但该公司认为这个风险是值得冒的，因为只有这样才能帮助员工做出正确的决策，成为真正的合伙人。

该公司将责任授权到总部以下，总部最高层领导主要扮演4个角色：第一是承担顾问的角色，向员工提供建议；第二是扮演公司原则的首要监护人，维护公司的价值观；第三是扮演首要责任人，代表公司对外承担责任；第四是扮演首要的鼓励者，参加员工的派对、公司的庆典等活动。

之所以要授权管理，是因为该公司领导人相信商业的真正目的是让世界变得更美好，有助于整个社会的团结和繁荣。利润是必不可少的，但利润本身并不是公司的主要目的。

该公司领导人希望其他公司也能借鉴他们的经验，但不要仅仅局限于采用一些运作机制，而是首先必须采纳一些共同的价值观。没有蕴涵价值观的授权并不是真正的授权，而只是管理技巧。不过，这需要时间和奉献精神，因为放弃手中的权力并不容易，而倒退到传统的管理方式却非常容易。

【案例分析】

该公司高层领导建立了一个生态系统，包括公司的价值观、扁平化的企业结构、招聘与薪酬激励制度等，都围绕着如何授予员工权力并让他们对自己作出的决定承担责任。让员工做决策本身就是走向"正确答案"的第一步。因为无论是业务计划的决策还是资金预算的决策，最有资格的决策人就是那些了解问题的症结和掌握机会的人，通常就是负责这个项目的员工。使员工做决策的时候不受到其他"权威"的影响，既提高了决策效率，也增强了员工的责任感。

（二）海尔"人单合一双赢"模式

互联网时代，出现了供大于求的局面。消费者作为主动方，更加看重的是个性化的定制，产品的功能收益达到最大化。企业之间较量的是谁能更好更快地满足消费个性化的需求。这也就表示，企业以用户为中心。海尔2005年9月正式提出"人单合一双赢"模式。

（1）"人单合一双赢"。"人"指的是企业员工。"单"不是我们理解的狭义上的订单，而是指用户资源。"合一"是指每个员工都有自己的市场目标。"双赢"就是用户与员工相结合，员工为用户创造价值的同时也实现自身的价值，实现员工自身和用户的双赢。

"人单合一"就是每个人都有自己的订单，都要对订单负责。而每一张订单都有人对它负责，避免订单沦落成"孤儿订单"。订单就是市场，"人单合一"就是人与市场结合成一体，每个人都成为创造市场的"SBU"（战略事业单位），每人都对市场进行经营。海尔的"双赢"说明员工都有自己的用户,这里的用户不是传统意义上的简单关系的消费者,而是有着最大化情感收益的忠实用户,员工必须为自己的用户创造价值最大化的产品,增加用户的情感收益。

"人单合一双赢"总体来看,就是员工与用户紧紧联系在一起,每个用户都有唯一的员工对之进行全方位的服务。员工在服务好用户的基础之上也实现自身的价值,激发自身的工作热情、工作创新力。树立企业家精神,即每个人都是自己的老板,都是企业的CEO,在与用户进行交互的同时,实现产品的创新。"人单合一双赢"模式实现了员工利益与用户利益双层的最大化利益。

(2)倒三角的网状企业结构。"人单合一双赢"模式使海尔的企业结构由正三角形颠覆为倒三角形。传统的企业,员工在最下层,中间是各级部门,管理者顶端发号施令,员工听命于管理者,属于被动执行,没有主动权。在海尔的"人单合一双赢"模式中,企业员工在最上层,员工与用户直接交互,不再被动地听令于企业领导,而是以用户为中心,主动出击。"人单合一双赢"中的企业管理者和各级部门则组成资源团队,不再是发号施令,而是为一线的员工提供各种资源,与员工一起听命于用户。具体如图6.5所示。

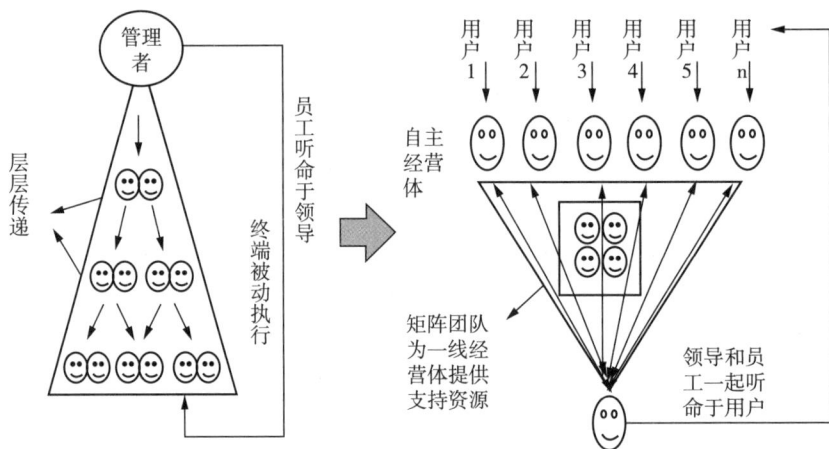

图6.5 正三角企业结构转变为倒三角企业结构

在倒三角形企业结构中,员工直接面对用户,与用户进行实时交流,创造用户需要的产品,提取用户的反馈价值,不再简单地听从管理者的领导,而是摇身变成自己的CEO,与企业管理者一起决策。管理者也不再是发号施令者,而是作为员工的资源提供者与整合者,与员工一起创造用户价值,提供支持。管理者越来越倾向于创造自主经营体,不再简单地进行绩效考核。这种倒三角的企业结构,其实最大程度发挥了员工的潜质,也为企业管理者减少了没有意义的工作量,是一种对企业、对个人利益最大化的管理方式。

(3)倒三角形企业结构的优势。海尔"人单合一双赢"模式倒三角形的企业结构可以更好地满足用户需求。传统企业结构中的企业员工,通过调研采集的市场信息,必须通过各级部门最后到达管理者手中。这就意味着调查者不可能对市场用户信息作出快速反应，不能实时更新反馈。这样影响了企业的市场灵敏度。在倒三角形企业结构下，企业员工代表企业直接面向用户，为用户提供服务。用户需求产生变化以后，员工不再需要层层汇报，而是可以直接代表企业向用户提供个性化的服务。当用户需求确定以后，员工也可以向企业要求满足用户所需要的各种资源。而企业的各级部门则转换成一个提供资源的平台，提供产品设计—研发—制造—销售—供应等这一过程中所需要的所有资源服务，与员工一起创造顾客价值。

【案例分析】

张瑞敏一直倡导"人人都是CEO"理念，坚持"人的价值第一"，将海尔原来的科层制变成一个生态系统，没有人去指挥员工。员工就是独立的实体。张瑞敏要求管理者改变自己的定位，不再是发号施令者，而是成为"仆人领袖"。管理者要给所有的员工创造条件，给所有员工提供服务。这种生态系统为员工创造了更大的发展空间和机会。

二、公司员工职业发展案例

××有限公司为国内电子领域专精特新小巨人企业，不断拓宽管理、技术、技能三条晋升通道，完善配套制度，有力促进了员工学习热情和全面发展，人才梯队建设成效显著，为企业高质量发展持续注入人才力量。

（1）职业发展管理。在"尊重人、关爱人、激励人、培养人、发展人"的理念指引下，公司在宽带薪酬体系基础上，出台《管理人员选拔任用工作实施办法》，在德才兼备、注重实绩、群众公认原则的指引下，一大批年轻员工被选拔到各级管理岗位；出台并多次修订《员工晋升管理办法》《专业技术及技能岗位聘任管理办法》《员工动态管理办法》等制度文件，开展设计、研发、工程、计算机、财务、审计、统计、标准化工程师聘任，实现了晋升通道岗位覆盖率100%，职务晋升的公平性不断增强。

（2）职业发展帮助和辅导。公司绘制员工职业发展路线图，如图6.6所示。各级管理者每年按要求开展绩效面谈和反馈，指明下属员工存在的不足和改进方向，帮助明确职业发展方向。图6.6对于员工来说是一个参考工具，它清晰地展示了不同职级所需的技能和能力。员工可以根据自己的实际情况和目标，参考路线图上的要求和指导，规划自己的职业发展路径。每年的绩效面谈和反馈是一个重要的机会，员工可以与上级管理者进行深入的讨论和交流。在这个过程中，上级可以指出员工存在的不足之处，并提供具体的改进方向。这样，员工就能够更加清楚地了解自己的不足之处，并知道应该如何改进和发展。通过这种定期的绩效面谈和反馈，员工能够更好地了解自己的职业发展状况，并得到针对性的帮助和辅导。管理者的反馈和指导有助于员工明确自己的职业目标和发展方向，并提供实现这些目标的建议和方法。

企业组织职业生涯规划培训和比赛，针对新入职的大学生、各部门核心员工以及中基层后备管理人员共计80余人，开展职业生涯规划培训，将卓越绩效模式应用于员工职业发展，通过自我分析和职业分析，帮助员工重新认识自身价值，科学评估个人目标和自身现状之间的差距，确定未来5年的发展目标和措施，帮助员工找准定位和职业方向，促进员工与企业共同成长。

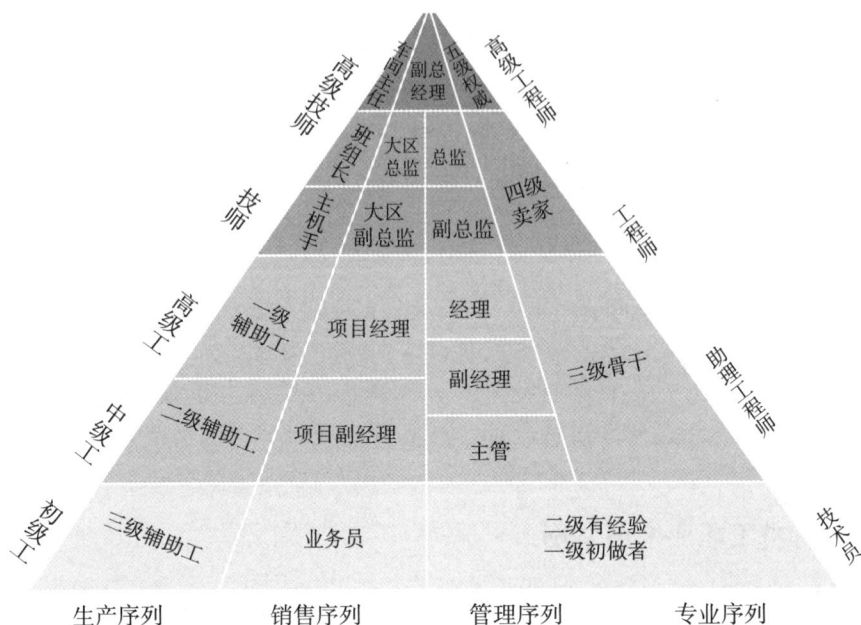

图 6.6　员工职业发展路线图

（3）实施继任者计划。2020 年出台《研发、设计、工程、销售序列专家型人才库建设实施方案》，组建人才库和后备人才库并定期更新，目前有各技能序列专家人才库成员60 人。2016 年出台《后备干部队伍建设管理办法》，推荐产生一批各层级后备干部，目前有实职中层后备人员 17 人、实职中层副职后备人员 30 人、基层后备人员 68 人。持续开展轮岗交流，2016 年以来，50 名实职中层管理人员干部和 38 名基层管理人员平级调动到其他岗位，先后选送 15 人于上级公司挂职锻炼；在管理人员交流中，本着新老搭配和优势互补的原则，重点关注分公司管理人员配备，确保建强分公司管理团队。

【案例分析】

该公司设计了管理、技术、技能三条晋升通道，针对新入职的大学生、各部门核心员工以及中基层后备管理人员开展职业生涯规划，实施继任者计划，这种系统化的人才管理和培育策略，有助于公司培养出更多的具有核心竞争力的人才，为企业的未来发展奠定坚实基础。

三、员工满意度管理案例

××公司为国内特种电磁线小巨人企业，积极开展员工满意度管理，具体措施如下：

（1）确定影响员工满意程度和积极性的关键因素以及这些因素对不同员工群体的影响。在正式进行员工满意度调查之前，公司根据不同岗位序列员工的年龄、学历、服务年限对员工进行了细分。人力资源部组织调研影响员工权益、满意度和积极性的关键因素，调研的方法包括但不限于工会提案、总经理信箱、员工座谈会、意见调查表、员工投诉、离职员工调查、专项讨论会等一系列途径。在确定影响了员工关注要素后，建立公司员工的满意度模型，再有针对性地设计员工满意度调查问卷，展开员工满意度调查。公司确定影响不同员工群体满意程度和积极性的关键因素，见表6.6所列。

表6.6 影响员工满意度和积极性的关键因素 （★强☆弱）

不同员工群体	关键因素									
	薪酬	激励	授权	沟通	工作支持	福利	支持认可	培训	环境健康	职业发展
高层管理人员	☆	★	★	★	☆	☆	☆	☆	☆	★
中层管理人员	★	★	★	★	☆	★	★	★	☆	★
一线员工	★	★	☆	☆	☆	★	★	★	★	☆
销售人员	★	★	☆	☆	☆	★	★	☆	☆	★

（2）测量和提高员工满意程度。公司制定了员工满意度调查程序，了解员工对公司工作认可、工作环境、薪酬待遇、成长晋升、部门管理等方面的意见和建议，以便及时改善公司环境和完善公司制度，提高员工归属感。一年调查一次，人力资源部负责根据不同类型员工的不同影响关键因素制定不同的员工满意度调查表，拟订调查计划，员工覆盖率达70%以上，确保调查结果的可靠性。依据员工的合理意见及时采纳、落实、反馈。员工满意度调查表见表6.7所列。

表6.7 员工满意度调查表

类别	调查内容	评价等级				
		很满意 5分	满意 4分	一般 3分	不满意 2分	很不满意 1分
工作认可 20分	我非常明确自己的工作职责与目标					
	我的工作使我有个人成就感					
	我可以获得足够的资源用来完成我的工作					
	对公司的发展速度、规模、社会影响力满意					
工作环境 20分	对公司的工作环境、生活（餐饮）环境满意					
	我和同事的工作关系非常融洽					
	在与相关部门沟通问题时，相关部门总能积极配合使我得到反馈					
	在我的工作中，公司为我提供必要的设施					
薪酬福利 20分	我对自己目前的薪酬水平感到满意					
	我对自己的收入和企业经营业绩的关联度感到满意					
	与实际付出和能力相比，我对自己的报酬感到满意					
	公司目前的薪酬制度对我有激励作用					

(续表)

类别	调查内容	评价等级				
		很满意 5分	满意 4分	一般 3分	不满意 2分	很不满意 1分
成长 晋升 20分	我认为公司为我提供了成长和发展的机会					
	只要我的工作表现好，我就会得到晋升机会					
	我个人的能力和特长在公司得到了发挥					
	未来一年我希望参加更多的培训					
部门 管理 20分	我对我的直接上级的工作表现满意					
	我认为公司的中、高层在工作中发挥作用					
	我非常愿意向上司提出好的建议或者意见					
	我认为公司的基础管理制度合理					
合计						

人力资源部每年度针对员工满意度调查中收集到的各项调查结果，评价、分析找出改进的机会，分层次、分部门制定改善员工满意度工作方案，由相关部门采取相应的措施实施改进，并进行跟踪检查，切实维护员工权益、提高员工的满意程度和工作积极性。如：针对个别员工对食堂环境提出的一些改进意见，公司对食堂重新设计、装修，改善用餐环境，获得了员工好评。

【案例分析】

该公司通过确定影响员工满意程度和积极性的关键因素及对员工满意度开展调查，了解公司在发展过程中存在的各类问题，并及时采取各类改善措施，提高了员工工作积极性、主动性及满意程度，进而有助于提高公司的绩效表现和持续发展。

四、完备的财务资源管理体系案例

××公司财务管理制度包括16个部分，分别是：财务管理预算办法、会计基础工作管理办法、货币资金管理办法、应收及预付管理办法、存货管理办法、固定资产管理办法、生产成本管理办法、差旅费管理办法、职工福利费管理办法、财产保险管理办法、基建财务管理办法、建设单位管理费管理办法、工程付款管理办法、税务管理办法、会计档案管理办法、会计电算化管理办法。公司财务管理制度内容全面，层次合理，充分保障了企业资产安全、会计信息真实，加强了企业财务管理内部控制的科学性和有效性。

公司财务岗位职责及细则包括2个部分，分别是财务部门工作职责和财务人员工作职责。财务部门工作职责方面，明确了负责财务相关工作的部门及岗位要求，明确了具体的财务部门职责，如"认真贯彻执行国家有关的财务管理制度""建立健全财务管理的各种规章制度，编制财务计划，加强经营核算管理，反映、分析财务计划的执行情况，检查监督财务纪律"等。财务人员工作职责方面，进一步分别明确了财务主管、主管会计、会计、出纳等4个类别财务人员的工作职责，分工明确、各司其职。如，财务主管要"负责制定并实施公司的财务制度、规定和办法"；主管会计要"负责合同原件及单据的签收、保管，监督合同执行"；会计要"审核仓库报送的单据，录制商品入库、退货、盘盈、盘亏单"；出纳要"做好货款的清算工作，及时录入货款回笼单、编制销售退货单"。

公司资金预算管理办法包括8个章节，分别是总则、预算管理的组织、预算管理的范围和内容、预算编制和审批、预算的执行、预算的分析、预算的考核、附则。该公司的预算管理办法有效提高了企业资产运营效率及经济效益：首先，提高了该企业资金使用效率，该企业的资金预算明确公司资金使用的各项占比，助力公司在运营发展过程中不断提升资金使用效率，防范资金的过度使用。其次，为该企业制定发展战略提供数据支撑，资金预算以该企业不同部门、不同环节的历史资金使用状况为依据，对未来的资金使用做出预算规划，也为该公司未来的运营方向、发展策略提供相应的数据支撑。最后，降低该公司资金风险，资金预算可以帮助企业降低资金链断裂的经营风险，做到未雨绸缪。

【案例分析】

该公司深谙财务管理的重要性，在这一方面制定了全方位、多层次的财务相关规章制度，包括财务管理制度、财务部门工作职责、财务人员工作职责、财务审批管理办法、财务报销管理办法、资金预算管理办法等。这些规章制度的制定和实施，为公司提供了稳定且高效的财务资源管理体系。这使得公司具备了完备的财务资源管理制度，进一步增强了公司的外部感召力和内部凝聚力。公司能够更好地吸引和留住人才，吸引外资，建立合作伙伴关系，并坚定员工的信念。此外，公司的财务资源也成为测量质量体系有效性的重要尺度。财务资源的充足与否反映了公司在质量管理方面的投入和管理水平。财务资源与质量目标之间存在着必然而密切的联系。公司通过对财务资源的有效管理和利用，促进了质量目标的实现，主要体现为持续改进和提高质量。通过制定多层次的财务相关规章制度，公司成功地建立了自己完备的财务资源管理体系。它是衡量质量体系有效性的重要尺度，并为持续改进和提高质量目标提供了重要支持。

五、公司信息化建设案例

××公司持续进行信息化建设，注重信息的收集和利用、知识的积累与传承，通过信息技术提高生产和管理工作效率，提升技术水平，开拓新的业务领域。信息技术已成为该公司发展的重要驱动力。

（一）信息的识别、获取和利用

1. 信息的识别和获取

公司的信息主要分为内部信息和外部信息（见表6.8和表6.9所列），来自自身、市场、顾客、员工、合作伙伴、供应商、竞争对手等。归口部门通过不同途径和手段进行收集、分类和存储，支撑公司日常经营管理。

表 6.8　内部信息

信息类型	信息内容	获取方式	责任部门
经营信息	顾客信息、市场跟踪信息、项目受理信息、投标信息、合同信息等	通过 ERP 系统在日常工作中记录和管理	各经营平台
财务信息	收入信息、支出信息、债权债务信息、预算信息、税务信息等		财务部
项目信息	项目信息、人员安排及进度信息、产值信息、分包信息等		生产经营及项目管理中心
技术质量信息	产品质量信息、科技人才信息、设计成果信息、技术培训信息、报奖获奖信息等		技术质量部
人力资源信息	员工信息、招聘信息、薪酬福利信息、绩效考核信息、人员培训信息等		人力资源部
资产、设备信息	设备资料、软件资料、设备购置信息、设备维护信息等		总经办
行政办公信息	公文信息、车辆信息、工作联系信息、办公用品信息、通知公告信息等		总经办
统计数据	合同统计数据、财务统计数据、产值统计数据、员工统计数据等	通过 ERP 系统统计	系统自动

表 6.9　外部信息

信息类型	信息内容	获取方式	责任部门
法律法规与标准规范信息	政府、行业的法规、标准、规程、规范等信息	通过政府网站、行业协会网站、文件、会议、文章等获取	技术部门、经营平台、总经办等
市场招投标信息	各大招标网站发布的招标信息、采购信息、公式信息等与经营相关的信息	通过市场信息监控系统从各大招投标网站自动抓取	经营平台
竞争对手、业主单位动态信息	政府部门、同行单位、业主通过门户网站发布相关信息	通过市场信息监控系统从相关网站自动抓取	生产经营及项目管理中心
资本市场方面的信息	股市信息	通过门户网站、投资者互动栏目获取	董事会办公室
技术信息	与公司业务相关的各类技术信息	技术交流会、论坛、技术论文	技术中心

2. 信息的利用

信息利用方面，公司利用各种统计数据为领导层决策提供分析支持，利用各类专业数据提升管理效率和针对性、提升技术水平和产品质量。

（二）信息系统软硬件设施建设与软件可靠性、安全性及易用性

1. 配备获取、传递、分析和发布数据与信息的设施

公司根据战略发展需要，逐步配置了各类软硬件设施，用于获取传递、分析和发布数

据、信息。硬件设施建设遵循"以需求为导向"的原则,根据业务发展的需要,对硬件进行购置、更换和维修,确保员工的工作顺畅高效地进行。信息化软硬件清单见表6.10所列。

2. 建立和运行信息系统

公司目前已建立起用于内部管理的 ERP 系统、用于设计过程管理的协同设计系统和用于宣传的门户网站。

表6.10 信息化软硬件清单

分类	名称	数量
硬件	服务器	19
	交换机	40
	VPN 设备	2
	数据存储、备份设备	2
	PC 机	1500
	工作站	16
软件	辅助设计软件	110
	办公软件种类	17
信息系统	ERP 系统	1
	协同设计系统	1
	网络信息获取系统	1
	门户网站系统	1
	建设云系统	1
	辅助外业调查 App	1
	设计标准规范系统	1

（三）信息系统适应企业的发展方向及业务需要

公司基于勘察设计行业的未来发展方向及业务模式,确定了信息化战略:以"互联网+交通""互联网+勘察设计"为载体,转变新思维、应用新技术、发展新模式,促使公司各方面工作与互联网深度融合;以"业务数字化,数字产业化"为方向,推进数字化设计院2025 工程,建成"一个中心,四大系统"（数据资源中心,协同办公系统、协同业务系统、智慧商务系统、智慧工程系统）,实现全员与全业务覆盖、全过程在线、参数化协同和创新商务模式的总体目标,积极打造"智慧+"产品与服务,向数字化业务转型发展。

建立"工程数智化"技术与服务平台（如图6.7所示）,按照"全过程、全领域、全覆盖"的原则,建设面向整个行业的应用及开发平台,可以为项目前期阶段的各参与方提供高效协同的工作平台，为建设和运营维护阶段的信息化提供底层开发平台，实现在全生命周期各参与方之间的信息共享和协同工作。

图 6.7 "工程数智化"技术与服务平台架构图

该平台建设计划已纳入交通运输部"交通强国"建设试点任务和省属企业重点创新示范项目。整个平台建设内容包括：一个云平台、两大中台、三大系统。

（1）云平台：行业云平台建设，为整个体系提供 IT 资源支撑。实现规划设计、工程服务等业务装备的整体升级。建设内容包括：服务器集群、存储集群、网络通信体系、虚拟化平台、安全体系等。

（2）计算与能力中台：整合硬件和专业软件资源，以 SaaS 服务的方式为行业的大型计算、图形处理、工程设计、个人办公、GIS+BIM 等业务提供一站式支持。核心产品有：虚拟桌面集群、超算中心、三维设计与图形处理中心、云存储中心、物联网设备管理中心、远程会商系统等。

（3）知识与数据中台：采集和管理行业各类数据，形成行业数据中心。同时对专业数据进行机器学习，形成行业人工智能——工程领域知识图谱。通过技术研发为行业的各项业务提供大数据及智能化支持。核心产品有：行业人工智能、档案及知识库、行业大数据系统、GIS 平台等（详细如图 6.8 所示）。

（4）勘察设计与规划咨询业务系统：为行业打造跨单位、跨地域的协同工作平台。以设计单位为核心，实现政府主管部门、项目建设单位、设计单位、下游专题分包商之间的协同工作。实现基础数据、知识资源、设计工具在线共享。同时为设计工作提供智能化服务。快速提高项目编制、设计、报批工作效率。核心产品有：协同设计系统、协同办公系统、项目管理系统、勘察及外业 App 系统等。

（5）建设及运营维护系统开发平台：建设底层开发平台，为建设管理系统等上层应用系统建设提供开发工具、底层数据以及部署环境支持。提升基础设施的管理和运维效率，最终达到全生命周期数字化、智能化管理。核心产品有：平台开发工具库、平台部署工具库、数据及知识服务接口等。

（6）智慧商务系统：建设一个覆盖行业内项目、单位、人员的商务平台，实现商品、

	档案库		知识库		数字工程库	
数据应用	查询及搜索	知识推送	工程领域知识图谱（AI）		数据挖掘	智能化
数据内容	K1：基础资料　K5：经营档案		K9：工具库　K13：参考图库		K17：数字项目　K20：工程经济	
	K2：设计文件　K6：财务档案		K10：标准图库　K14：标准规范		K18：GIS拼图　K21：情报中心	
	K3：课题报告　K7：合同库		K11：典型案例　K15：项目业绩		K19：监测数据　K22：合作方案	
	K4：人力资源　K8：行政档案		K12：科研集锦　K16：制度体系		K23：建设运维全生命周期数据	
数据存储	关系数据库	文件系统	图数据库	ES全文检索框架	大数据系统	数据备份体系
数据来源	系统运行结果	导入及录入	设计结果提炼	外部获取	物联网获取　网络爬虫	设计信息提取　系统运行结果

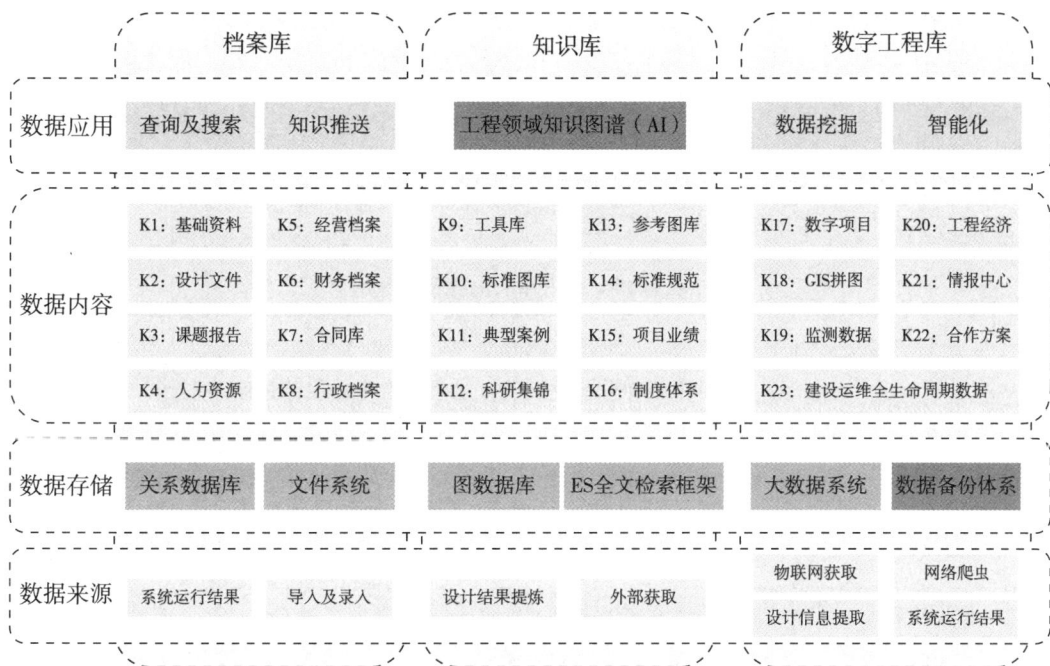

图6.8　知识与数据中台架构图

知识、服务、劳务等资源在线交易。提升行业内资源的流动性，优化资源配置，提高资源使用效率，节约成本，打造品牌。最终建立合作共赢的行业生态圈。核心产品有：营销系统、采购系统、知识资源交易系统、劳务资源交易系统、品牌推送系统等。

（四）深化互联网应用

为顾客提供网络化服务。一是通过网络平台向顾客推送项目信息、大数据分析、云存储远程交付、在线服务和技术支持、在线病害分析等便捷服务；二是充分挖掘自身资源，采取联盟合作，试点平台建设。如安徽省交通建设项目知识库平台、安徽省交通建设材料价格与造价管理综合平台、安徽省公路水运基本信息平台、安徽省桥梁健康监测与安全管理信息平台等。

（五）发展智慧商务

打造行业生态圈。通过在线运营实现工作场景、企业运营模式的革命性改变，打造行业新的生态圈，有助于推动整个行业内资源的自由流通与优化配置。

（六）加大投入培养人才

为数字化和信息化工程提供保障。一是建立智能机房，构建数据存储中心，实现云盘功能，提供数字产品存储和管理功能；建立虚拟化平台和移动应用平台，实现大数据共享和海量存储，为在线服务提供网络支撑；二是对管理、技术、经营人员进行培训，使其熟悉和掌握互联网技术的一些最新应用。必要时，引进计算机网络专业人才，打造公司的互联网平台。

（七）管理企业的知识资产

公司利用互联网终端、传统纸质媒介、现场交流会等方式，通过知识库来收集和传递来自员工、顾客、供方和合作伙伴等方面的相关知识，识别、确认、分享和应用最佳实践。

1. 知识库的内容和来源

知识库的内容、来源详见表6.11所列。

表6.11　知识库的内容及来源

知识分类	知识内容	收集部门
项目信息库	设计项目基础信息以及设计过程中产生的设计过程文件、质量体系文件等	生产经营与项目管理中心
科研项目库	公司的科研项目信息	研究院
成品档案库	项目最终的设计成果	生产经营与项目管理中心
图书资料库	与业务相关的各种图书资料	技术质量部
标准规范库	设计规范、行业通用标准	技术质量部
项目文件库	项目调研报告、照片集、技术资料、汇报PPT、设计总结、回访记录的相关电子文件	生产经营与项目管理中心
设计缺陷案例库	记录设计过程中出现的各种质量事故，形成设计缺陷案例库	技术质量部
项目创优申报材料库	存储项目创优申报材料库，包含申报文字资料、照片、视频等	技术质量部
培训资料库	各种内部培训及外部培训资料	技术质量部
基础信息库	存储设计过程中收集的基础资料，包括地形图、地理信息以及各种统计数据等	技术质量部
通用图纸库	存储公司研究院开发的各种通用图纸	技术质量部
参考图库	存储与公司业务相关的参考图纸	各分院
GIS拼图	存储各种勘察、测量、外业调查数据，并与GIS平台绑定	岩土所

2. 知识的管理与分享

公司知识库中的内容可供有权限的内部员工访问使用，提供目录浏览和知识检索等功能；以技术刊物、门户网站、微信公众号等方式定期发布相关技术文章，与内部员工和外部合作方共享；通过问答社区、技术社区、文档评论等方式与访问者进行互动交流。

（八）确保数据、信息和知识的属性

数据和知识信息是公司的无形资产，也是公司重要的财富，并且包含大量的商业机密，加强数据保护是公司持续投入的重要方向，通过各项技术手段和管理规定的不断增加，公司数据信息的准确性、完整性、可靠性、及时性、安全性和保密性得到了有效的保障。公司确保数据、信息和知识的属性的措施见表6.12所列。

表6.12　公司确保数据、信息和知识的属性的措施

属性	保证措施	责任部门
准确性	1. 实施阶段制定统一的编码规则、规范名称及规格，数据收集录入后测试运行，手工与软件同时运行一段时间后检查无错误正式运行 2. 上线成功后持续跟踪运行情况，检查剔除垃圾数据，修正错误数据	业务部门 总经办
完整性	1. 集中统一管理、指导和规范操作 2. 严格岗前培训学习和考试制度，操作人员在上岗前必须培训学习相关操作规范和管理制度，考试合格后才能上岗操作 3. 软件设定数据录入条件约束	业务部门 总经办
可靠性	1. 与软件厂家签订服务合约，由软件厂家定期检测软件运行情况，对公司内部不能解决的问题提供支持和服务 2. 服务器核心数据实行每日自动备份和定期手工备份相结合的制度	业务部门 总经办
及时性	1. 每日报表制度，每天将业务内容通过移动端App上报 2. 已经实现信息化的基础业务不再要求纸质记录	业务部门
安全性	1. 根据不同部门和岗位进行分类，给予可实施业务操作的最小权限 2. 及时安装更新操作系统和业务软件系统的安全补丁 3. 服务器置于公司局域网内，分配独立VLAN，并只开放业务通讯端口，其他端口全部禁止访问，外地子公司通过VPN访问	业务部门 总经办
保密性	1. 制定制度、明确责任，不允许将个人业务数据、账号和密码泄露 2. 制定信息管理和发布制度，部门指定专人负责 3. 网络管理人员定期更换服务器密码，防止服务器被违法访问 4. 采用物理隔离措施保护涉密信息，只允许专人在指定设备上访问 5. 对于涉及公司知识产权的数据，均用加密软件进行加密	业务部门 总经办

【案例分析】

该公司将信息源分为内部和外部信息源，并明确了不同信息源的识别与开发责任部门和获取方式。根据员工、顾客、供应商等不同的数据和信息使用者，有针对性地设计信息管理系统和权限，以保障需要的相关数据和信息能够顺利获取。根据战略发展需要，逐步配置了各类软、硬件设施，建成了"一个中心，四大系统"，用于获取、传递、分析和发布数据、信息，评价硬件和软件的可靠性、安全性和易用性。基于战略及其实施计划，开展信息化需求调查和分析，制定长短期的信息化发展计划，积极、系统地推进信息化建设，逐步建立和运行满足内外部用户要求的集成化信息系统，以保证信息系统适应公司的发展方向和业务需要。利用互联网终端、传统纸质媒介、现场交流会等方式，通过知识库来收集和传递来自员工、顾客、供方和合作伙伴等方面的相关知识，识别、确认、分享和应用最佳实践。

六、技术创新研发案例

研发是企业发展的基础，也是质量管理的源头。××汽车股份有限公司在新产品开发中，严格遵守法规要求和顾客需求，充分进行市场调研，运用 QFD 工具把顾客和市场的要求转化为设计要求、零部件特性、工艺要求、生产要求等。按照整车及发动机的特性进行最严格的验证流程，5000 小时以上的台架可靠性试验，苛刻的整车"三高"试验，包括零下 45 摄氏度的寒区试验、55 摄氏度的沙漠高温试验以及海拔 5000 米的高原试验，磨砺了产品的品质，确保全系产品能够适应各类极限环境。

"十三五"期间，公司建成了国内一流的新产品试验中心，拥有整机试验室 28 个，建有 AVL 整车转毂、整车冷启动仓等各类专业试验室；具备发动机性能、排放、可靠性、冷启动、NVH 等试验能力，以及整车性能、排放、热平衡等试验能力，能够有效满足公司柴油机、汽油机以及燃气发动机产品开发试验的要求，同时可为整车企业提供整车标定服务。目前，公司正在建设新的试验室提升项目，为混合动力、新燃料发动机开发创造条件。

在人才引进与培养上，与英国里卡多、奥地利 AVL、德国博世、天津内燃机研究所等国内外知名科研机构建立了长期的战略合作关系，培养了拥有先进技术能力的人才团队。目前公司拥有技术研发人员 350 人、其中高级工程师 17 人、结构设计和应用工程师 80 人、电器和标定工程师 99 人等，为研发设计提供了保障。

近年来，公司共获授权专利 532 件，参加起草国家行业标准 12 项；承担国家、省级研发项目 22 项，研发国家、省级新产品 10 项，荣获安徽省科技进步奖 5 项。

【案例分析】

从以上案例可以看出该公司在卓越绩效管理模式评价下，基本从技术资源的几个"如何"实施管理。首先是"市场调研"（相当于"评估"），紧接着是"原始创新和集成创新"（整车及发动机性能测试验证），然后形成和使用了"公司技术诀窍与专利"、新产品，获得科技进步奖；以及产学研合作和团队建设，为研发提供了保障。

七、基础设施建设案例

××羊绒有限公司成立于 2006 年，是国内少有的集羊绒收购、分梳、粗纺、精纺、半精纺、成衣于一体的生产企业，拥有自主研发设计的"羚威"品牌，是安徽省唯一一家中国毛纺织行业协会副会长单位。公司占地 220 亩，员工 500 余人。公司目前开发的纯羊绒和纱线产品占国内大约 5% 的份额、国外市场大约 4% 的份额。主营的"羚威"牌羊绒衫，外销美国、日本、韩国、加拿大、澳大利亚、欧盟等 20 多个国家和地区，在法国香榭丽舍大街设有专卖店；内销北京、上海、广州、深圳、江苏、浙江、四川、安徽、河南、山东、河北、内蒙古等 10 多个省、自治区、直辖市，产品深受消费者的青睐。在过程梳理中，该公司将"基础设施"确定为关键过程，下面就"设备管理"介绍如下：

对预选机型进行调研，通过综合评判从中选择候选机型，然后进行招标、谈判，确定设备制造商。企业人员对新到厂设备安装调试，在安装调试过程中学习掌握设备性能，安装调试验收合格后交付使用。

公司先后制定并实施《设备管理制度》《关键配件、器材管理制度》，针对不同的设备，制定维护保养制度，实行公司、车间、班组三级管理。

公司职能科室配备设备管理人员，生产车间配备设备巡检员，班组负责对设备进行巡查、维护和保养。结合5S管理，把设备的清扫与保养、润滑结合起来。设备维修人员依据《设备管理制度》对设备进行计划维修和状态维修保养相结合。制定年度、月度平车、部保检修计划，并按计划实施，日常保养以预防性维修为主。

在后期使用阶段，同样需要维护管理，通过《设备管理制度》的相关要求，定期对设备进行使用维护、设备点检、备品备件管理、技术资料管理等，同时进行考核，根据考核结果决定是否需要设备大修或者更新，最后验收入账。

为调动维修人员积极性，企业开展设备系统维护、操作的劳动竞赛。企业有工作经验和管理经验的维修人员，把自己的业务知识和技术传授给其他设备维修人员，大家互相交流和学习，不但加强了自身的业务学习，提高自身素质，又起了很好的传、帮、带的作用。公司还高薪聘请专业技术维修人员，提高维护能力，提升产品质量。目前公司有设备维修人员20人，负责公司设备维护保养工作，设备完好率在95%以上。

公司根据绩效评价指标，对生产经营过程中涉及的产品、服务、顾客、市场、财务、资源、领导及过程有效性进行评价和对比，进一步促进公司绩效的提升。同时，为公司战略实施过程提供完善的绩效指标支撑，推动战略目标的实现。

【案例分析】

基于该公司发展战略的要求和满足顾客、供应商及合作伙伴的需求，由公司最高领导主持研讨会，相关部门和单位参加。会议从为顾客、公司和其他利益相关方创造更高价值出发，通过对价值链进行投资回报、投入产出分析和从产品对顾客的价值和为公司创利等方面进行分析，明确影响企业生产经营绩效的过程，并对其进行识别、设计、实施及改进。从以上设备前期管理、后期使用阶段，以及维护保养和绩效评价等做法，可以看出，该公司根据战略要求提供了必不可少的基础设施支撑，针对设备或生产线制定保养制度和维护制度并建立设施设备的更新计划。

八、加强相关方关系案例

××公司根据自身目标和发展战略的要求，同顾客、经销商、供货商及行业主管部门等建立良好的战略合作伙伴关系。公司物资管理部建立了一整套供方档案（质量、价格、交货期、售后服务等方面），每年年初由企业技术中心设计室、工艺室、生产制造部、质检部等相关部门对合格供方进行评审，对A、B类物资供应商进行一次分级评价，根据供应商的评价准则，确定合格供方，编制《合格供方名录》，经总经理批准后发布。公司严禁采购《合格供方名录》以外的配套件。每年通过培训、审核、复审等手段，针对供应商在生产、技术、管理和流程等方面存在的问题，评估相关供应商的能力与经验并将供应商的表现同其竞争对手进行比较后制定《供应商质量提升计划》，开展有针对性的供方质量提升活动规划和实施计划。此外，平时对供应商实施动态管理，并采取不同的回访方式与供方建立良好的合作关系，推动和促进双向交流，以达到共同提高、共赢之目的。

公司营销中心与诸多顾客建立了深厚的信任关系，每年公司和忠实顾客进行多次互动，顾客到公司考察，公司到顾客所在地组织展会、推介会、培训会等，既增加了双方的感情，也使顾客进一步了解公司每年所研发、推向市场的新产品，了解公司的发展状况，增强顾客对公司的信心。

公司总经理说："公司的做大、做强，离不开顾客的支持与信任。正是因如此，公司每年都在前行、每年都有改进、每年都在提高，每年新顾客的占比也都在提升，这是顾客对公司的肯定，我们也决不辜负顾客的期望"。

【案例分析】

该公司坚持合作共赢的价值观，致力于和重要的供应商、顾客和 4S 经销商等建立实现"长期、稳定、共赢"的战略合作伙伴关系，加强与战略顾客、主要供应商和经销商的交流和合作，双方发挥互补优势，寻求效益最佳平衡点，共同避免市场风险。公司高层定期走访战略供应商、顾客，进行双向交流。公司主要通过邀请顾客来厂参观或参加重大活动、参加行业会议、高层定期拜访等方式，加强与战略顾客、主要供应商和同行的交流与沟通，并宣传公司的企业文化和经营理念，加深双方的了解，为长期合作打下基础。通过"平等、合作、公开、互利、互督"机制，实现长期、稳定、共赢的供销关系。

第
七
章

过 程 管 理

　　"过程"从字面理解就是指事情进行或事物发展所经过的程序。其也可以解释为"事物发展所经过的程序、阶段";或者指一些活动在一定时间内按照一定的顺序进行,以达到一定的目的。在质量管理学中,"过程"是指利用输入实现预期结果的相互关联或相互影响的一组活动。

　　"过程管理"就是指使用一组实践方法、技术和工具来策划、控制和改进过程效果、效率和适应性,包括过程策划、过程实施、过程监测(检查)和过程改进(处置)4个部分,即PDCA循环。过程的任务在于将输入转化为输出,转化的条件是资源,通常包括人、机、料、法、环及检测。增值是对过程的期望,为了获得稳定和最大化的增值,组织应当对过程进行策划,建立过程绩效测量指标和过程控制方法,并持续改进和创新。

　　"卓越绩效管理"中的"过程管理",对于许多中小企业来说往往容易忽视,或无暇顾及"过程管理"的重要性。事实上,"过程管理"需要站在公司全局的高度来开展工作。首先要明确公司产品、服务及经营过程中的"所有过程"(至少要在公司高层副总的级别,才能够统揽全局做这件事),特别是识别出"关键过程"尤为重要,从而进一步从公司战略层面上优化资源配置,管理好"关键过程"。根据《卓越绩效评价准则》(GB/T 19580—2012),涉及"4.5过程管理"条款时(见表7.1所列),组织应回答好和做好以下几个方面的"如何":如何确定和识别"关键过程",如何确定"关键过程的要求",如何"设计关键过程",如何"实施关键过程",如何"改进关键过程",以确保关键过程实施的有效性和效率。

　　将上述的几个方面"如何"变换成"实施方略",就是《卓越绩效评价准则实施指南》(GB/Z 19579—2012)中的"过程管理"条款对应的内涵,包括"三项要点":过程的识别与设计、过程的实施、过程的改进。概括成一句话就是:过程管理涵盖组织的所有过程,特别是"关键过程",目的在于确保组织战略及实施计划的落实。这就是"过程管理"的核心。

表 7.1　《卓越绩效评价准则》（GB/T 19580—2012）结构表——过程管理

类目	基本要求	着重方面	详细要求	参考结果指标	参考管理方法/工具
4.5 过程管理	4.5.2 过程的识别与设计	4.5.2.2 过程的识别	过程识别		SIPOC
		4.5.2.3 过程要求的确定	过程要求		
		4.5.2.4 过程的设计	过程设计		业务流程重组、过程方法
			应急响应		业务连续性管理
	4.5.3 过程的实施与改进	4.5.3.1 过程的实施	过程实施	——研发过程的新产品设计周期、新产品数量及设计成功率等； ——市场营销过程的中标率、订单预测准确率、订单收入、销售收入等； ——采购供应过程的进货批合格率及准时交货率、采购成本降低率、关键供方营业收入增长率等； ——生产过程的一次合格率、准时交货率、产量、生产周期、生产成本等； ——服务过程的维修满意率、故障排除时间及网络接通率等； ——设备管理过程的设备完好率、设备利用率等； ——财务管理过程的预算准确率、应收账款回收率等； ——信息和知识管理过程中反映准确性、完整性、可靠性、及时性、安全性和保密性的测量指标，以及知识资产的分享和推广应用增值效果（如知识库的点击率、推广增值效益）等 包括上述指标适当的对比性数据	质量成本管理
		4.5.3.2 过程的改进	过程改进		Lean、TOC、6σ

　　"4.5 过程管理"连同"4.1 领导""4.2 战略""4.3 顾客与市场""4.4 资源"和"4.6 测量、分析与改进"都属于组织经营的"过程"。"领导"条款中的高层领导的作用、组织治理、社会责任等内容都是由多个小的过程串联的；战略制定、战略实施，市

场的细分、销售与顾客，资源管理中的人力资源管理、生产、研发等都有多个过程。"过程管理"强调"方法—展开—学习—整合"评价要素。一般来说，有什么样的过程，就会预示着有相应的结果存在；相应结果来源于过程，企业通过"过程"运行获取"结果"。

第一节　重点难点

导入"卓越绩效管理"涉及"过程管理"层面的重点和难点，主要表现在以下几个方面：关键过程的识别；过程的设计；过程的实施与改进。

一、关键过程的识别

将公司运营涉及的所有过程梳理清楚，在此基础上识别出关键过程。关键过程的识别可以应用"价值链"分析法、"核心竞争力"分析法，从产品实现、服务提供和业务与支持活动3个方面进行。其中产品实现和服务提供是企业价值链的重要组成部分，如生产制造企业，很容易将销售、采购、生产、新产品研发及设计等识别为关键过程；而一些主要业务过程和支持过程虽然不涉及为终端顾客提供产品和服务（直接创造价值的产品和服务），但被高层领导认为对企业未来取得成功和业务增长非常重要，因此也可以被认为是企业的关键过程，如人力资源管理、财务管理、信息、基础设施管理等。

二、过程的设计

过程的设计涉及两个方面：一是常规条件下的"设计"；二是"突发事件"条件下的"设计"——规避风险（体现企业的管理"水平"和"成熟度"）。过程的设计源头是过程的"需求"确定的，两者的逻辑关系是在识别组织经营活动的全过程基础上，确定"关键过程"，确定对"关键过程的要求"，基于过程要求进行"关键过程的设计"。这是过程的识别与设计总体要求。比如，源于顾客及其他相关方的需求，包括质量、生产率、成本、周期、准时率、节能降耗、环境及安全要求等，以及考虑未来可能的变化。围绕这些"需求"来"设计"，过程设计的输出通常有"流程图、程序、作业指导书、关键绩效指标"等。中小企业对"过程的设计"往往停留在"生产设计""新产品或研发设计"等直接而简单的层面，没有从公司经营全过程中的"关键过程"需求去进行周密而细致的设计，从而影响过程的"控制"。

应急响应系统的建立主要是针对突发事件，在过程设计中"预留"出应急处置方案，比如系统地考虑"灾前预防准备""灾中应急响应""灾情评估和处理管理""灾后恢复"等。

三、过程实施与改进

关键过程的实施是按照所设计的过程"执行"的，也可以理解成"过程实施"就是战略计划的执行和落地。关键过程的实施需要考虑：从过程设计要求出发，利用资源，控制过程，确保过程的有效性和效率；针对绩效指标及过程要素（人、机、料、法、环、测），可以运用统计技术对过程进行实证分析；来自顾客、供方和其他相关方的信息需要重视并有效利用来及时改进。

针对过程实施，要对过程进行评价、改进和创新并分享其有效成果。这里的改进和创新是基于通过测量、分析、评估的。对于过程执行中已形成的结果，需要用统计分析的工具进行处理。

第二节　条款解析

过程管理属于企业经营的"过程"范畴，通过过程管理，使得战略计划得以实施，并且对"过程"进行评价、改进和创新，产生结果。与其他"过程"一样，都得按"方法—展开—学习—整合"的四个要素导入企业经营管理中，或自我评价企业的过程管理的成熟度。导入卓越绩效管理和申报各级政府质量奖都是按这个思路编撰自评报告。优秀的企业可能达到"方法—展开—学习"，并且向"整合"层次逼近，从而表明管理成熟度到达一定水平。

一、总则

🔍 条款引用 »»»»»————————————————————————————————————»»»

4.5.1　总则
本条款用于评价组织的过程识别、设计、实施与改进的情况。

✏️ 条款解读

该条款总体要求：说明白组织经营活动的"所有过程"，并且对组织的过程进行识别、设计、实施和改进。

二、过程的识别与设计

🔍 条款引用 »»»»»————————————————————————————————————»»»

4.5.2　过程的识别与设计
4.5.2.1　提要
组织如何识别、确定和设计关键过程。

✏️ 条款解读

企业经营的全部过程需要识别出关键过程，包括价值创造过程和关键支持过程，并且对关键过程进行设计，目的是实现战略落地的关键过程。

4.5.2.2 过程的识别

组织如何确定主要产品、服务及经营全过程，并识别、确定其中的关键过程，包括利用外部资源的过程。

条款解读

不同企业的生产制造流程或服务领域千差万别，但都是由不同的若干个"单元"（过程）构成，把各个独立的"单元"有机联系起来就成了完整的产业或经营单位，各个企业在"过程管理"方面都有自己的做法或经验，所以，首先要把每个"单元"（过程）识别出来。根据公司的"使命、愿景、价值观"确定战略计划，将其战略计划实施（落地）到所有过程中。比如，一个生产汽车零部件的企业，其生产制造、研发、销售和服务涉及许多个"单元"（过程）操作，其中包括产品研发与设计、采购过程（供应链）、产品生产制造过程、销售过程、人力资源管理过程、质量管理过程、财务管理、设备管理过程、安全和环保管理等多个环节。可以列表梳理出所有的"过程"，并且进行价值链分析。

在梳理所有过程的基础上，企业应采用过程方法，识别出与核心竞争力的形成、战略目标的实现以及赢利能力相关的关键过程。举例来说，一个汽车零部件生产企业识别出以下关键过程：产品研发与设计、供应链管理、产品制造和市场销售。这些过程是该企业的价值创造过程。此外还包括人力资源管理、财务管理、设备管理、安全管理、环保管理和质量管理等关键支持过程。

企业应该明确当前阶段并持续增强核心竞争力，在全过程的基础上考虑与核心竞争力的关联程度。定量分析这些过程对组织赢利能力和取得成功的贡献，确定组织的关键过程。

4.5.2.3 过程要求的确定

如何结合来自顾客及其他相关方的信息，确定关键过程的要求，必要时在全部要求中确定关键要求，如何确保这些要求清晰并可测量。

条款解读

在关键过程确定后，就要对"关键过程的要求"进行确定，这些"要求"是在公司战略导向下，结合来自顾客及其他相关方的信息来确认的。必要的时候，将这些"要求"进一步细化以确定"关键要求"，并且可以测量，在方法、指标上要清晰。仍然用生产汽车零部件的企业来说，比如"产品研发与设计"是关键过程，有哪些"要求"或配置，从公司战略的角度，研发与设计需要人才、团队、相关联合攻关、财务支撑，形成独特的优势；从顾客的角度，"要求"高质量、准时率、满足顾客不断增长的需求；从股东的角度，"要求"过程安全、产品质量好、可靠、生产效率高；从社会的角度，"要求"符合法律法规、节能降耗、环境及安全等。其他关键过程以此类推。

条款引用 >>>>

4.5.2.4　过程的设计

4.5.2.4.1　在过程设计中如何满足已确定的关键要求，如何有效利用新技术和组织的知识，如何考虑可能的变化并保持敏捷性，如何考虑质量、安全、周期、生产率、节能降耗、环境保护、成本控制及其他效率和有效性因素，确定过程的关键绩效指标。

条款解读

过程设计的核心就在于这4个"如何"，针对4个"如何"来开展工作就是"过程设计"，而"设计"的源头是"关键过程中的关键要求"。所以，企业必须明确是怎么做到满足"关键要求"，怎么做到"有效利用新技术和组织的知识"，对可能变化保持敏捷性的过程是怎么考虑的，其他诸如"质量、安全、周期、生产率、节能降耗、环境保护、成本控制及其他效率和有效性因素"是怎么做的、怎么考虑的，紧跟此后就是"绩效指标"的设定和评价。另外，过程的设计，多用"流程图"的方式展现，会更直观、清晰。

以下以一家汽车零部件生产制造企业为例说明"过程的设计"：

（1）产品研发与设计过程（已识别为公司的"关键过程"，现在对这个关键过程进行设计）。公司根据国家和行业（或国际标准）相关标准，同时制定有《设计和开发控制程序》《技术攻关激励制度》《项目管理制度汇编》《产学研合作及其管理制度》等。为了确保设计开发过程的顺利进行，企业应该明确设计开发的输入、输出、评审和验证环节。同时，还应明确规范开发过程文件的要求，并记录标准化要求。企业需要进行设计和开发过程的策划和控制，确保过程的可控性和可追踪性。在整个开发过程中，需要进行全程跟踪、验证管理，以确保最终新产品能够满足顾客的要求和期望。通过这些措施，企业可以高效地进行设计开发，提高产品的质量和竞争力。

（2）产品制造过程（已识别为公司的"关键过程"，现在对这个关键过程进行设计）。在生产制造过程中，企业确定以"优质、低耗、适时交货、安全第一"为生产目标。考虑到生产部门与研发部门，以及各个职能部门的协调一致和衔接管理接口，特制定工作流程图。为了产品制造的有效性，企业制定了"生产过程控制程序""生产组织管理制度""班组职责""检验检测要求"等，确保产品的高质量和满足顾客的期望。

换言之，在过程设计中，企业应该做到：

一是有效利用新技术和企业的知识，如新工艺、新材料、新设备、新方法和信息技术，组织积累技术诀窍、管理经验等。

二是考虑未来可能的变化，具有前瞻性地提出预案或预留接口，使过程具有适应内外部环境和各因素变化的敏捷性，当顾客要求更改和市场变化时能够快速反应。如：当一种产品转向另一种产品时，产品实现过程能够快速地适应这种变化。

三是综合考虑质量、安全、周期、生产率、节能降耗、环境保护、成本和其他有效性与效率的因素，将对关键过程的要求转化为关键绩效指标，这些指标应是可测量并可量化的。

过程设计的输出一般包括：流程图、程序或作业指导书及关键绩效指标。

当过程试运行达不到要求和（或）过程要求发生变化时，应进行过程评价和改进，需要时进行过程的重新设计。

条款引用 ≫≫≫

4.5.2.4.2 如何考虑应对突发事件和采取应急准备，以规避风险、减少危害；在建立组织的应急响应系统中如何考虑预防和管理，以及运营的连续性。

条款解读

在常规条件下的"过程设计"是一种"常态"化管理模式，但是，企业面临的不确定因素，或者隐忧，或者突发事件也应该有预案，在过程设计中要有所考虑和制定有相应的措施，这样才能使得企业的成熟度进一步提升。

以下举例说明针对"突发事件和采取应急准备的设计"（应急响应系统的建立）。为强化突发事件的管理，企业制定有"安全生产事故应急预案""出口产品及合同风险评估程序""供应链应急管理制度""关键岗位和人才流失分析管理办法""突发环境事件应急处置管理办法"等（最好是列表说明，包括"过程名称，突发事件、制度或应急预案、预防措施，责任部门"）程序、规定或管理办法，对潜在风险的过程进行识别，并且每半年针对性演练，降低突发事件造成的影响。

换言之，在应急响应系统的建立中，企业应该做到：

（1）根据行业实际，识别和评估可能对安全、健康、环境和运营（包括信息系统）造成显著影响的潜在突发事件（如：火灾、爆炸、洪水、地震、台风及流行性传染病等），建立相关应急预案和可行的定期演练计划，以确保当突发事件发生时，能够启动应急预案，规避风险，减少危害。

（2）系统地考虑灾前预防准备，灾中应急响应、评估和处置管理，以及灾后恢复。在确保安全、健康和稳定环境的前提下，确保运营的连续性，以加快恢复运营。

三、过程的实施与改进

条款引用 ≫≫≫

4.5.3 过程的实施与改进

4.5.3.1 过程的实施

如何实施关键过程，以持续满足过程设计要求，并确保过程的有效性和效率。

如何使用关键绩效指标监控过程的实施，如何在过程的实施中利用来自顾客和其他相关方的信息，如何优化关键过程的整体成本。

条款解读

本条款包含了关键过程的实施与监控两方面的主要内容，要求过程实施要满足过程设计要求。企业应当按照过程设计的要求有效实施过程，实现对过程质量、效率、成本与周期等要求的有效控制。

《卓越绩效评价准则》（GB/T 19580—2012）中的"过程的实施"包含了过程管理中过程实施和过程监控两个方面的内容，并要求"确保过程的有效性和效率"。"确保过程的有效性"是指过程应当按照过程的设计运行，达到过程的要求。"确保过程的效率"是指过程应当追求高效率，即追求单位资源的最大增值，一方面要使正面的（增值的）输出最大化，另一方面要使负面的（非增值的）输出（如环境影响和安全风险）最小化。

企业的敏捷性越来越成为企业成功的关键要素，而企业的敏捷性取决于过程对外部变化的快速响应，并受到顾客、供应商和合作伙伴以及其他相关方的影响。因此，企业应当与各相关方共享相关信息和资源，提高企业整体供应链的效率。为保证整体供应链的协调一致性，必要时，可以向相关方输出管理和技术。企业也可以根据内部审核、顾客审核和认证机构审核的结果，采取纠正和预防措施；根据供应商的技术进步或物料特性的变化，调整生产过程的控制参数。关键过程在为企业、股东、顾客等创造价值的同时，其整体成本将是影响企业赢利能力的关键。因此，企业应当系统分析每一关键过程的成本构成，利用来自顾客、供方和其他相关方的信息，及时对过程进行调整，并应用质量成本管理、价值工程等方法，优化关键过程的整体成本。

🔍 条款引用 》》》

4.5.3.2　过程的改进

如何评价关键过程实施的有效性和效率，改进关键过程，减少过程波动与非增值性活动，使关键过程与发展方向和业务需要保持一致，并在各部门和各过程分享改进成果和经验教训，以促进组织的学习和创新。

✏️ 条款解读

为保证过程与企业经营需求和发展方向一致，需要采用系统的方法评价过程实施的有效性和效率。过程的改进成果作为企业重要的知识资产，应当在各部门和各过程分享，促进企业整体绩效的提升。

中小企业的关键过程是按照既定过程要求而设计，但企业面临着动态的外部环境，顾客与其他相关方的需求也会随着时间的推移发生改变。因此，企业可通过关键过程的关键绩效指标的水平、趋势分析，并与适宜的竞争对手和标杆对比，结合战略发展要求和顾客等相关方的反馈信息，对过程效果、效率和敏捷性进行诊断式的评价，识别出其优势和改进机会，不断进行过程改进和创新，使过程与组织的经营需求和发展方向保持一致。过程绩效指标的评价结果和外部顾客等反馈信息用于过程的不断优化和持续改进，而来自竞争对手的数据和标杆企业的信息则是企业评价现有过程、实施突破性改进的重要依据。完整的过程改进包括对过程的评价、改进、创新和分享。为了达到更好的过程绩效和减少波动性，企业可应用合理化建议和技术革新、QC小组、六西格玛、精益生产、业务流程再造等其他方法。

中小企业通过改进过程获得的知识资产，应当与相关部门进行分享，以提升组织整体绩效。在确保不违反商业机密政策的前提下，可以与顾客、供方和合作伙伴以及行业内或跨行业的其他组织分享，促进社会发展。分享的目的是进一步扩大改进的效果，降低改进成本，提高改进效率，并为利益相关方创造更多价值。

第三节　案例分析

一、过程识别案例

（一）基于数据驱动的生产全过程数字化质量管控

××公司为进一步提升产品核心制造能力，积极探索制造技术与信息化技术融合应用，使信息化条件成为该公司进一步加强生产过程控制、确保产品质量的重要手段，不断提高产品质量和交付能力。

该公司设计并建设了节能汽车空调压缩机电磁离合器精密成形数字化车间、皮带轮装配数字化车间、金属粉末注射近净成形数字化车间、金属粉末压制近净成形数字化车间、液态金属精密成形数字化车间等。结合生产工艺设计建设汽车空调电磁离合器柔性制造系统，通过建立数字化车间网络通信系统，将车间制造执行（MES）系统、产品全生命周期管理（PLM）系统和企业资源计划管理（ERP）系统等高效协同与集成，实现车间设备监控数字化、生产监控数字化、质量监控数字化、物料监控数字化、环境监控数字化、能耗监控数字化。

该公司目前采用先进智能传感和检测技术，建立质量信息在线采集及追溯系统，进行全生产过程质量状态监控，实时反馈质量信息，并根据反馈信息对生产情况及时调整，从而实现现场数据采集与分析系统、车间制造执行（MES）系统等高效协同与集成。

（1）标准化管理。PLM系统自动同步MES系统下发经审核的最新版作业指导书，现场作业人员按照作业指导书要求进行生产，既实现了生产现场的无纸化，又保证了现场工艺标准的唯一性，确保了生产过程的质量标准。

（2）生产计划管理。MES系统同步SAP系统中获取预测订单，将生产计划排程推送到各工序。

（3）生产过程管理。现场生产管理执行进度自动化采集，以投料和产出期间批次号为ID，关联生产过程中主物料、人员以及加工设备数据。设备点检结果和生产过程中发现的不良品维修及返工流程均被记录。点检员使用手持设备进行生产设备点检，并录入点检结果，数据通过现场工位机上传至MES服务端汇总，追溯标识卡增加条码或二维码，用于投料时快速读取，系统自动记录追溯批次号，并自动关联区域打印的条码。每条产线安装一台工位机用于人机交互，可查看完整作业指导书、选择或切换生产任务、手工叫料、设备维修呼叫等。人员到岗情况、生产进度、设备状态等信息均可随时在线查看。

该公司生产制造现场建立了严密的质量监视网，保证所有生产过程处于受控范围，对于重要工序及过程均有记录，保证质量信息的可追溯。关键产品特性加严管控，通过防错、100%全检或SPC管控进行管控；一般产品特性定期管控，通过抽检、首末件检进行管控。

（4）物料质量管控。MES系统根据生产计划产品号及链接的BOM系统，自动查找和确定物料型号；车间人员按物料型号进行领用，避免了物料错用，保证了产品质量。同时具有生产投料过程中根据现场生产状况自动叫料功能。使用移动手持终端输入信息并通过随身携带的便携式打印机打印来料信息和条码或二维码。物料位置发生变化时，物流人员扫描料箱码和库位码，系统自动校验物料拉动信息的准确性并自动变更物料位置信息和状态，产线投料完成并进行下一箱扫描时，系统自动呼叫物流人员从超市向产线配送物料。

（5）设备质量管理。制造过程中，如果设备发生故障，MES系统会对设备维修过程、维护保养记录进行信息采集和录入，定时提醒设备保养和保养项管理，保证了现场加工质量的稳定性。

（二）应用自动化产线及装备提升产品质量

该公司自2014年开始成立自动化改造小组，根据生产线工艺流程、设备自动化升级能力、空间布局等实际情况，对传统产线进行改造升级，通过自主设计、引进等多种方式，形成了皮带轮精加工自动化单元、皮带轮冲压自动化单元、皮带轮总装自动化单元、驱动盘吸盘自动化单元、驱动盘总装自动化单元、线圈罩体拉伸自动化单元等生产场景，使得公司在应对大批量小品种的市场需求中，可以持续稳定生产和提高产品质量，保证生产的均衡性。

（三）创新驱动促进产品质量提升

1. 工艺方法创新

该公司研发中心对制造工艺方法及装置开展创新及优化改进，通过创新生产工艺、应用新材料、制造装置等方式，实现产品高性能、高可靠性，明显改善带动产品质量提升，形成了具有核心自主知识产权的工艺体系。带轮采用冷锻工艺方式生产制造，产品硬度由67HRB提升为89HRB，整体负载能力提升至3000N以上，产品寿命由50万千米提升至70万千米，在国内同类型产品寿命使用指标中居第一位；针对性开发橡胶材料，通过内外环结构橡胶硫化后一体化设计实现吸合噪声至78dB以下，该项指标达国际先进水平；铝线铆接工艺开发、温冷锻复合旋压工艺开发等，在保证各项关键性能指标的前提下，产品重量降低20%，实现产品轻量化需求；驱动盘总成加工工序优化，产品综合良率提升3%。企业取得了多项专利授权。

2. 创新行业检测标准形成核心质量竞争力

公司研发团队结合汽车空调驱动技术方面的机械仿真设计与验证、动力学、自动测控等方面的技术，研发了适合行业发展特性的自动控制技术、性能实验技术及设备。在行业内率先提出电磁离合器吸合和分离时间的概念，并重新界定吸合电压、动静摩擦扭矩、吸合噪声等性能检测指标，研发自制具有核心自主知识产权的试验检测设备，产品性能及质量可靠性得到进一步提升，得到主流客户的认可。在此基础上，该公司主持制定了国家标准《汽车空调电磁离合器》。目前，该公司通过自主创新设计自制各类检测试验设备50余台（套），其中汽车空调电磁离合器吸合时间检测仪、汽车空调离合器联轴体跳动自动检测仪、带轮槽自动检测仪等为行业首创，填补国内空白。

（四）客户端质量反馈机制

以顾客为中心是市场竞争中公司品牌战略的重要支撑。满足和超越顾客期望，实现顾客满意，造就忠诚的顾客，是该公司的重要使命。

公司应用系统的方法，挖掘顾客和市场需求、期望和偏好，具体包括：策划收集顾客需求的过程；收集用顾客的语言表述的顾客需要；分析顾客需要并排出优先次序；有针对性地提供顾客满意的产品和服务；建立测量指标与测量手段。通过顾客满意度分析、测量和改进工具的运用，确定影响顾客满意程度的关键因素，针对不同的顾客采取有效措施，满足和超越顾客期望，建立良好顾客关系，造就忠诚顾客。

【案例分析】

从以上案例中可以看出，该公司在制造过程质量管控方面采取了一系列有效的措施。首先，提出了基于数据驱动的生产全过程数字化质量管控体系，通过收集和分析大量的生产数据，实现了对生产过程的全面监控和管理。其次，应用自动化产线及装备，保证了产品质量的稳定性和一致性。再次，公司还注重创新驱动，通过引入新技术和方法，不断提升产品质量。最后，公司建立了客户端质量反馈机制，及时获取客户的意见和建议，并加以改进。这些措施的有效实施，使得公司的过程管理质量得到了显著提升。

二、过程设计案例

该公司集研发、制造、销售服务于一体，在深入研究汽车零部件生产行业生存和发展环境、竞争趋势基础上，针对行业"技术最优先、品质是前提、成本做决定"的特点，充分关注顾客、供应商、员工及其他相关利益方的需求。确定影响产品质量四大关键过程——产品研发、产品制造、销售服务、供应商管理的基础上，明确各过程质量 KPI 指标。

（一）整合研发资源，规范设计流程

产品研发过程中，为实现缩短研发周期、保证设计质量等 KPI 指标，公司一直遵循一个指导思想（兼收并蓄、自成一体、实现超越），整合全球优势资源，构建特色研发体系，实现高效协同研发。

公司依据 IATF 体系标准和产品开发流程等，建立了《产品开发管理规定》。整个开发过程实施项目经理制，跨功能开发人员共同组建成研发团队，保证同项目中各功能模块的同步开发和不同项目间的技术共享；广泛运用 UG、CATIA、PRO/E、I-DEAS、EXCEIT等三维设计、分析软件，提供了产品造型和设计方案的前期评估依据；将设计产品做单体试验与台架试验，保证设计的产品质量满足客户要求。产品质量设计的保证为公司赢得了荣誉，每年计划性地达成了新客户和新产品数量 KPI 指标。

（二）优化生产组织，制造过程管控

公司始终坚持贯彻"顾客满意是我们所有工作的目标"的理念，以"不良流出为零"的目标，达成了生产计划完成率、员工满意度、不良改善率等 KPI 指标。各部门在部门方针中明确行动改善计划，同时根据实际情况，实时调整改善计划并实施，实现各项 KPI 指标的完成。

计划管理：确保生产 KPI 指标——计划完成率为 100%。生产管理科每月根据客户需求、设备保养计划、在库品情况制定月度生产计划，并在日生产例会汇报生产状况。同时利用 QAD 系统和 LED 显示屏目视化管理，对生产线、生产状态与物料状况进行目视化监控。

工艺优化：通过工步图周期测算，推行 U 型生产线布局；对瓶颈工序、作业距离等进行优化，改善员工作业性，提高员工满意度等 KPI 指标。

自工序完结：实现不良率降低、工序异常改善等 KPI 指标。开展自工序完结、技术专题攻克等质量改善活动；将质量问题整改关闭率作为 KPI 指标考核部门、管理人员，确保改善活动的有效进行。改善的结果最终转化为每位员工的 KPI 质量指标体现，并可视化展示在各工序生产管理看板上。

全面质量管理：公司从体系标准、工具方法、学习培训、设备管理等方面进行质量管理，实现质量问题预防管理，详见表 7.2 所列。

表 7.2 系统策划实施全面质量管理

项目	方法及过程	用途	相关 KPI 指标
标准体系	按 GB/T 19001、IATF 体系标准运行	建立健全公司质量管理体系并有效运行	审核通过率
工具方法	快速响应跟踪会	问题升级经营层和各相关部门，确保问题得到跟踪解决	顾客满意度 不良率 整改关闭率 工序异常数
	5WHY、8D 分析法	找到问题产生的真正原因并制定改善措施防止再发	
	开展 QC 活动和参加其他公司发布会	学习优秀的改善成果并加以改进运用	
质量意识	创办质量简报	通过质量实绩、质量小故事、质量漫画等形式强化员工质量意识	不良率 工序异常数
	建立不良品园地，对不良品警示及统计	提高员工质量意识，便于不良品分析、改进	
学习培训	创办质量大讲堂，培训内容包含员工质量意识、产品知识、生产工艺等	提高员工工作技能和质量意识	培训计划完成率
风险识别/预防	开展"品质放大镜""风险提案"活动，解决员工不便作业处	提高员工作业性	员工满意度 员工流失率
设备管理	三级保全	保证设备正常运行	设备故障率 故障间隔时间 MTBF
	维修人员定期技能实践培训	提高维修人员技能	故障修复时间 MTTR

（三）规范销售服务，提高顾客满意度

公司基于销售服务过程的要求，制定了《合同评审程序》《服务控制程序》等相关管理文件，建立了顾客满意度、产品交付率、超额运费等 KPI 指标并予以监控。通过设计专业化的销售、服务流程，从合同评审、订单评审、生产计划安排、产品交付到售后服务，使销售和服务过程用统一的标准作业，让客户体会到标准服务带来的产品价值。

公司成立了设计研发团队、客户服务团队，形成了"售前、售中、售后"的服务管理体系，并通过用友系统、SRM 管理系统、客户联络清单、快速响应机制等信息系统提高服务效率和实现过程跟踪。公司制定对应改进措施以不断提高顾客满意度，完成各项 KPI 指标，如图 7.1 所示。

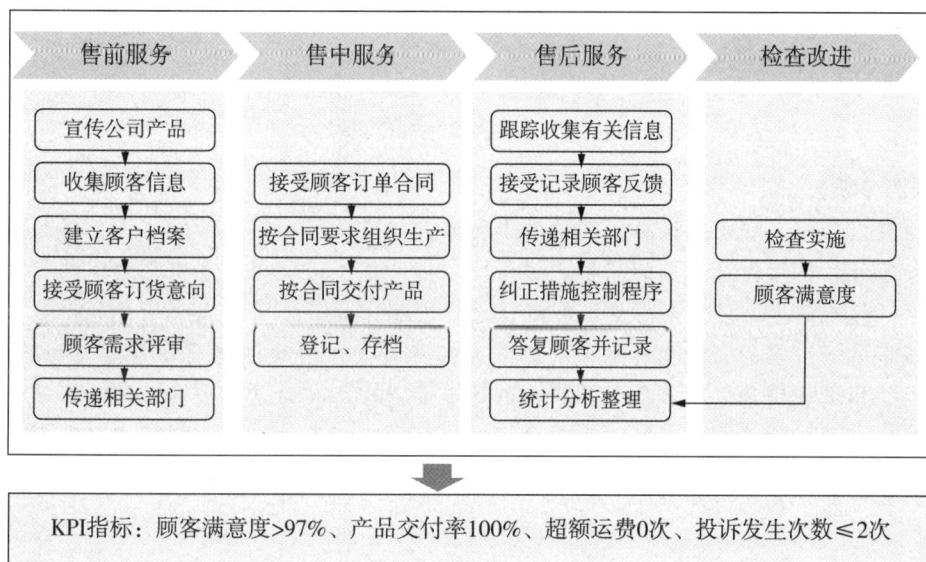

图 7.1　服务管理体系模式

（四）供货质量保证，双赢共同发展

公司在供应商管理和采购过程控制方面制定了一系列制度，包括《物资采购管理规定》《合格供方管理和考核办法》及《供方质量审核管理办法》等，建立了交付合格率、准时率、采购超额运费等相关 KPI 考核指标，以确保供应管理过程的实施，如图 7.2 所示。

公司对供应商管理始终坚持"平等互利、合作双赢，保障资源、共谋发展"的指导思想，形成了"质量、交付、成本、服务"等量化考核、优胜劣汰的运行机制。公司建立了用友系统和 BPM 系统，使物资采购整个过程得到有效管理和控制，对物资采购的过程做到全程监控。

为预防和减少供应商质量问题，供应商管理人员根据供应商重要度、以往质量实绩，制定了《供应商年度复评计划》，对供应商实施定期审核。当发生供方问题时，立即反馈给供方处理，并纳入公司快速响应，实施跟踪。

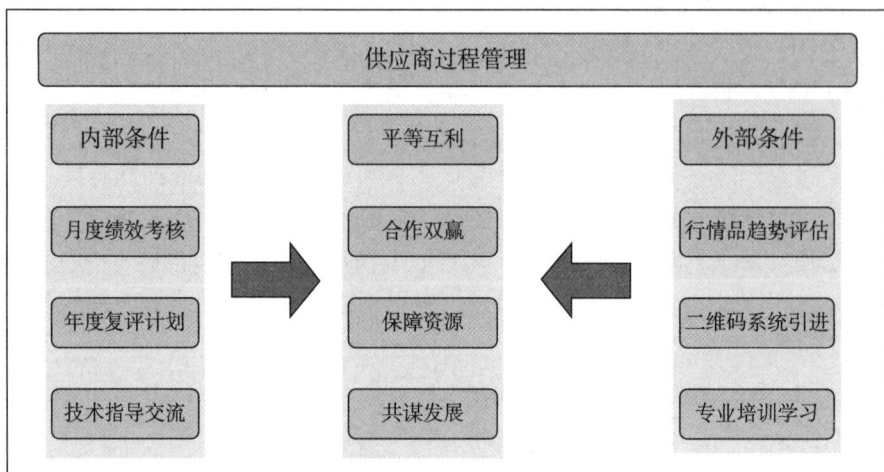

图7.2　供应商过程管理流程

【案例分析】

在研发过程中，该公司坚持以创新为驱动力，组建了跨部门的研发团队。通过采纳新兴技术和方法，持续提升产品的质量。为了优化生产过程，公司高度重视数据的应用，实现了对生产流程的全面监控与管理。在制造过程控制方面，公司投入自动化生产线和先进设备，推进生产过程的自动化和智能化。在系统策划上，公司注重整体规划与协同管理，确保研发、制造、销售以及售后服务等各个环节紧密相连。对于供应商管理，公司与供应商共同制定了严格的质量管理标准和要求，以确保供应的原材料和零部件满足公司的质量标准。通过这些措施，公司在过程管理方面取得了显著成效，有效提升了过程管理的质量和效率。

三、过程改进案例

为确保关键过程实施的有效性和效率，该公司在近8年经营过程中，通过体系审核的方式进行日常过程监测；通过定期经济运行分析会等形式，评价过程的有效性和效率；通过战略研讨会等形式评价过程是否适应战略调整。利用评价结果，运用先进、适应的方法对关键过程进行持续改进，将改进成果汇总到公司知识管理系统并在相关部门和其他过程分享。减少过程波动，使过程与发展方向和经营要求保持一致。过程改进有5个步骤，如图7.3所示。

（一）研发过程改进

研发过程改进的重点主要在管理上，主要抓住成本、进度、质量三要素。一是建立清晰的、标准化的、系统的过程和指令，并且在项目组织内强制执行，使每个过程都能不断改进自己和相关活动的质量；二是项目组织要经常进行自身评定、内部审核，并考虑所需的时间和资源。

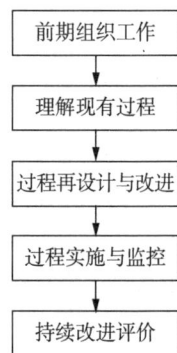

前期组织工作 → 理解现有过程 → 过程再设计与改进 → 过程实施与监控 → 持续改进评价

图7.3　过程改进的5个步骤

（二）采购管理过程改进

在电缆产品原材料的采购控制方面，按照质量体系要求，一是对供应商定期评价，以确定公司的战略供应商、重点供应商、一般供应商。二是及时淘汰不良供应商。

（三）生产过程改进

严格控制产品的生产过程，实行"三检"制度，即自检、互检、专检相结合，逐步实现"3N"的工序质量控制目标，即"不接受不良品，不生产不良品，不转交不良品"，在操作工中宣传"三个就是"的理念，即"生产者就是检验员，检验员就是顾客代表，岗位责任就是质量责任"，生产车间员工的收入与其生产质量挂钩，车间的生产指标与其质量挂钩，层层考核，责任到人，使员工的质量意识不断加强，产品质量不断提高。

（四）营销服务过程改进

在售后服务方面，公司具有一套完善的售后服务流程和制度，良好的服务、优质的产品，使顾客的满意度不断提高，并不断提升品牌的知名度、提高产品的市场占有率。

（五）人力资源管理过程改进

公司通过合理配置人力资源，降低人力成本；对各岗位进行岗位分析、评价，重新制定岗位说明书，使人尽其用、岗酬匹配；采用网络招聘，降低招聘成本，使过程成本最小化。

（六）财务管理过程改进

运用卓越绩效自评与改进、内控体系评价、管理评审、管理体系审核、优化流程，强化资金保障，全方位保障生产和关键项目的资金。提高流动资金经营效率。结合公司现实情况，公司财务管理把追求利润最大化建立在企业可持续发展的基础上，把可持续发展的利润最大化作为财务管理的目标。同时，努力提高偿债能力、营运能力、盈利能力和发展能力。

（七）设备管理过程改进

设备管理的质量，直接关系到产品的质量和交付及时率。针对设备管理工作中存在的问题，公司采取了相应的措施，以求最大限度地加强设备管理工作。首先，对公司所有设备进行分类，关键设备和关键部件作重点保养和维护，而且开展了设备状况评价活动，防止因设备的故障影响到生产和产品质量问题。其次，因为企业设备状况不稳定、种类多，设备本身要求的技术含量高、使用频率高等特点，强化设备管理与维护队伍建设，加大人才培训力度和激励机制，是保障设备状态满足设计要求的基础。

【案例分析】

这是一个典型的过程改进的案例。该公司在研发、采购、生产过程、营销、人力资源管理、财务管理、设施设备管理等多个方面进行了改进。通过这些改进措施，公司提高了效率和质量，增强了竞争力。在研发方面，公司加强了团队协作和沟通，优化了需求管理和设计过程。这些改进使得研发团队工作更加高效，并减少了设计变更的次数。在采购方面，公司加强了供应链管理，选择了合适的供应商，并确保了供应的及时性和质量。在生产方面，公司优化了生产线，提高了生产效率和产品质量。在营销方面，公司加大了市场推广力度，提高了品牌知名度和销售业绩。在人力资源管理方面，公司关注员工的福利和发展，提高了员工的满意度和工作积极性。在财务管理和设施设备管理方面，公司加强了财务风险控制和设备维护。

过程改进的意识和重视对于企业的发展至关重要。只有通过不断改进和优化各个关键过程，企业才能够适应市场变化，并实现可持续发展。

测量、分析与改进

"4.6 测量、分析与改进"类目是 9 项基本理念中"学习、改进与创新"的具体化，要求企业通过数据和信息的收集、整理，用有效的方法、工具、技术（例如绩效指标体系、调查评价方法、测量仪器和设备、统计技术等）对产品和服务过程进行定量或定性的分析与评价，监测和评估企业的过程和绩效，发现存在的问题、弱点和改进机会，进行多层次、多形式的改进活动，支持企业的经营、战略决策和创新，提高企业各部门、各层次以及相关方的绩效。其主要内容及结构见表 8.1 所列。

表 8.1　《卓越绩效评价准则》（GB/T 19580—2012）结构表——测量、分析与改进

类目	基本要求	着重方面	详细要求	参考结果指标	参考管理方法/工具
4.6 测量、分析与改进	4.6.2 测量、分析和评价	4.6.2.2 绩效测量	组织绩效测量		目标管理、BSC、卓越绩效
			对标		标杆管理
		4.6.2.3 绩效分析和评价	持续改进和战略协同		
			分析和评价		趋势分析、对比分析、结构分析、分层分析、因果分析、相关分析
	4.6.3 改进与创新	4.6.3.2 改进与创新的管理	评价结果应用		绩效表现与重要性优先矩阵
		4.6.3.3 改进与创新方法的应用	策划		
			实施、测量和评价		
			改进与创新方法论		QC、合理化建议、精益管理、6σ、零缺陷管理、BPR、目标管理、标杆管理、TRIZ、PDCA
			统计技术及其他工具		QC 新老 7 种工具、SPC、方差分析、回归分析、试验设计

该类目与其他类目有密切的联系，具体如下：

"测量、分析与改进"是"4.2 战略"管理的重要手段，可以帮助企业了解自己的优势和改进机会，制定更合适的战略，并对战略执行进行反馈和调整。

"测量、分析与改进"是"4.3 顾客与市场"提升的重要支撑，可以帮助企业准确理解市场需求，深入洞察客户行为，持续改进关键业务过程，实现市场竞争优势和可持续增长。

"测量、分析与改进"为"4.4 资源"的合理分配提供重要依据，可以帮助企业定量或定性分析资源的效率和贡献，优化资源的利用，支持企业的战略目标实现。

"测量、分析与改进"为"4.5 过程管理"的流程效率和质量的评价提供依据，可以帮助企业深入分析流程管理的问题和机会，不断改进和优化流程，验证流程绩效是否符合预期。

"测量、分析与改进"和"4.7 结果"是相互促进的关系，两者都是为了实现卓越绩效而进行的重要工作。只有通过数据和信息的收集、分析和应用，才能监测和评估业务活动的结果，实现卓越绩效的目标。

第一节　重点难点

《卓越绩效评价准则》（GB/T 19580—2012）中"4.6 测量、分析与改进"主要是评价企业在实施战略目标、战略规划，进行日常运营管理，创造卓越绩效过程中，是如何通过绩效测量和绩效分析，为企业的经营和战略决策、实施改进和创新提供科学依据。

根据对各条款的理解和企业在贯彻、导入卓越绩效管理过程中的实践体会，卓越绩效管理的测量、分析与改进需要掌握以下 4 个关键要点和难点：

一、绩效测量重点应放在整体绩效和竞争性绩效上

绩效测量是企业管理中不可或缺的重要工作，它可以监测和评估企业的过程和绩效，支持企业的经营和战略决策、实施改进和创新。在进行绩效测量时，企业应先了解和厘清企业有哪些绩效测量的内容，然后分析评价其测量分析的方法和由此形成的绩效测量系统。一般来说，企业绩效测量的内容有：

（1）领导用于评价企业整体水平的绩效：市场占有率、市场份额、新增市场、新产品或新服务的销售增长比率；主营业务收入、投资收益、营业外收入、利润总额、总资产贡献率、资本保值增值率、资产负债率等。

（2）企业的竞争绩效：企业与竞争对手、行业标杆进行对比，能反映企业竞争力和竞争地位的绩效指标，如市场占有率、市场份额、利润总额；质量、成本等。

（3）企业用于监测战略规划和长、短期目标进展情况的绩效：战略目标实现率、战略规划完成率，关键绩效的目标值与预测值的对比等。

（4）关键过程的重点绩效：交货期、全员劳动生产率、产品开发周期、生产周期、快

速响应时间、顾客满意程度、顾客忠诚程度、顾客投诉率、流动资金周转率、员工满意程度、设备利用率、过程能力指数、能源消耗等。

根据企业的行业特点，结合企业的产品生产、过程管理、经营环境以及战略目标，企业可以选择不同的绩效测量内容和指标。例如，某上市企业成立绩效管理委员会对企业的客户类、财务类、内部运营类、学习成长类等经营绩效进行管理，包括绩效指标的设计、数据的收集、绩效评估审核等。

二、绩效分析应适应业务特点及行业发展趋势

企业因类型、规模、竞争环境及其他因素不同会有较大的差异，企业应根据测量结果进行绩效分析并采取行动，过程中应考虑如下因素：

（1）企业用什么样的分析方法和分析过程来分析其所收集到的各种类型数据和信息，包括分析的部门人员、分析手段、分析频率等。

（2）企业的绩效分析是否涵盖所有重要方面，包括当前的成绩、历史趋势、对比绩效、实现战略目标情况，是否有一些预警性的分析以帮助企业应对环境的变化。企业是否收集竞争对手及标杆的绩效数据，从分析对比中是否发现改进机会，改进的效果如何。

（3）过程改进与关键绩效指标间的关系。企业在顾客满意、产品质量、服务质量方面的改进对财务绩效结果的影响是怎样的，即企业如何测量在质量改进活动方面的投入所产生的回报。例如，产品质量缺陷从以前的百分之一降到了目前的万分之　，这样的改进给企业带来了多少财务上的收益。

三、绩效测量系统应确保一致性和敏感性

企业在构建绩效测量系统时，经常将绩效测量系统简单地等同于考核指标，或等同于信息化管理系统，评价不够全面，没有重点把握绩效测量系统的一致性和敏感性。

一致性指的是绩效测量系统在一定时间内测量的结果，不会因执行测量人员的不同而不同，也不会因多次、重复测量而不同，即绩效测量系统具有一定的重复性和再现性，绩效测量系统是可靠的，能确保测量结果符合客观事实分析的需要。

敏感性是指企业建立的绩效指标体系、采用的测量分析程序、方法和信息化管理系统能对企业内外部的变化产生显著的反应，并能及时提醒企业做出判断和决策。同时，企业应有足够的灵活性，根据变化及时修正绩效测量系统。例如，某企业建立了员工满意度绩效测量系统，每年企业根据上年度员工满意度测量结果，调整满意度的测量重点，修改调查问卷、调整取样比例与调查方法等，以准确把握员工的满意程度以及员工的期望和要求，为企业制定人力资源政策提供依据。

企业的绩效测量系统主要由以下3个方面组成：

（1）企业的绩效指标体系，即企业绩效测量的内容。

（2）企业的绩效测量方法。企业的绩效都是通过计算、分析一定的数据得出的结果。企业应在绩效测量系统中明确数据选择，收集要进行绩效测量部门的职责和要求以及工作流程，形成企业的绩效测量管理系统。

（3）基于信息化的管理系统。企业的绩效测量系统应建立在一个完善的信息平台上。

通过信息化管理系统，企业可以及时、准确地收集、处理数据和信息，实现过程的实时监控，提供准确信息支持企业的各项决策。

四、持续改进应充分运用先进的统计技术

企业在管理实践中应正确和灵活地应用统计技术，充分利用数据分析结果，为企业各部门以及所有层次绩效的改进提供支持。质量工具和方法是从凭经验和直觉管理转向依据事实和数据管理的有力帮手，在当代信息技术快速发展、数据量激增的大数据背景下，正确和有效地利用数据尤为重要。但是目前在企业管理实践中，统计技术的应用还存在着相当多的问题，如认识不够，实践不足；概念多，理解少；引进多，吸收少；培训多，实践少等。正确运用质量工具能够提升企业质量实践的科学性和有效性，而不正确地运用则会产生误导。因此，面对复杂多变的管理问题和众多的统计技术，根据管理目标正确地选择适当的工具、正确地运用工具进行分析判断、正确地把结果传递给领导和利益相关方、正确地预防和解决质量问题是学习掌握统计技术的关键。

运用先进科学的统计技术的重要性体现在以下方面：

（1）有助于提高管理活动的效率。企业活动往往是一个复杂的过程，从中发现问题或寻找原因，如果不采用系统的方法，其耗费的时间、精力、费用将是难以承受的。而运用多种质量工具可以通过有针对性的数据收集和分析，判断主要应解决的问题、产生问题的关键原因和制定相应的解决方案，从而能够以最少的资源投入取得最大的改进成效。

（2）有助于科学决策。在管理实践中，很多问题的根源是隐性的，并不能简单地识别出来。而统计工具是通过对数据的分析找出其内在的规律性，从而做出科学的判断，体现了以事实为依据的管理，可以避免仅凭经验和直觉进行决策而产生的风险。

（3）使用统计技术工具能把过程和产品的状况更好地向管理者和相关方传递。管理者和其他方面的人员有可能并不具备统计技术方面的专业知识或没有时间了解质量管理复杂的过程，而运用图表性的统计技术能够更直观和简明地表明过程的现状和改变趋势等情况。

针对改进过程的各阶段，相应的统计技术和改进方法见表8.2所列。

表8.2　常用的先进科学的统计技术和改进方法

阶段	活动要点	常用工具和技术	
测量阶段	明确问题	排列图 因果图 散布图 流程图 分层法 失效模式与效应分析（FMEA） 测量系统分析（MSA）	质量成本 水平对比法 直方图 趋势图 过程能力指数
分析阶段	确定基准	头脑风暴法 因果图 FMEA 水平对比法 方差分析	试验设计 树图 假设检验 关联图 回归分析

（续表）

阶段	活动要点	常用工具和技术	
改进阶段	消除要因	试验设计 测量系统分析 5S 管理 5W1H 对策表	FMEA 目视管理 定置管理 ECRS 原则
控制阶段	保持成果	控制图 防差错措施 标准化作业及标准操作程序（SOP）	统计过程控制 过程能力指数

第二节 条款解析

一、总则

条款引用 ≫≫≫

4.6.1 总则

本条款用于评价组织测量、分析和评价绩效的方法及改进和创新的情况。

条款解读

本条款关注企业如何选择、收集、分析和管理数据和信息，以及企业如何通过管理改进与创新活动来提高企业的核心竞争力和绩效。其关注的焦点是企业如何有效地测量和分析企业绩效，而这些关键数据和信息可以促进企业的改进和创新活动。此外，本条款具有如下目的：

（1）用于评价企业所收集与企业绩效相关的数据是否充分，并评价这些数据和信息对企业的战略策划、日常决策的制定、绩效的改进以及对运营管理支持的程度。

（2）用于评价企业在改进与创新活动中所运用方法的充分性、适宜性和有效性，将测量和分析的结果应用在各个层次或部门实施改进与创新活动并促进企业各层次绩效的提升。

二、测量、分析和评价

条款引用 ≫≫≫

4.6.2 测量、分析和评价

4.6.2.1 提要

如何测量、分析和评价组织各层次及所有部门的绩效。

✎ 条款解读

企业应该建立一个全面的关键绩效指标体系，对各个层级和部门、过程的战略执行情况进行有效的测量，监控战略实施的全过程，并持续推动改进和创新。本条款涉及两个方面：一是进行绩效测量；二是基于测量结果进行绩效分析和评价。

🔍 条款引用 》》》

4.6.2.2　绩效测量

4.6.2.2.1　说明组织如何建立绩效测量系统，如何有效应用相关的数据和信息，监测日常运作及组织的整体绩效，支持组织的决策、改进和创新。

✎ 条款解读

企业应该明确选择与战略目标相关的关键绩效指标，并确定相应的测量方法、负责部门、数据来源、测量周期等，以客观、准确地反映企业的运营状况和整体绩效，为战略制定和日常决策、改进与创新提供数据和信息支持。绩效可以用财务和非财务的指标来描述。例如，产品和服务的质量、效率、创新等；顾客和市场的满意度、忠诚度、份额等；财务的收入、利润、成本等；资源的利用率、节约率、回收率等；过程的有效性、效率、安全性等；领导的战略执行力、创新力、影响力等。

🔍 条款引用 》》》

4.6.2.2.2　如何有效应用关键的对比数据和信息，支持组织的决策、改进和创新。

✎ 条款解读

企业应该识别和收集竞争对手和标杆企业的数据和信息，通过对竞争对手和标杆的分析，对比他们的经营战略和优势，进而确定自己的竞争力和水平；通过与行业内外优秀企业的标杆分析，可以为自己的改进或变革提供参考和动力；通过在过程和结果上进行绩效比较和分析，可以加深对标杆管理的理解，从而正确地决策。

因此，通过标杆对比可以帮助企业持续追求卓越，以高标准引领高质量发展。找到合适的参照企业和最佳实践，是对标成功的关键。立标是确定与谁对比，对标是确定对比什么，达标是衡量企业竞争和战斗能力的尺度，通过与标杆企业找差距、补短板、比强弱，最终达到创标、成为引领行业发展的领导者。标杆管理四步法如图8.1所示。

🔍 条款引用 》》》

4.6.2.2.3　如何确保绩效测量系统适应发展方向及业务需要，并确保对组织内外部的快速变化保持敏感性。

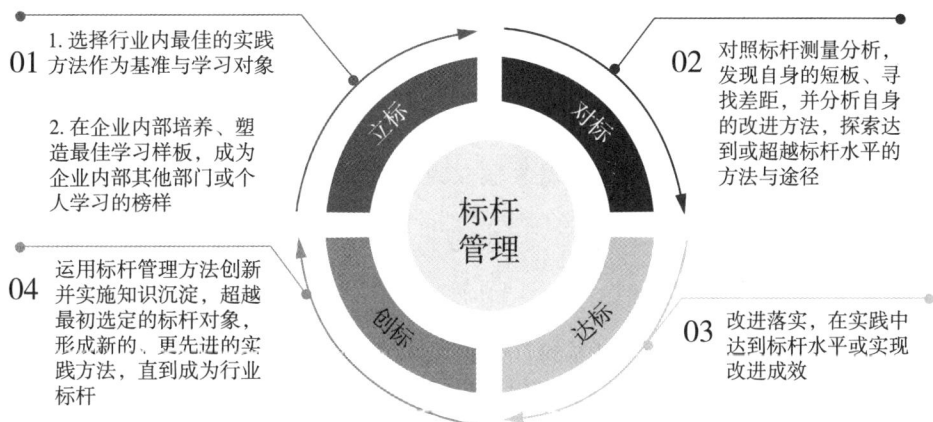

图 8.1　标杆管理四步法

01　1. 选择行业内最佳的实践方法作为基准与学习对象

2. 在企业内部培养、塑造最佳学习样板，成为企业内部其他部门或个人学习的榜样

04　运用标杆管理方法创新并实施知识沉淀，超越最初选定的标杆对象，形成新的、更先进的实践方法，直到成为行业标杆

02　对照标杆测量分析，发现自身的短板、寻找差距，并分析自身的改进方法，探索达到或超越标杆水平的方法与途径

03　改进落实，在实践中达到标杆水平或实现改进成效

标杆管理

立标　对标　达标　创标

条款解读

企业为了保证正常运营和竞争优势，需要根据信息做出有效决策。绩效测量系统是一套针对企业整体绩效的指标体系和测量分析方法。由于企业所处的内外环境是不断变化的，企业的战略也需要随时调整，所以需要定期评价绩效指标、指标值、测量方法等，使绩效测量系统的各要素能够适应内外部环境的变化和战略的调整。

条款引用

4.6.2.3　绩效分析和评价

4.6.2.3.1　如何分析、评价组织绩效，包括：如何评价组织的成就、竞争绩效以及长、短期目标和实施计划的进展，如何评价组织的应变能力。

条款解读

本条款旨在评价企业绩效的 4 个方面，分别是企业成就、竞争绩效、长短期目标和实施计划进展以及应变能力。这些方面可以帮助企业掌握运营状况和绩效水平，进而寻找改进与创新的机会，支持企业的战略制定和日常管理决策。

企业成就是指企业过去的发展成果，包括是否达成了既定目标和在市场上的表现如何。竞争绩效是指企业在其所处市场中的竞争表现，包括市场份额、竞争力、市场影响力等因素，并与竞争对手进行比较。长短期目标和实施计划进展是指企业所制定的长短期目标及其实施计划的合理性、科学性、执行情况等。应变能力是指企业应对市场变化、风险、不确定性等方面的能力，包括企业的灵活性、创新能力、战略反应能力等。

因此，管理过程中应根据企业特点，建立必要的绩效分析、评价制度。通过趋势分析、对比分析、因果分析和相关分析等方法，找出其中的规律，为有效的决策提供依据。

企业的绩效评价应由高层领导主持，通过对绩效数据和信息的测量、分析评价结果，管理体系审核、卓越绩效评价的结果，战略实施计划、改进和创新举措的实施状况，内外部环境的变化、企业所面临的风险与机遇等，对照计划识别差距与优势，从而做出科学的决策。

条款引用

4.6.2.3.2 如何根据绩效评价结果，确定改进的优先次序，并识别创新的机会；如何将这些优先次序和创新机会及其举措在组织内展开，适当时展开到关键供方和合作伙伴，以达到协调一致。

条款解读

企业用于管理改进的资源是有限的，必须集中资源用于最重要、最可行的改进机会上。企业需要根据绩效评价结果来确定改进的方向和优先级，以及在改进过程中应该解决哪些问题。将评价结果转化为具体的改进和创新措施计划，这可能涉及组织变革、流程优化、技术升级等方面的工作，使资源分配到最需要改进和创新的地方。当改进和创新举措需要供应商或合作伙伴的协同时，可以邀请他们一同参与到改进活动中，形成合力共同改进，开创互利共赢发展新局面。

三、改进与创新

条款引用

4.6.3 改进与创新
4.6.3.1 提要
组织如何进行改进和创新的管理，如何应用改进和创新的方法。

条款解读

改进与创新是企业追求卓越、实现持续发展的动力。通过有效利用测量、分析和评价的结果，推动各个层级、部门、过程的改进与创新，企业才能在运营的过程中不断地发现问题、分析问题、解决问题，从而提高企业的管理水平。

条款引用

4.6.3.2 改进与创新的管理
4.6.3.2.1 如何对改进和创新进行策划，明确各层次和所有部门、过程在改进与创新方面的计划和目标。

条款解读

改进与创新是一个 PDCA 循环过程，包括策划、实施、测量和评价、改进与创新活动。企业内的改进和创新活动是一项系统和持续的活动，需要进行有效的策划。领导层应该在企业中营造改进和创新的文化，使改进和创新成为日常工作的一部分。企业应结合战略及其实施计划，根据内外部顾客和其他相关方的要求，基于关键绩效指标的层层分解，制定企业各个层级和部门、过程的改进与创新计划和目标，使改进活动与企业整体目标保持一致。改进的形式有渐进式改进和突破性改进；创新的形式有原始创新、集成创新、引进消化吸收再创新等。

（1）原始创新是指前所未有的重大科学发现、技术发明、原理性主导技术等；

（2）集成创新是指通过对各种现有技术的有效集成，形成具有市场竞争力的新产品或管理方法；

（3）引进消化吸收再创新是指在引进国内外先进技术的基础上，学习、分析、借鉴，进行再创新，形成具有自主知识产权的新技术。

条款引用

4.6.3.2.2 如何实施、测量、评价改进与创新活动，分析对盈利能力和实现组织战略目标的贡献，促进组织绩效的提高。

条款解读

本条款关注的是企业如何对改进与创新活动进行管理，包括改进与创新活动的实施、测量、评价的方法和步骤，进行系统性的数据收集、分析和评估，并持续追踪和反馈这些活动的结果。如何做到组织到位、职责落实、制度完善、方法多样，并采用适当的方式进行跟踪管理。在制定了改进与创新计划之后，企业需要描述如何实施这些计划，这涉及资源的配置、实施过程中的测量和控制，必要时对改进与创新计划进行调整，与企业中其他活动及改进与创新项目进行协调等。在实施改进与创新项目计划之后，企业需要用合适的方法评价这些项目的效果，建立符合自身特点的激励政策，持续分享与推广改进的成果，使改进与创新活动实现不断完善、良性循环的过程。同时，应思考开展这些改进和创新活动是否有助于提高企业盈利能力和促进战略目标的实现，以持续提高企业绩效和竞争力。

条款引用

4.6.3.3 改进与创新方法的应用

4.6.3.3.1 如何应用多种方法，组织各层次员工开展各种改进与创新活动。

条款解读

此条款要求企业需要根据不同层次、不同影响程度和难度的问题，选择合适的方法，如员工合理化建议、QC 小组、复盘管理、六西格玛管理等，组织各层次员工参与到改进与创新活动中来，从而提高企业的管理水平和竞争力。同时，企业需要通过激励措施、知识分享、团队建设等方式鼓励和提高员工的积极性和参与度，使改进与创新成为日常工作的一部分。

条款引用

4.6.3.3.2 如何正确和灵活应用统计技术和其他工具，为改进与创新提供支持。

条款解读

如何正确和灵活应用统计技术和其他工具，为改进与创新提供支持。这要求企业根据不同的问题和目标，选择合适的统计技术和其他工具，如 QC 新老 7 种工具、失效模式与影响分析、假设检验、方差分析、回归分析、试验设计等，来进行数据收集、分析和评估，从而为改进和创新工作提供客观、科学的依据。同时，企业需要灵活地应用这些技术和工具，做到因地制宜、融会贯通，不机械式照搬，以适应不同的情况和需求。例如，在某些情况下，可能需要采用手工调查方法来收集数据；而在某些情况下，则可能需要采用大数据分析等高级技术来解决问题。

第三节 案例分析

一、绩效测量指标体系案例

××企业从企业使命与发展战略出发，运用平衡计分卡等绩效工具，制定企业年度 KPI 及经营计划，这些指标组成了企业绩效测量指标体系，详见表 8.3 所列。

表 8.3 企业绩效测量指标体系

层面	编号	关键战略目标/单位	收集方式	责任部门
财务	F1	产品销售收入/亿元	财务报表	财经部
	F2	利润总额/亿元	财务报表	
	F3	总资产收益率/%	财务报表	
顾客	C1	高端市场占有率/%	市场统计	销售部
	C2	顾客满意度	市场调查	客户服务部
	C3	扶持战略经销商数	市场统计	销售部
	C4	库存周转次数/次	财务报表	财经部
	C5	大客户销售收入增长率/%	市场统计	财经部
内部运营	M1	开发项目完成率/%	统计	研发部
	M2	每年专利、科技成果数/个	统计	研发部
	M3	新产品销售占比/%	统计	财务部
	M4	订单及时交付率/%	财务报表	生产计划部
	M5	产品成本降本率/%	品质统计	品管部
	M6	产品质量合格率/%	品质统计	品管部
	M7	重大安全、环保事故/次	统计	安环部

（续表）

层面	编号	关键战略目标/单位	收集方式	责任部门
学习成长	L1	员工每年培训平均小时数	人力数据	人力资源部
	L2	员工晋升率/%	人力数据	
	L3	员工满意度/分	人力数据	
	L4	关键人才流失率/%	人力数据	

【案例分析】

平衡计分卡是一种综合性的绩效管理工具，平衡计分卡的导入与应用，有利于推动企业的创新发展。该公司通过财务、客户、内部运营、学习成长4个方面的相互驱动关系，描绘企业的战略轨迹并实现战略目标。其中，财务维度是衡量企业经济效益的重要指标；顾客维度是衡量企业客户满意度和忠诚度的重要指标；内部运营维度是衡量企业运营效率和管理水平的指标；学习成长维度是衡量企业人才储备和发展潜力的重要指标。

二、多维对标管理案例

××企业在确定竞争对手和标杆的数据和信息的基础上，通过多种渠道合理、充分地收集数据和信息，并落实相应职责，充分实施。例如，企业通过有关协会、网络、中介企业、共同的供应商、共同的顾客、学术会议、杂志，或者直接到竞争对手和标杆企业进行调研。如果竞争对手和标杆企业是上市企业，该企业还会通过年报等资料系统获得有关数据和信息。详细见表8.4所列。

表8.4 企业标杆和竞争对手对比数据和信息选择应用一览表

层次	标杆或竞争对手选择	对标的主要指标	对比后的改进措施	对标方法	有效应用
企业	对手：A企业	成本、市场、规模、销量	1. 成本进一步优化 2. 新产品的开发力度要加大，提高首发率，尽快推向市场 3. 加大终端店面投入，尤其一、二线城市的高档卖场 4. 在品牌建设方面提高投入	差距分析，SWOT分析，成本分析（频次：季度）	通过竞品成本分析，企业调整策略；加大新产品研发力度，引入新设备、新工艺，提高高附加值产品比例
	标杆：B企业	技术、产品、设计	1. 加大产品研发投入，特别在新技术、新材料的应用上 2. 加大智能化展厅的研究和新技术的研发 3. 加大国际资源整合品设计：引进高素质的意大利设计师进行产品设计	经营管理对比分析（频次：季度）	参照标杆企业产品创新经验，进行优化，同时将分析结果及时地运用到企业产品创新方面

层次	标杆或竞争对手选择	对标的主要指标	对比后的改进措施	对标方法	有效应用
部门	标杆：企业内的先进部门	创新、管理、企业的短板指标	1. 在创新方面建立系统 2. 加大管理的创新	对比分析、统计分析、差距分析（频次：不定期）	倡导以客户为中心，将绩效表现突出的单位或部门的成功经验总结，进行内部分享与推广，应用到其他相关部门工作中
个人	标杆：星级员工	工作态度、方法方式、技能、经验	将优秀的员工的方法和技能转化为企业的知识库和案例，在企业内进行复制推广	对比分析（频次：实时）	定期开展优秀员工（如：星级、十佳等）评选评比，将评比出的优秀员工作为标杆，通过活动、内刊、企业论坛将先进工作经验进行分享

【案例分析】

该企业通过实施多维度（企业、部门和个人）对标管理，可以更全面地了解并提升自身的优势和竞争力。在企业层面，通过立标和学标的方式定期收集竞争对手和标杆的数据和信息，为企业的重大"突破性"改进提供支持，实现企业从赶标到超标的领先过程。在部门层面，设立部门标杆，与其他部门进行比较，从而促进部门间的协作以提高整体绩效。在个人层面，通过设立个人标杆，激励员工不断提升自身能力和素质，为企业发展贡献更多价值。

三、绩效改进系统案例

××企业的管理体系以 IATF 16949、ISO 9001、ISO 14001、ISO 45001、ISO 13485、QC 080000 和 RBA 为基础框架，推行全面质量管理、汽车质量管理体系要求、精益生产、六西格玛和员工权益等方法，依托企业平台驱动管理机制，鼓励全员参与企业经营改善，并对改善效果实行及时有效的表彰与奖励。通过全面预算管理，依托财务数据，分析比较集团内其他子企业在费用及成本控制方面的优势，通过企业高管会等要求相关部门提出改进意见并汇报结果。企业充分利用集团及第三方信息资源对关键业务能力数据与竞品进行对标管理，构建科学完善的绩效改进系统。详细如图 8.2 所示。

【案例分析】

该企业采用多体系管理作为基础框架，通过战略目标的层层分解和反馈举措的制定，实现全员参与企业经营管理。其将战略目标转化为具体行动计划，并通过反馈机制不断修正和优化。建立企业平台，整合各部门和岗位资源和能力，推动跨部门合作和协同创新。利用信息资源对关键业务能力数据进行分析和对比，与竞争对手和行业标杆进行对标管理工作，及时了解市场动态和竞争趋势。科学完善的绩效改进系统能够帮助企业发现问题和不足，以及时采取措施进行改进，提高企业的竞争力和市场地位。

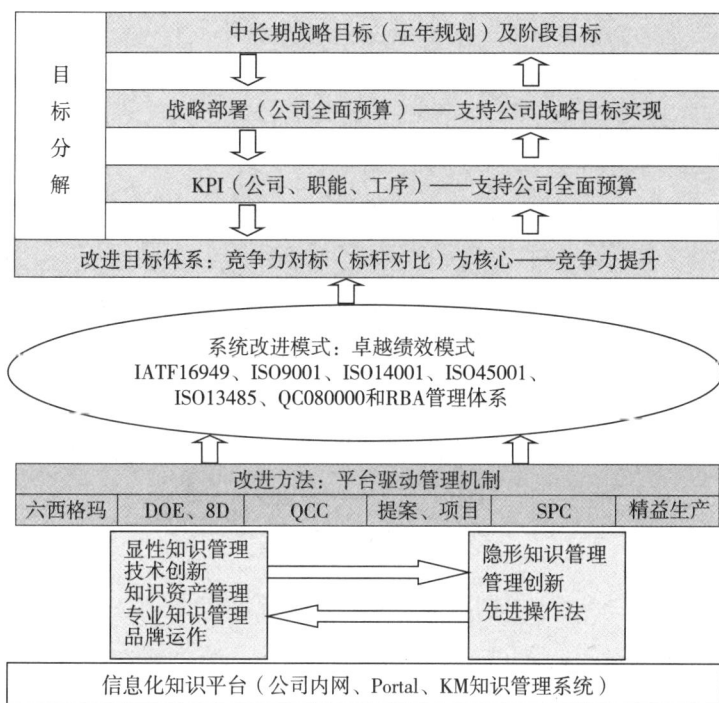

图 8.2　绩效改进系统

四、多样化绩效分析和评价机制案例

某企业非常注重对企业绩效的分析与评价，结合长期和短期的经营规划以及目标的完成情况，通过年终总结大会和管理评审会议等形式进行绩效评估。企业对过去一年的经营情况进行全面的回顾和总结，分析企业财务状况、市场份额、客户满意度、员工绩效等。通过对这些指标的评估，企业可以评估自身在各个方面的表现，并为未来制定目标和计划提供参考。企业还通过管理评审会议对绩效进行深入分析和评价，在这个会议上，企业的管理层会对不同部门和团队进行绩效评估，会对各个部门的目标完成情况、绩效指标达成情况、工作进展等进行详细分析和讨论。通过评审会议，企业可以深入了解各个部门和团队的工作情况，发现问题并及时采取措施进行改进。绩效分析与评价对企业的发展非常有益，可以帮助企业及时发现和解决问题，促进业务的持续改进和提高；可以帮助企业制定具体的目标和计划，推动企业朝着更高的绩效目标努力；可以激发工作热情和积极性，提高整个企业的绩效表现。详细如图 8.3 所示。

该企业在绩效分析评审时，按照业务的重要度和紧急度确定关键业务改进，并针对企业重大的绩效缺陷进行分析，制定改进措施，并提出创新方向。这种动态的机制保证了企业对外部环境变化时的敏捷应对，以确保实现企业的目标。

【案例分析】

该企业充分认识到数据的重要性，建立了多样化的数据分析和评价机制。运用先进的

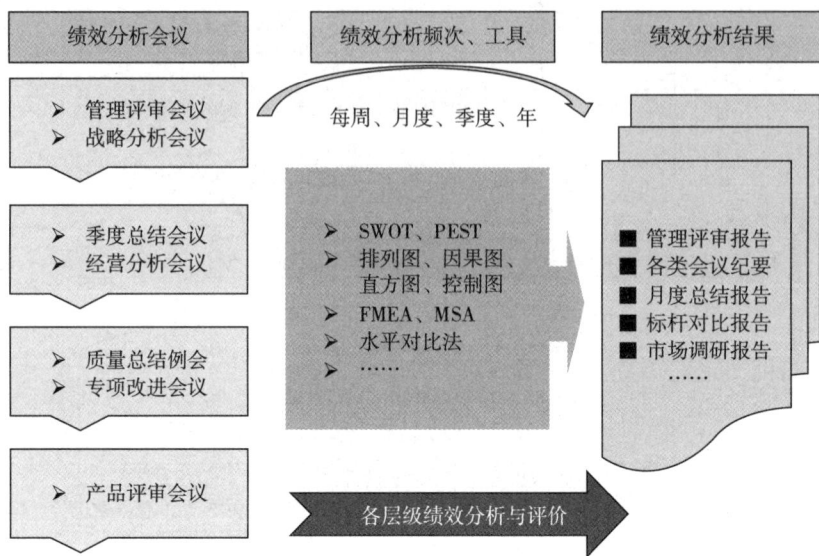

图 8.3 常见绩效分析与评价图

数据收集技术,从内部和外部多个渠道收集数据和信息。在此基础上建立了专门的数据分析团队,能够提供及时的数据分析报告,并根据具体需求进行深入的数据解读和预测分析。企业建立了定期的数据评价机制,对已采取的策略和措施进行评估,以验证其效果,并及时调整和改进。通过这些数据分析和评价机制,企业能够及时获取准确的数据信息,为管理层提供有力的决策支持,并为持续改进提供充分的数据支撑。

五、改进与创新管理体系案例

××企业建立了以"卓越绩效管理、变革管理、IPD、精细化管理"为框架的企业改进层级式的管理模式、以"阿米巴工作坊、科技项目管理、BTIT(业务流程与IT实施治理机制)、QC小组"等为主导的部门改进层级、以"合理化建议和个人发展计划"等为基础的个人改进层级,分层级将需要改善的问题分配到专门部门或个人,将问题闭环管理。详细如图8.4与表8.5所示。

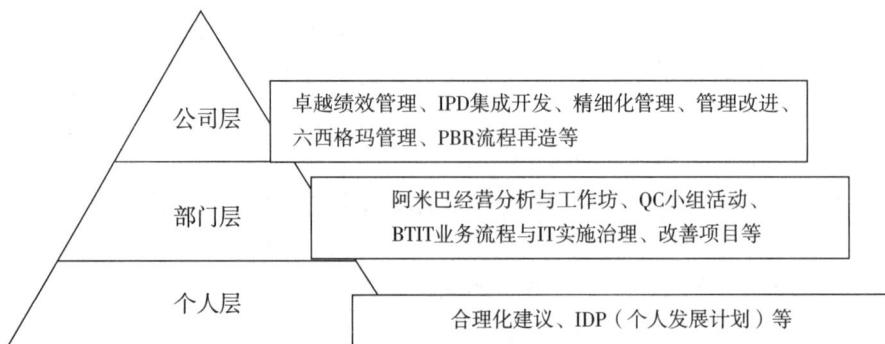

图 8.4 改进管理金字塔

企业为持续推进各种改进与创新活动顺利实行，指定专职人员负责各改进创新活动的计划制定及落实。明确企业、部门及员工个人的改进计划与目标，有助于持续推动改进活动的落地实施。

表8.5 分层改进创新活动

序号	改进方式	改进计划及目标	实施过程
企业层	卓越绩效管理、管理改进、六西格玛管理、标准化管理等	1. 收集、分析系统数据，根据分析结果确定流程改善方向 2. 根据企业标准化管理绩效	1. 导入卓越绩效管理模式 2. 收集管理流程，形成管理手册 3. 实施标准化管理体系
部门层	QC活动、6S现场改善、精益管理、改善项目等	根据质量、效率、成本指标确定改善方向，调动部门组织改善	1. 普及QC活动，改善品质及效率 2. 现场实施6S管理 3. 通过外部咨询与内部推进实施项目
个人层	合理化建议、提案改善、明星员工等	根据质量、效率、成本指标确定改善方向，调动各岗位员工参与改善	以各岗位为主，持续推进合理化建议及改善提案

【案例分析】

该企业通过实施分级的改进与创新管理机制，运用科学的管理工具，对经营管理过程中的绩效进行测量和分析，对绩效评审结果、关键比较性和竞争性数据进行差异分析，从而深入了解当前的竞争状况和潜在威胁，有针对性地改进经营管理策略。为了确保改进工作的连续性和可持续性，企业实施PDCA闭环管理的改进流程，持续推动问题的解决和改进的落地，使各个层级达到企业最佳规划目标要求，提高了企业的业务流程效率和质量，有助于企业在激烈的市场竞争中保持领先地位。

结　　果

　　本条款主要描述组织的经营结果，包括产品和服务的绩效结果，即组织所提供的产品和服务的质量、可靠性和满意度等方面的表现；顾客与市场的绩效结果，即组织与顾客和市场的关系，包括客户满意度、市场份额、品牌知名度等指标的表现；财务的绩效结果，即组织的财务状况，包括营收、利润、现金流、资产负债表等方面的表现；资源的绩效结果，即组织利用资源的效果，包括人力、物力、财力等方面的表现；过程有效性的绩效结果，即组织内部流程的有效性和效率，包括生产、销售、管理等方面的表现；领导方面的绩效结果，即组织的领导团队的表现，包括战略规划、决策能力、执行力等方面的表现。本条款旨在体现组织为顾客、股东、员工、供方及合作伙伴与社会创造价值，并为评价和改进产品、服务和经营质量提供信息。

　　"4.1 领导""4.2 战略""4.3 顾客与市场""4.4 资源""4.5 过程管理"和"4.6 测量、分析与改进"6 个方面都是"过程"。"过程"强调"方法—展开—学习—整合"评价要素，而"结果"强调"水平—趋势—对比—整合"评价要素。一般来说，有什么样的过程，就预示着一定的结果存在；较好的结果一定与过程的成功是关联的，也就是来源于过程。"过程"与"结果"的逻辑关系构成经营管理的有机整体。组织通过"过程"运行获取"结果"，基于结果的"测量、分析"推动"过程"的改进和创新。

　　根据结果的条款要求，组织应该提供近 3 年的关键绩效指标结果数据，以反映其绩效的当前水平和趋势。这些数据应该与竞争对手和标杆进行对比，以反映出组织在相关绩效方面的行业地位、竞争优势和存在的差距。具体来说，组织应该描述以下关键绩效指标的结果数据：营收增长率，即组织的营收增长率是衡量其业务发展能力的重要指标；利润率，即组织的利润率是衡量其盈利能力的重要指标；客户满意度，即组织的客户满意度是衡量其服务质量的重要指标；员工满意度，即组织的员工满意度是衡量其人力资源管理能力的重要指标；市场份额，即组织的市场份额是衡量其市场竞争力的重要指标。

　　需要注意的是，所描述的结果指标应该与"组织概述"和"过程"评分条款中确定的关键绩效要求及指标一致。这意味着，组织在提供结果数据时，应该重点关注这些关键绩效指标，并确保数据的准确性和可靠性。

　　组织运用"水平—趋势—对比—整合"四要素对结果进行评价。其主要内容及结构见表9.1所列。

表9.1　《卓越绩效评价准则》（GB/T 19580—2012）结构表——结果

类目	基本要求	着重方面	详细要求	参考结果指标	参考管理方法/工具
4.7 结果	4.7.2 产品和 服务结果	产品和 服务结果	当前水平和趋势	近3年的销售收入、利润	趋势图
			对比数据	与竞争对手比较	对比
			特色与创新		模型或经营模式
	4.7.3 顾客与 市场结果	4.7.3.2 顾客方面 的结果	当前水平和趋势	顾客满意的关键绩效指标、与同行业比所处行业位次	柱状图
			顾客满意对比	第三方调查结果	统计分析 软件的应用
			顾客忠诚对比	连续跟踪忠诚度的变化	百分比
		4.7.3.3 市场结果	市场绩效 水平和趋势	市场占有率、市场排名、业务增长率	趋势图
			对比数据	与同一市场下的竞争对手数据比较	
	4.7.4 财务结果	财务结果	财务结果	近3年的财务结果	趋势图
	4.7.5 资源结果	资源结果	人力资源及 其他资源结果	关键岗位人员流失率	高级人才的 增长百分比
	4.7.6 过程有效 性结果	过程有效 性结果	过程有效性结果	有效性、效率、成本、劳动生产率等	生产周期、 一次性合格率
	4.7.7 领导方面 的结果	领导方面 的结果	战略目标绩效	目标实现情况	计划完成率
			组织治理绩效	内外部审计结果、合规性	
			公共责任绩效	三废排放、万元产值能耗和水耗	统计分析方法
			道德行为绩效	遵守道德、规范、诚信	
			公益支持绩效	支持金额	
			高层领导作用绩效	可持续性	

第一节　重点难点

结果是指组织为关键指标制定的目标及其实现情况，而结果与过程密切相关。只有控制好过程，才能获得良好的结果。

一、与竞争对手和标杆的数据对比结果

关键绩效指标包括产品和服务结果、顾客与市场结果、财务结果等，这些结果可以用数据来表述，从中可以看出公司在行业或区域中的"水平、趋势"，特别是在与竞争对手、标杆的比较数据中可以找到存在的差距。同时，这些数据和结果与公司战略相一致情况，并可证明战略的实现情况。

关键绩效指标以文字和图表的形式，明确其当前指标水平及其趋势，比如，用趋势图分析，或者用模型、数学公式找出影响因子的要素，说明连续3年来的发展态势。

搜集到竞争对手、标杆企业的真实关键绩效指标数据或核心数据是反映组织跟踪行业或世界水平的能力，同时，也是组织经营管理成熟度提高的表现。

其中，如何获取国内外竞争对手、行业标杆的数据，并保证其来源的可靠性，为本条款的难点。这就要求企业相关人员对一切信息具有高度的敏感性，发现并了解关于竞争对手的一手信息和二手信息、内部信息和外部信息，并熟练掌握获取这些有用信息的不同途径，例如期刊文献、互联网、行业百科、实地走访、问卷调查等。

二、过程有效性结果

重点是关键过程"有效性和效率"方面的关键绩效指标，包括4.5条款中各个关键过程的关键绩效指标。例如：

研发过程的结果，可以用新产品设计周期、新产品数量、设计成功率等来描述。

市场营销过程的中标率，可以用订单预测准确率、订单和销售量来描述。

采购供应过程的"合格率、准时交货率"，可以用"采购成本降低率，关键供方营收增长率"等来描述。

生产过程结果，可以用"一次合格率、准时交货率、产量、生产周期、生产成本"等指标描述。

服务过程结果，包括维修满意率、故障排除时间及网络接通率等方面。

三、领导方面的结果

领导方面的结果至关重要，大多数时候需要细分，要有对比数据。主要包括以下5个方面：

战略目标实现情况：可以用战略目标实现率、实施计划完成率、关键绩效指标达成率等方面结果来描述。

组织治理方面的绩效指标：主要通过五大利益相关方权益、内外部审计结果及合规

性、独立董事比例等方面来表明。

公共责任方面的绩效指标：主要体现在"三废"及噪声的排放指标、万元产值能耗、资源利用率、职业健康及安全事故、事件率等方面绩效。

道德行为方面的绩效指标：主要是遵守道德规范、诚信情况的调查指标。

公益支持方面的绩效指标：参与公益事业的支持指标。

第二节　条款解析

一、总则

条款引用 »»»

4.7.1　总则

本条款用于评价组织在主要经营方面的绩效和改进，包括产品和服务、顾客与市场、财务、资源、过程有效性和领导方面的绩效。绩效水平应与竞争对手和（或）标杆对比并进行评价。

条款解读

本条款旨在评价组织主要经营方面的绩效和改进，包括产品和服务、顾客与市场、财务、资源、过程有效性和领导方面的绩效。为了确保评价的准确性和客观性，绩效水平应与竞争对手或标杆进行对比并进行评价。本条款要求组织在以下方面进行绩效评价：

（1）产品和服务：组织应对其提供的产品和服务进行绩效评价，以确保其质量、可靠性和客户满意度达到预期目标。组织应与竞争对手或标杆进行对比，以了解其在市场上的表现和竞争优势。

（2）顾客与市场：组织应对其顾客和市场进行绩效评价，以确保其营销策略、销售渠道和品牌形象能够满足市场需求和期望。组织应与竞争对手或标杆进行对比，以了解其在市场上的竞争力和发展潜力。

（3）财务：组织应对其财务状况进行绩效评价，以确保其财务健康状况良好、盈利能力强大。组织应与竞争对手或标杆进行对比，以了解其在同行业中的财务表现和发展趋势。

（4）资源：组织应对其资源利用情况进行绩效评价，以确保其资源配置合理、效率高、成本控制得当。组织应与竞争对手或标杆进行对比，以了解其在资源利用方面的优势和劣势。

（5）过程有效性：组织应对其内部流程和业务运作进行绩效评价，以确保其流程规范、高效、优化。组织应与竞争对手或标杆进行对比，以了解其在流程管理方面的优劣势。

（6）领导：组织应对其领导层和管理团队进行绩效评价，以确保其具备良好的领导力和管理能力。组织应与竞争对手或标杆进行对比，以了解其在领导力和管理能力方面的表现和发展潜力。

通过与竞争对手或标杆的对比评价，组织可以更好地了解自身的优劣势和发展潜力，进而制定有效的改进计划和战略，提高自身的竞争力和绩效水平。

二、产品和服务结果

条款引用

4.7.2 产品和服务结果

4.7.2.1 主要产品和服务的关键绩效指标（如实物质量指标和服务水平等）的当前水平和趋势。

4.7.2.2 主要产品和服务的关键绩效指标与竞争对手对比的结果，与国内、国际同类产品和服务的对比结果。

4.7.2.3 主要产品和服务所具有的特色及创新成果。

条款解读

本条款旨在描述通过"4.3 顾客与市场"及"4.5 过程管理"条款的努力所取得的主要产品和服务结果。

根据产品和服务以及过程的不同，可以采用不同的指标，如主要产品和服务关键绩效指标方面包括：主要产品和服务的质量特性、可靠性、性价比、交付周期或准时交付、顾客服务或技术支持等方面的指标等。

主要产品和服务的特色和创新成果包括：名牌产品、驰名商标、品牌价值、科技进步奖产品、专利产品、新产品或新服务，以及产品和服务在质量安全、环保和资源节约等方面的特色等。

三、顾客与市场的结果

条款引用

4.7.3 顾客与市场结果

4.7.3.1 提要

组织在顾客与市场方面的绩效结果，包括顾客满意和忠诚以及市场方面的绩效结果。必要时，将结果按顾客群与市场区域加以细分。其中应包括适当的对比性数据。

条款解读

本条款评价组织在顾客和市场两个方面的结果。组织应说明与《卓越绩效评价准则》（GB/T 19580—2012）中4.3评分条款所描述的相关绩效。组织在顾客与市场方面的绩效结果通常包括以下4个方面：

（1）顾客满意度和忠诚度：这是衡量组织顾客关系管理能力的重要指标。可以通过调查问卷、客户反馈等方式获取，以了解顾客对组织的满意度和忠诚度。可以将结果按顾客群、市场区域和客户重要程度加以细分，以便更好地分析和比较不同群体或地区的满意度和忠诚度情况。

（2）市场份额和增长率：这是衡量组织在市场上的表现和竞争力的指标。可以通过行业报告、市场调研等方式获取，以了解组织在市场上的份额和增长率。可以将结果按市场区域加以细分，以便更好地分析和比较不同地区的情况。

（3）营销活动效果：这是衡量组织营销策略有效性的指标。可以通过销售额、订单量、网站流量等方式获取，以了解组织营销活动的效果。可以将结果按产品类别、渠道类型等进行细分，以便更好地分析和比较不同产品或渠道的效果。

（4）品牌知名度和形象：这是衡量组织品牌建设成果的指标。可以通过市场调研、社交媒体分析等方式获取，以了解组织在消费者心目中的形象和知名度。可以将结果按品牌属性、地域等进行细分，以便更好地分析和比较不同品牌或地域的情况。

在总结绩效结果时，应该提供适当的对比性数据，以便更好地说明组织的表现和优劣势。可以使用柱状图、折线图、饼图等方式进行可视化呈现，同时也可以加入文字说明和注释，帮助管理人员更好地理解和分析数据。

条款引用

4.7.3.2　顾客方面的结果

顾客方面的结果应包括但不限于以下方面：

a）顾客满意的关键绩效指标的当前水平和趋势；

b）顾客满意与竞争对手和本行业标杆对比的结果；

c）顾客忠诚的关键绩效指标的当前水平和趋势。

条款解读

以顾客为中心的结果应与4.3.3中相关的关键绩效指标相对应，其数据及对比数据可来源于组织自身、顾客或第三方独立评价机构：

（1）顾客满意的关键绩效指标及其当前水平和趋势，包括按照具体测评项目、顾客群及细分市场等而进行的细分数据。衡量顾客满意的关键绩效指标包括顾客满意度、顾客投诉及时响应率和有效解决率、顾客投诉响应时间和有效解决时间等。

（2）顾客满意与竞争对手和本行业标杆对比的结果，必要时包括细分数据的对比，以利于寻找改进机会。

（3）顾客忠诚的关键绩效指标及其当前水平和趋势。衡量顾客忠诚的关键绩效指标包括顾客忠诚度、留住顾客、获得积极推荐和与顾客建立关系的其他方面，如来自顾客和第三方独立评价机构的评价、表彰和授奖等。

条款引用

4.7.3.3　市场结果

4.7.3.3.1　市场的关键绩效指标的当前水平和趋势，可包括市场占有率、市场地位、业务增长或新增市场等。

4.7.3.3.2　市场绩效与竞争对手和本行业标杆的对比结果，在国内外同行业中的水平。

✎ **条款解读**

市场结果指的是组织在市场中所处的位置，包括市场占有率、市场排名、业务增长率、新增市场区域及出口、电子商务销售收入等指标。

市场绩效也要与竞争对手和本行业标杆进行对比，以反映在国内外同行业中的水平，必要时包括细分市场的结果对比，以利于组织寻找改进机会。

四、财务结果

🔍 **条款引用** ≫≫≫ ————————————————————————————— ≫≫≫

4.7.4　财务结果

组织在财务绩效方面的关键绩效指标的当前水平和趋势，可包括：主营业务收入、投资收益、营业外收入、利润总额、总资产贡献率、资本保值增值率、资产负债率、流动资金周转率等综合指标。必要时按行业特点、不同产品和服务类别或市场区域分别说明。其中应包括适当的对比性数据。

✎ **条款解读**

（一）关键绩效指标

1. 主营业务收入

主营业务收入是指企业从事本行业生产经营活动所取得的营业收入。要重点关注以下3个方面：

（1）确定主营业务收入的合理性。首先进行相关比较分析，如收入增长率、销售毛利率、销售利润率等；其次关注资产负债表日后有无大额或连续的退货，并查明这些退货是否为年末集中"销售"部分；再次注意收入和费用的确认方式或确认时间的一致性，关注公司是否客观地按进度划分销售收入实现比率；最后要关注收入与应收账款的比率，如果应收账款的增幅高于营业收入，意味着公司放宽信用条件以刺激销售，存在风险。

（2）确认主营业务收入的结构。重点分析产品品种构成、产品地区构成、关联交易的比重以及促销手段对收入的贡献。

（3）主营业务收入的趋势分析。要对企业收入进行连续若干年的趋势分析，以判断其收入的稳定性。只有收入较为稳定或稳步增长的企业，其生产和再生产才能正常进行。

2. 投资收益

投资收益包括对外投资所分得的股利、利润和债券利息，投资到期收回或中途转让所得款项高于账面价值的差额，以及按权益法核算的长期股权投资在被投资单位增加的净资产中所拥有的数额等。

如果企业采用权益法，其投资收益是根据被投资单位当期实现的净利润应享有的份额计算的，并不是"真正"放在企业"口袋"里的收益，仍然"存放"在被投资企业中。投资收益的稳定性相对比较差，存在着较高的风险。因此，在分析企业财务状况时，要充分考虑到投资收益的这一特点，冷静、谨慎地判断和预测企业未来的投资收益。

3. 营业外收支

营业外收支是指企业发生的与生产经营无直接关系的各项收支，主要包括处置非流动资产、非货币性资产交换、捐赠、罚款等利润和政府补助等；企业发生的与企业生产经营无直接关系的各项支出，包括非流动资产处置损失、盘亏损失、罚款支出、公益性捐赠支出、非常规损失等。

营业外收入的稳定性是较差的，不能根据这部分收益来预测企业未来的利润水平，在对企业的财务情况进行分析时，应排除营业外收入的影响。营业外收入占总收入的比例不应过大，如果比例过大，超过了正常经营收入，说明企业的盈利结构可能出现了问题。

4. 研发费用

企业研发费用指企业在产品、技术、材料、工艺、标准的研究、开发过程中发生的各项费用。具体包括研发人员的薪资及其他人事费用、材料成本和已消耗的劳务成本、设备与设施的折旧费、制造费用的分配及其他成本等。根据研发费用支出对象的不同，研发费用支出可划分为研发设计费和工艺技术费。

衡量研发费用的常用指标是研发费用率，但与其他费用不同的是，研发是一把双刃剑。研发费用率较高的企业大多分布在高科技行业、医药行业；但对于很多企业来说，高研发费用成了利润提升的阻力。所以，分析研发费用，定性比定量更重要，需要深入每个研发项目，评估项目本身的成功率与前景。此外，还需要关注研发资本化和费用化。我国会计准则对研发支出处理分为两大部分：一是研究阶段发生的费用及无法区分研究阶段研发支出和开发阶段的研发支出全部费用；二是企业内部研究开发项目开发阶段的支出，能够证明符合无形资产条件的支出资本，分期摊销。要深入分析资本化和费用化区分的合理性与操纵利润的可能性。

（二）四大财务能力

1. 盈利能力

盈利能力是指企业获取利润的能力，也称为企业的资金或资本增值能力，通常表现为一定时期内企业收益数额的多少及其水平的高低。主要有如下指标：

$$净资产收益率 = 净利润/平均净资产 \times 100\%$$

净资产收益率是反映盈利能力的核心指标。因为企业的根本目标是所有者权益或股东价值最大化，而净资产收益率既可直接反映资本的增值能力，又影响着企业股东价值的大小。

$$总资产报酬率 = （利润总额 + 利息支出）/平均总资产 \times 100\%$$

总资产报酬率是指企业一定时期内获得的报酬总额与资产平均总额的比率。它表示企业包括净资产和负债在内的全部资产的总体获利能力，用以评价企业运用全部资产的总体获利能力，是评价企业资产运营效益的重要指标。

$$每股收益=（本期净利润-优先股股利）/年加权平均总股本$$

每股收益即每股盈利，指税后利润与股本总数的比率，是普通股股东每持有一股所能享有的企业净利润或需承担的企业净亏损。每股收益通常被用来反映企业的经营成果，衡量普通股的获利水平及投资风险，是投资者等信息使用者据以评价企业盈利能力、预测企业成长潜力，进而做出相关经济决策的重要指标。

2. 营运能力

企业营运能力主要指企业营运资产的效率与效益。营运资产的效率通常指资产的周转速度。营运资产的效益则指营运资产的利用效果，即通过资产的投入与其产出相比较来体现。主要有如下指标：

$$总资产周转率=营业收入/平均总资产×100\%$$

总资产周转率是企业一定时期的销售收入净额与平均资产总额之比。它是衡量资产投资规模与销售水平之间配比情况的指标。运用总资产周转率分析评价资产使用效率时，还要结合销售利润一起分析。对资产总额中的非流动资产应计算分析。总资产周转率越高，说明企业销售能力越强，资产投资的效益越好。

$$存货周转率=销售成本/存货平均余额×100\%$$

存货周转率是企业的主营业务成本和平均存货余额的比值。该指标用来反映存货的流动性和存货资金占用量是否合理，该指标的提高也意味着企业提高了资金的使用效率，增强了企业的短期偿债能力，同时也反映了企业的销售状况和产品竞争力。

$$应收账款周转率=赊销收入净额/应收账款平均余额×100\%$$

应收账款周转率是指企业主营业务收入与应收账款平均余额的比值，一般来说，应收账款周转率越高，应收账款变成现金的速度就越快，企业收回现金用于继续经营的效率就越高，一般优质企业的应收账款就比较低。

3. 偿债能力

偿债能力是指企业用其资产偿还长期债务与短期债务的能力。企业有无支付现金的能力和偿还债务能力，是企业能否健康生存和发展的关键。企业偿债能力是反映企业财务状况和经营能力的重要标志。主要有如下指标：

$$资产负债率=负债总额/资产总额×100\%$$

资产负债率是企业负债总额占企业资产总额的百分比。这个指标反映了在企业的全部资产中由债权人提供的资产所占比重的大小，反映了债权人向企业提供信贷资金的风险程度，也反映了企业举债经营的能力。

$$流动比率=流动资产/流动负债$$

流动比率用来衡量企业流动资产在短期债务到期前，可以变为现金用于偿还负债的能力。流动比率越高，说明企业资产的变现能力越强，短期偿债能力亦越强。但流动比率越高，也表明资产占用多，影响经营资金周转效率和获利能力。

4. 发展能力

企业发展能力通常是指企业未来生产经营活动的发展趋势和发展潜能，也可以称之为增长能力。企业应该追求健康的、可持续的增长，从而实现股东财富增加，进而增加企业价值。主要有如下指标：

$$资本保值增值率=期末所有者权益/期初所有者权益×100\%$$

资本保值增值率是指扣除客观增减因素后的本年末所有者权益的比率。其反映了投资者对企业资本投资的安全性和成长性。一般来说，指数数据越高越好。

$$销售增长率=本期资产增加额/资产期初余额×100\%$$

销售增长率是分析企业成长状况和发展能力的基本指标，若其为正数，则说明企业本期销售规模增加，营业收入增长，销售情况好；销售增长率为负数，则说明企业销售规模减小，销售出现负增长，销售情况较差。

$$资产增长率=本期资产增加额/资产期初余额×100\%$$

资产增长率越高，表明企业一定时期内资产经营规模扩张的速度越快。但在分析时，需要关注资产规模扩张的质和量的关系，以及企业的后续发展能力，避免盲目扩张。

五、资源结果

条款引用 》》》

4.7.5 资源结果

组织人力资源方面的结果，应包括工作的组织和管理、员工绩效管理、员工学习和发展、员工权益与满意程度等方面的关键绩效指标的当前水平和趋势。其中应包括适当的对比性数据。

组织在人力、财务、信息和知识、技术、基础设施和相关方关系等资源方面的关键绩效指标的当前水平和趋势。其中应包括适当的对比性数据。

条款解读

资源结果是企业利用《卓越绩效评价准则》（GB/T 19580—2012）实施经营管理评价，对企业资源管理相关活动进行监测测量的结果。

（1）人力资源结果应是条款 4.4.2 中各项活动相应的结果。包括工作和管理方面的关键绩效指标，如简化管理层级和岗位数量、组建跨职能小组的数量、员工流失率、员工晋升率等的变化情况；员工绩效管理方面指标，如全员劳动生产率、人均利税率、员工薪酬增长率、对员工各种类型的表彰和奖励等实际情况；员工学习与发展的关键绩效指标，如人均培训时间和经费投入、员工培训满意度、培训前后绩效对比、交叉培训和职业发展等涉及员工学习、进步的方面；员工权益与满意度的绩效指标，如员工职业健康与安全指标，员工保险费用、休假天数、福利支出，以及员工满意度及细分结果，还包括技术创新、合理化建议和QC小组的数量等指标情况。

（2）财务资源结果应是条款4.4.3中各项活动相应的结果。包括预算准确率、应收账款回收率、资金周转率、财务成本等指标。

（3）信息和知识资源结果应是条款4.4.4中各项活动相应的结果。包括信息系统投资额、软件系统的开发和应用情况；知识资产的积累、分享和应用、最佳实践的识别和推广，以及软硬件的可靠性、安全性和易用性等方面的指标。

（4）技术资源结果应是条款4.4.5中各项活动相应的结果。技术资源结果的关键绩效指标可以包括：研究经费支出及其占销售收入的比例、新产品产值率、专利数量、科技进步奖数量等标志性成果。适合用表格形式列出来，包括技术研究平台（如国家级技术中心、博士工作站、产学研合作等）、纵向和横向研发经费（如科技部重点研发计划项目、省科技厅重大项目或联合攻关项目等）、各级政府的科技进步奖等，要能够反映出企业的当前技术水平和趋势，其中包括适当的对比性数据，说明公司的核心竞争力情况和行业地位。

（5）基础设施资源结果应是条款4.4.6中各项活动相应的结果。基础设施的关键绩效指标包括：基础设施的完好率、利用率、办公场所和厂房面积、关键设备数量、基本建设投资额、技术改造投资额等标志性成果。适合用表格形式列出来，包括一些关键设备在行业中的先进程度（如国际领先、行业领先）、实现的功能、生产线的效率，检验、检测设备的先进程度和能力，以及公司对设施设备的维护保养制度、记录等，总之要能够反映企业的当前水平和趋势，其中包括适当的对比性数据。

（6）相关方关系结果应是4.4.7中各项活动相应的结果。在企业的战略目标实现和经营管理有效实施过程中，相关方关系资源成为至关重要的影响因素。企业与其利益相关方的关系可能会受到企业经营行为的影响，并对企业的业绩产生影响。相关方关系绩效指标包括：与相关方的技术贸易额、所有者权益收益率、每股红利、供应商总数量、长期合作供应商和合作伙伴的数量或比例、战略联盟的数量、聘请专业咨询机构的数量、顾客满意程度、员工满意程度等。这些指标能够反映企业与相关方之间是否建立了合作共赢的关系。

通过测量相关方关系资源的绩效指标值，并进行纵向对比和水平对比，企业能够及时发现经营管理中的不足和差距，确定改进方向并做出适当的调整，以确保战略的实施和目标的实现。因此，相关方关系资源结果的有效性对于实现企业战略目标具有重要的保障作用，通过与相关方建立良好的合作关系，企业可以更好地利用其资源，增强企业竞争力，并在持续经营中获得成功。

六、过程有效性结果

条款引用》》》

4.7.6 过程有效性结果

组织在反映关键过程有效性和效率方面的关键绩效指标的当前水平和趋势，应包括全员劳动生产率、质量、成本、周期、供方和合作伙伴绩效以及其他有效性的测量结果。适当时，将结果按产品和服务类别或市场区域加以细分。其中应包括适当的对比性数据。

条款解读

在4.7.6条款中，过程有效性和效率是对企业战略目标实现和经营管理影响深远的主要绩效结果。中小企业应制定符合实际情况的测量指标，并列举提供当前指标水平和最近3年的实际数据，以说明企业在主要价值创造过程（如人力资源管理、研发设计、生产管理、营销管理、财务管理等）和关键支持过程以及战略实施过程的效果和效率。这些指标反映了企业战略制定的可行性、适宜性和科学性，比如市场响应速度、研发和生产周期的缩短程度、资金流动速度等，同时也用于评价企业的运行效率，为企业进一步优化提供改进机会。

评估过程有效性是实现企业持续改进的基础，通过关键过程进行评估。企业可以识别和解决问题，从而提高效率、降低成本，同时改善产品或服务质量，进而提高自身的竞争力。

（一）研发过程有效性

研发过程是多数企业运营管理核心流程之一，同时也是体现企业竞争力的关键因素。一个高效的研发过程旨在将资源投入有效地转化为最有价值的产出。因此，企业针对研发过程，必须对其进行有效的管理、控制、改进和创新，不断提高研发过程的有效性和效率，以实现卓越的绩效。

企业可以通过描述一系列关键绩效指标来评估研发过程的有效性和效率，例如新产品的设计周期、新产品的数量、新产品研发设计成功率、新产品销售收入占比、产品标准化系数、工艺控制达标率、一次通过率、质量达标率、项目计划完成率、研发周期或研发周期偏差率等。这些指标能够反映企业在研发过程中的实际情况和发展趋势，从而帮助企业了解其研发活动的效果和效率水平。通过对研发过程绩效指标进行监测和分析，企业可以发现潜在问题和改进空间，进而采取适当措施来提高研发过程的效能和效率。

（二）采购过程有效性

采购供应过程有效性结果可基于文字和图表的形式，用进货合格率、物料准时交付率、物料问题闭环率等方面关键绩效指标的当前水平和趋势，反映供应商管理水平的有效性结果；用采购成本降低率、原材料库存周转次数等方面关键绩效指标的当前水平和趋势反映采购成本和采购效率的结果。

（三）生产过程有效性

"生产过程"结果属于卓越绩效评价管理标准中的"过程有效性"结果的范畴，因此，生产过程的要求与确定、生产过程的设计、生产过程的实施与改进，以及取得的结果是主要内容。对于制造型企业，生产过程多被识别为"关键过程"，在其他资源支持下，或优化配置资源的基础上完成产品生产的全部过程及对应的结果。本条款需要说清楚生产过程有效性结果，应该根据具体情况将生产过程的有效性和效率方面的关键绩效指标的当前水平和趋势讲清楚。比如生产过程的一次合格率、准时交货率、产量、质量、生产周期、生产成本等列表展示。"结果"是通过"测量"获得的，还需要将更长一段时间内的结果和效率进行比较，横向与竞争对手对比，分析在行业中的地位和竞争力。

七、领导方面的结果

条款引用 >>>>

4.7.7 领导方面的结果

组织在领导方面的绩效结果，应包括实现战略目标、组织治理、公共责任、道德行为以及公益支持等方面的绩效结果。必要时按业务单元加以细分。其中应包括适当的对比性数据：

a）在实现战略目标方面的关键绩效指标的当前水平和趋势；

b）在组织治理方面的关键绩效指标的当前水平和趋势；

c）在公共责任方面的关键绩效指标的当前水平和趋势；

d）在道德行为方面的关键绩效指标的当前水平和趋势；

e）在公益支持方面的关键绩效指标的当前水平和趋势。

条款解读

本条款评价企业在领导方面的关键绩效结果，对应"4.1 领导"条款中涉及过程的结果，企业可根据业务单元性质的不同区分，明确各关键绩效指标的当前水平和发展趋势，在战略实施、组织治理、共同责任、道德行为以及公益支持等方面的关键绩效结果还应包括适当的对比数据。企业还应考虑各关键绩效指标之间的统一协调，避免出现指标顾此失彼的情况。

领导方面的结果如下：

（1）实现战略目标方面的关键绩效指标包含了"4.2 战略"中战略制定、战略部署等过程所确定的关键绩效结果，包括战略完成率、战略目标达成率、战略行动计划完成率等；

（2）组织治理方面的关键绩效指标应围绕"4.1.3 组织治理"识别的过程所确定的关键绩效结果，包括内外部审核结果、股东及其他相关方利益保护、信息披露合规性等；

（3）公共责任方面的关键绩效指标围绕企业对质量安全、环保、节能、资源综合利用、公共卫生等方面所确定的关键绩效结果，包括万元产值能耗及水耗、原材料等资源利用率、职业健康和安全事故率、产品质量安全事故及应急响应等；

（4）道德行为方面的关键绩效指标主要围绕企业如何确保遵守诚信准则和建立信用体系所涉及过程的关键绩效结果，包括诚信等级、违背道德规范的事件数、企业的诚信等级评估等；

（5）公益支持方面的关键绩效指标主要围绕企业如何支持公益事业所涉及过程的关键绩效结果，包括企业对文化、教育、卫生、慈善、社区、行业发展和环境保护等公益事业的支持指标，如捐助金额、无偿献血等。

第三节 案例分析

一、产品和服务结果案例

（一）产品质量控制情况

××公司始终坚持质量第一，主营特种电缆产品，各项检测指标均优于国家标准，部分产品质量及技术性能达到国内领先水平，多年未出现一起产品质量安全事故，产品出厂一次交验合格率逐年提高，在电线电缆产品全国联动及市场抽查中合格率为100%。

（二）技术创新成果

××公司拥有安徽省企业技术中心和安徽省电子辐照工程技术研究中心两大研发平台和CNAS认可实验室，与西安交通大学、哈尔滨理工大学、上海电缆研究所等建立了稳定的产学研战略合作。截至目前，已完成国家火炬计划1项，获得34个省级科技成果、4项省级新产品鉴定、23项高新技术产品。参与国标制定2项、团标制定2项、地标制定4项，获得国家专利56项（其中发明专利11项）。

【案例分析】

以上案例对"结果"的描述虽然不全面，但在产品控制、技术创新成果方面基本展现出来了。

二、顾客与市场结果案例

××公司从顾客和市场的角度了解产品的绩效结果，通过对产品基本性能的可靠性试验和顾客的感知评价测量产品的绩效，详见表9.2、表9.3所列。

表9.2 主要产品和服务结果及趋势

主要技术指标	2018 年	2019 年	2020 年
额定制冷量	98.3%	99.5%	100.6%
额定制冷消耗功率	99.1%	99.7%	100.8%
额定中间制冷量	101.2%	103.7%	104.4%
额定中间制冷消耗功率	96.8%	97.6%	98.4%
额定制热量	98.3%	99.8%	101.8%
额定制热消耗功率	100.9%	102.3%	103.7%
额定中间制热量	101.1%	102.5%	102.9%
额定中间制热消耗功率	98.7%	99.2%	99.5%
全年能源消耗效率	5.01	5.17	5.28

表9.3 与竞争对手比较结果

主要技术指标	A 公司	B 公司	C 公司	D 公司
额定制冷量	100.6%	96.8%	97.3%	97.69%
额定制冷消耗功率	100.8%	99.7%	100.5%	101.36%
额定中间制冷量	104.4%	96.01%	97.5%	96.03%
额定中间制冷消耗功率	98.4%	98.1%	99.8%	102.55%
额定制热量	101.8%	95.7%	97.9%	96.55%
额定制热消耗功率	103.7%	100.8%	101.5%	101.2%
额定中间制热量	102.9%	98.3%	99.5%	99.64%
额定中间制热消耗功率	99.5%	99.1%	100.9%	101.43%
全年能源消耗效率	5.28	4.37	5.02	4.58

【案例分析】

以上案例从顾客与市场的角度基本展现了"主要产品和服务结果及趋势",以及与竞争对手比较方面的结果,说明了问题或存在的结果,有利于公司发现创新的机会。

三、财务结果案例

GL 电器是一家集研发、生产、销售、服务于一体的国际化家电企业,2020—2022 年的主要财务指标显示主营业务收入呈现稳步上涨的趋势,主营业务稳定发展。投资收益和营业外收入呈现波动趋势,稳定性较差。研发费用的投入也一直持续增长,较为重视研发的投入。其主要财务指标见表9.4 所列。

表9.4 GL 电器主要财务指标　　　　　　　　　　　　　单位:亿元

主要财务指标	2020 年	2021 年	2022 年
主营业务收入	1681.99	1878.69	1889.88
投资收益	7.13	5.22	8.69
营业外收入	2.87	1.54	0.60
营业外支出	0.22	0.28	1.26
研发费用	60.53	62.97	62.81

2022 年,GL 电器在国内的主要竞争对手为 MD 集团和 HE 智家,对比这 3 家上市公司的主要财务指标,GL 电器净资产收益率属于领先地位,盈利能力较强,但存货周转率较低,需要加强存货的周转速度。资产负债率和流动比率在 3 家上市公司中都处于较低水平,相比其他 2 家,公司的财务风险较高。资本保值增值率为 94.39%,小于 1,说明企

业资本保全状况越差，所有者权益呈现负增长。具体见表9.5所列。

表 9.5　2022 年 GL 电器与主要竞争对手财务分析指标对比

财务分析指标	GL 电器	MD 集团	HE 智家
净资产收益率（%）	24.19	22.21	16.81
总资产报酬率（%）	7.53	7.64	7.91
每股收益（元）	9.65	4.08	12.06
存货周转率（%）	3.36	5.20	4.08
应收账款周转率（%）	13.18	11.02	9.11
资产负债率（%）	71.30	64.05	59.84
流动比率（%）	1.18	1.27	1.10
资本保值增值率（%）	94.39%	112.68%	116.81%

【案例分析】

以上案例对 GL 电器的财务结果进行了描述，重点反映了 2020—2022 年的主要财务指标和发展趋势；并且与国内主要竞争对手进行对比分析，寻找差距和存在的风险。其基本能够说明财务结果的"趋势和水平"以及在行业中的地位。

四、资源结果案例

（一）人力资源结果

××公司秉着以人为本的核心价值观，关注员工的人岗匹配度、员工的满意度和员工的职业发展。几年来，随着公司业绩提高和管理改善，各项指标均呈现良好发展状态，详见表 9.6 所列。

表 9.6　人力资源指标情况

项　目	2019 年	2020 年	2021 年	2022 年目标
员工晋升率（%）	3.5%	4.3%	4.4%	5.0%
组建跨职能小组数量（个）	3	5	6	7
战略人才引进数量（位）	12	15	24	35
关键岗位员工流失率（%）	6.7%	5.3%	5.3%	5.0%
管理人员占比（%）	8.42%	8.31%	8.03%	8%
员工薪酬增长率（%）	46.0%	12.0%	13.0%	15.0%
奖励金额（万元）	607	625	746	800
人均培训时间（课时）	45	62	83	100

（续表）

项　目	2019 年	2020 年	2021 年	2022 年目标
人均培训经费（元）	268	185	356	500
员工培训满意率（%）	75.3%	76.6%	83.6%	85.0%
员工交叉培训人次（人次）	1652	1897	2680	3500
技术通道晋升人数（人次）	12	16	18	20
管理通道晋升人数（人次）	4	5	8	10
内训师（位）	24	28	32	40
全员劳动生产率（万元/人年）	130.4	121.45	144.94	160
员工福利总额（万元）	29.36	65.54	371.4	450
保险费用（万元）	295.33	176	565.05	650
医疗互助金总额（万元）	25.4	27.2	45.8	52
职工健康体检率（%）	92%	95.4%	98%	100%
员工休假天数（天）	90	109	120	120
技术创新项目（项）	12	15	19	25
合理化建议（条）	353	421	534	600
QC 小组数量（个）	2	6	9	15

（二）财务资源结果

近年来财务资源运行良好，详见表9.7所列。

表9.7　公司财务资源结果

指　标	2019 年	2020 年	2021 年
预算准确率（%）	95	95	95
应收账款回收率（%）	64.92	62.34	56.99
流动资金周转率（%）	98.26	57.69	33.03
资本保值增值率（%）	143.89	252.90	106.32
存货周转率（%）	194.04	262.47	254.56
成本费用利润率（%）	40.34	36.71	37.21

（三）信息和知识资源结果

近年来，公司在信息化资源方面加大投入，构建了促进知识共享、创新的知识平台，公司信息资源结果详见表9.8所列。

表 9.8 信息资源结果

项 目	2019 年	2020 年	2021 年
信息系统（软硬件）投资额（万元）	80	600	630
信息知识共享及时率（%）	90.0	91.5	92.0
网络故障时间（小时/年）	36	32.2	20
重要文件加密率（%）	80.0	88.4	90.0
隐性知识转化项数（项/年）	5	8	10

（四）技术资源结果

公司是国家高新技术企业，依托两大研发平台和产学研合作的研发机构进行技术开发。两大研发平台是省级企业技术中心、省级工业设计中心。产学研合作机构包括：与大连理工大学组建的 CCUS 联合研发中心、与北工大共建的低温 SCR 催化剂实验室、与安徽工业大学共建的低温脱硝工程中心。

1. 研发投入

公司坚持以市场为导向，积极推进技术创新工作。研发投入结果详见表 9.9 所列。

表 9.9 研发投入结果

指标项目	2019 年	2020 年	2021 年
研发经费与销售收入占比（%）	6.11	6.05	涉及年报披露

2. 技术成果

通过研发平台建设、技术研发经费的不断投入，公司在技术方面取得了很好的绩效结果，多项技术达到国际领先水平，荣获安徽省科技进步三等奖 1 项。公司总体技术成果详见表 9.10 所列，部分核心技术详见表 9.11 所列。

表 9.10 总体技术成果

指标项目	2019 年	2020 年	2021 年
技术创新奖项（项）	6	3	4
专利获得数（项）	12	33	21
新产品产值率（%）	55	50	55

表 9.11 部分核心技术

序号	核心技术名称	水平
1	烧结机头烟气低温 SCR 脱硝技术	国际领先
2	低温催化剂制备技术	国际领先
3	工业炉窑烟气脱硝催化材料关键技术	国际先进
4	焦炉烟道气脱硫脱硝工艺	国际先进

（续表）

序号	核心技术名称	水平
5	焦炉烟气中低温选择性催化还原（SCR）脱硝技术	国内先进
6	焦化烟气旋转喷雾法脱硫+SCR脱硝技术	国内先进

3. 参与制定国家、行业标准

基于公司在技术方面的领先水平，公司多次参与国家标准的制修订，制定行业标准1项、团体标准3项，为行业发展提供了技术支持。

4. 专利申请结果

公司注重知识产权和技术诀窍的积累，截至2021年底，共获得授权专利133项，其中发明专利8项；拥有软件著作权3项。

（五）基础设施结果

公司注重对基础设施的投入，不断增加公司的竞争力，保障业务快速发展。2019—2021年基础设施资源配置情况见表9.12所列。

表9.12　基础设施资源配置情况

项目	2019年	2020年	2021年
办公场所及厂房面积（平方米）	51000	58500	99800
关键设备数量（个）	135	177	202
基本建设投资额（万元）	10388.2	5135.58	13418.55
设备改造投入（万元）	0	0	84.66
设备购置投入（万元）	502.34	523.05	2248.95
主要设备完好率（％）	89%	94.5%	97.8%
主要设备利用率（％）	88%	92%	95%
设备保养计划达成率（％）	80%	85.7%	90.6%

（六）相关方资源结果

公司2019—2021年相关方资源方面的主要结果见表9.13所列。

表9.13　相关方资源一览表

项目	2019年	2020年	2021年
供应商总数（个）	377	455	525
长期合作供应商数（个）	113	210	155
战略供方数（个）	30	35	40
战略合作伙伴数（个）	3	7	10

【案例分析】

以上案例是该公司"人力资源结果""财务资源结果""信息和知识资源结果""技术资源结果""基础设施结果""相关方资源结果"等全部资源结果的举例说明，从表面上看非常全面，但是描述不透彻，只是说明了"近几年的纵向指标"（自我的比较），尚未与国内外主要竞争对手，或标杆进行对比，难以说明在行业中的地位以及存在的差距。

五、过程有效性结果案例

××公司为了不断赶上或超越竞争对手，不断加大产品研发投入。经过多年的研发创新，其某产品性能已经超越竞争对手，并且公司的新产品产值不断增加，详见表9.14和表9.15所列。

表9.14　某产品性能与竞争对手比较

某产品		屈服强度（MPa）	抗拉强度（MPa）	延伸率（%）	冲击（J）
M275B	本公司产品	285	420	30	50
	竞争对手产品	260	405	30	45
M350B	本公司产品	410	570	25	50
	竞争对手产品	400	540	23	40

表9.15　某产品产值增长情况

项目	2019年	2020年	2021年
占总收入的比例（%）	3.4	8	9.2
占总利润的比例（%）	9.5	20	24

【案例分析】

以上案例对该公司的"研发过程结果"进行了描述，并且与竞争对手进行了对比分析。由于只是说明了"研发过程结果"，并未表明公司运营的全部"关键过程"结果，所以不能全面反映出公司"关键过程"有效性的结果。

自 我 评 价

　　自我评价是一种"自我诊断"的方式。自我评价是指组织自觉地对其活动和结果进行全面、系统、定期的评审，以寻找存在的不足并为自我改进、追求卓越而采取措施。这种评价是一种内部评审过程，可以采用多种形式和方法，如问卷调查、访谈、数据分析等，以获取客观的数据和信息。

　　组织自我评价的目的是识别自身的优势和改进机会，制定有效的改进计划和战略。通过自我评价，可以不断提高绩效和竞争力，保持敏锐的市场洞察力和创新能力，适应不断变化的环境和市场需求。

　　在进行自我评价时，组织应该建立一套科学、规范的评价体系和流程，确保评价结果的可靠性和有效性。组织也应注重员工的参与和反馈，鼓励员工提出建设性的意见。

第一节　开展卓越绩效管理自我评价的意义

　　企业开展卓越绩效自我评价具有如下重要意义：

　　（1）明确企业发展目标和方向。通过卓越绩效管理自我评价，中小企业可以清晰地了解自己的优劣势，并对未来的发展目标有更明确的规划和方向。

　　（2）增加企业的竞争力。卓越绩效管理自我评价可以帮助中小企业发现改进机会，针对改进机会进行问题分析与改善，以提升企业的综合竞争力。

　　（3）提高管理水平和效率。通过卓越绩效管理自我评价，中小企业可以不断地改进管理方式和方法，提高企业的管理水平和工作效率，从而提高产品质量和企业运营效益。

　　（4）增强员工参与和责任感。卓越绩效管理自我评价需要有员工的全力配合，这样可以增强员工的参与度和责任感，从而促进企业内部的凝聚力。

　　（5）中小企业开展卓越绩效管理自我评价活动，既是企业系统的管理改进、优化和完善的过程，又是企业追求卓越发展的长期目标、卓越文化不断提升的过程。

中小企业开展卓越绩效管理自我评价应当基于自我评价识别出来的优势和改进机会，实施改进与创新活动，内容包括但不限于：

（1）根据自评报告提出的改进建议，经最高管理者确认后，由自评小组编制下达改进计划。

（2）涉及改进计划的部门应积极组织实施，改进过程可参见"4.6 测量、分析与改进"中所用的管理工具和方法。

（3）自评小组对改进计划进展进行跟踪，并对其实施过程及效果进行评价，以改进自评活动，提高自评有效性。

企业对短板（改进机会）的改进，能确保所盛放的水（企业综合竞争力）足够高（木桶效应），同时也应抓住时机，巩固并增高长板（优势），持续不断地进行 PDCA 循环，可以使短板不断补高、长板更长，使木板之间的整合更好，以保持企业经营绩效螺旋式上升，达到持续追求卓越的过程。

第二节　开展卓越绩效管理自我评价的流程

企业卓越绩效管理自我评价需要详细的计划，通常分为准备阶段、自评实施阶段和总结评价阶段，如图 10.1 所示。

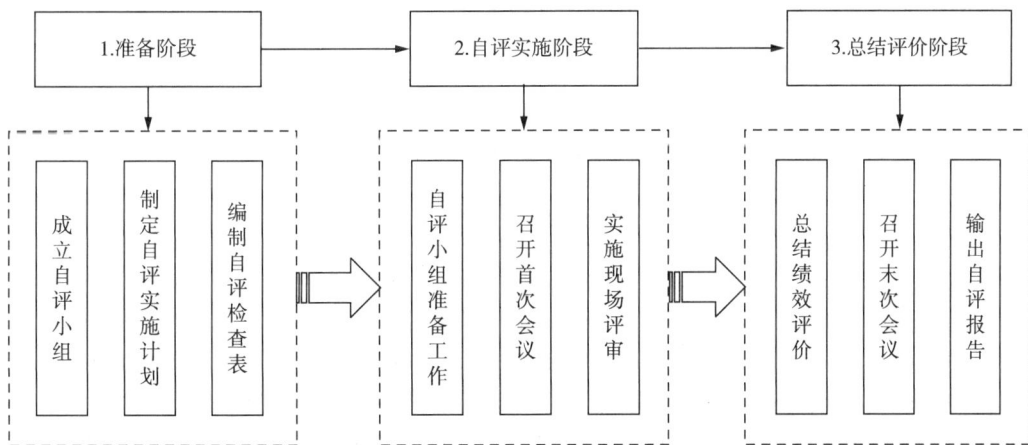

图 10.1　企业卓越绩效管理自我评价流程

一、准备阶段

准备阶段的主要内容包括：确定自评小组、制定自评实施计划、编制自评检查表。

（一）成立自评小组

企业高层应支持自我评价工作的持续开展。自评小组统筹开展自评工作，其职责内容包括但不限于以下方面：

（1）按组织年度工作计划进行自评策划，并配置相应的资源；

（2）各成员按照职能要求，认真做好自评前的准备工作；

（3）组织开展现场评审实施活动，协调内外部相关的评审事宜；

（4）科学客观公正地组织撰写自评总结；

（5）充分运用质量管理工具和方法组织开展自评结果的改进与创新活动。

（二）制定自评实施计划

自评小组应编制自评实施计划，明确自评启动时间、现场评审日程、自评输出结果，评审范围、评审要求，涉及场所、自评组分工及评价部门、责任人等。

企业根据自身经营管理情况，每年组织一次全面评价，具体开展时间根据企业规模等因素自行决定。

自评方式可分为自主式、外包式和半外包式。自主式，即企业自主独立开展自评管理活动。外包式，即企业可全部委托第三方机构开展自评管理活动。半外包式，即企业可聘请第三方机构资源，协同开展自评管理活动。

（三）编制自评检查表

自评小组应在现场自评前编制自评检查表，自评检查表具有如下作用：

（1）保持明确的评审目标。现场评审中会出现各种各样的问题或非预期的场景，这些会影响评审员的注意力，很容易偏离评审方向。借助评审检查表，评审人员可以保持清醒的思维，自始至终地抓住评审的主题事项或评审方向。

（2）明确评审有关的样本。评审采用的主要方法是抽样检查。抽什么样本、数量多少、如何抽样等问题都要通过编写检查表解决，而且这一切都要为评审目的服务。

（3）确保评审的系统完整。在评审组内，评审组成员所承担的评审任务各有分工，只有组合起来才构成质量管理系统和完整的评审。现场评审时，评审员主要依据检查表进行评审，避免评审内容的遗漏，确保评审工作的系统性和完整性。

（4）保持评审节奏连续。现场评审是一项节奏紧张的活动，依据检查表的安排，自评师可以控制时间、掌握节奏，防止现场评审出现停滞、跳跃等情况，保证评审的正常节奏和连续性。

（5）确保评审的规范化。依据评审检查表提出问题，易于使评审保持连续性和系统性，也使所提出的问题有的放矢，且使受评审人员感到自评师的评审有针对性和有充分的准备，减少评审工作的随意性和盲目性，体现出评审工作的专业性和规范性。

（6）确保评审的详细记录。检查记录表可以反映评审小组成员评审的内容，翔实的记录便于后续的追溯管理。

二、自评实施阶段

自评实施阶段的主要内容包括：自评小组准备工作、召开首次会议、实施现场评审。

（一）自评小组准备工作

组织按照其规模、组织结构、自评要求等确定自评准备会议参加人员。会议应由最高管理者主持，确定相关准备事项。

自评小组应根据"过程与结果"的评价方法，针对评价主题，进一步运用看、查、访、谈、验、抽等方法，为自评收集更准确信息。

（二）召开首次会议

企业在开展自我评价前应由自评小组主导，召开由最高管理层和各部门负责人员参加的卓越绩效管理自我评价首次会议，介绍自评实施计划与评审要点。

（三）实施现场评审

自评人员实施评审的方法可分为面谈、观察、查阅、抽样。

1. 面谈

面谈是指自评师与被评对象围绕职责、准则的要求进行面对面谈话的方法。面谈可以有提问、陈述、交流等方式。内容包括但不限于：

（1）提问要有利于引导对方展开信息，按不同主题选择采用"开放式提问""封闭式提问""澄清式提问""假设式提问"等提问方法；

（2）陈述、交流过程中可以抽样、沟通、澄清、发散、跟踪一些信息，以获取充分准确的真实信息。

2. 观察

观察是指自评师在评审中通过观察的方法获得相关信息的方法。可采用拍照、录音、录像等方式保持证据。内容包括但不限于：

（1）观察企业的运营过程、人员的各种活动行为方式；

（2）观察生产、工作、生活环境，以获取直观证据。

3. 查阅

查阅是指自评师通过查找和阅读相关资料获取相关信息的方法。查阅形式可以是书面的、影像的、声音的。查阅对象包括但不限于：

（1）企业规章制度、法律法规、标准规范等文件；

（2）各种可以公开的检验的、过程的、会议的记录，以及经营、市场、技术档案资料等。

4. 抽样

抽样是指自评师在评审中通过随机抽取的方法获取具有代表性的信息。

三、总结评价阶段

总结评价阶段的主要内容包括：总结绩效评价、召开末次会议、输出自评报告。

（一）总结绩效评价

自评小组内部交流信息、统一认识，通过对获得的信息对照准则要求进行分析评价，得到关于其优势、劣势、挑战、机遇，战略目标实现，业绩水平、趋势，以及改进方向机会的信息。

（1）对于申报质量奖的组织，需按照下列要求开展自评绩效评价。

自评小组应按方法–展开–学习–整合（A–D–L–I）针对准则 4.1 至 4.6 各过程条款，对过程进行评价；按适宜性、系统性、有效性对应准则要求方法进行评价。

将组织结果与目标、竞争对手或标杆所建立的评价参照水平-趋势-对比-整合（Le-T-C-I），针对准则4.7结果条款，对结果进行评价。

（2）自评小组采用独立评价、合议评价的方法进行自我评审，形成自我评价总结报告。

（二）召开末次会议

自评小组对整个自评活动过程进行总结，自评小组向组织报告当前成熟度、优势、劣势，并对改进提出建议。最高管理层应在末次会议中对自评工作开展情况及对后续改进方向做好总结与指示。

（三）输出自评报告

自评总结是企业对自评过程和自评结果的描述而形成的自评报告，可作为管理评审输入和为改进绩效采取相应行动的依据。自评总结由自评小组撰写，并向最高管理者报告。

自评报告内容包括但不限于：

（1）企业当前业绩及业绩分析、标杆对比、评价等，如业绩、水平、对比、趋势；

（2）企业当前竞争环境分析及预测，如组织在行业或市场中的地位、竞争环境、影响业绩的关键变化，组织面临的挑战、风险、机遇，组织的绩效创新、改进能力等；

（3）企业SWOT分析和描述，应用统计工具和方法，进行推理、判断分析；

（4）根据系统分析本次的自评结果提出改进方向、建议。

第三节　开展卓越绩效管理自我评价的方法

卓越绩效评价是一种诊断式的评价，既包括对企业的优势和改进机会的定性评价，又包括对总分1000分的定量评价。基于全方位对企业各层面的管理活动、经营成果进行定性分析和定量评价相结合，客观评价企业管理成熟度，识别出企业具有的核心优势和改进机会。

一、开展卓越绩效管理自我评价的方式

中小企业开展卓越绩效管理自我评价方式，主要包括内部评价和外部评价。内部评价是指由企业的自评师自行进行评价。内部评价是一种全面的组织诊断过程，旨在发现管理上的强项和待改进之处，系统性地识别内部管理的优势与提升机遇。对于中小企业而言，卓越绩效管理实施状况的调研问卷，将为下一阶段的专项改善工作提供决策基础，并助于确定改进项目的优先顺序。若有必要，推荐聘请相关领域的专家进行标准规范的解读与指导。这一措施将有助于保障自我评估的精确性与可信度，并协助组织更深入地理解及运用卓越绩效管理的理论与实践技巧。通过调查问卷来初步评估各部门实施卓越绩效管理的成效。各部门需要根据既定要求，描述当前组织的实际操作，并提供相应的文件资料作为支撑。在收集到初步数据之后，由自评小组组成的团队应该对每个部门进行分组访谈，逐一

核实当前操作的描述，并对相关的文件资料进行整理。同时，自评小组应与各部门共同讨论改进方案，特别关注那些短期内可实施且能迅速见效的建议。外部评价主要是由第二方的相关方进行评价或第三方的外部专家或者外部组织进行评价。

二、自我评价的方法

卓越绩效自我评价分2个部分（过程+结果）进行评价，下面分别介绍过程评价与结果评价的管理要求。

（一）过程评分指南

过程评价指企业针对《卓越绩效评价准则》（GB/T 19580—2012）4.1至4.6类目的评分条款要求采用方法、展开、学习、整合（A–D–L–I）的4个要素评价组织的成熟度，详见图10.2所示。

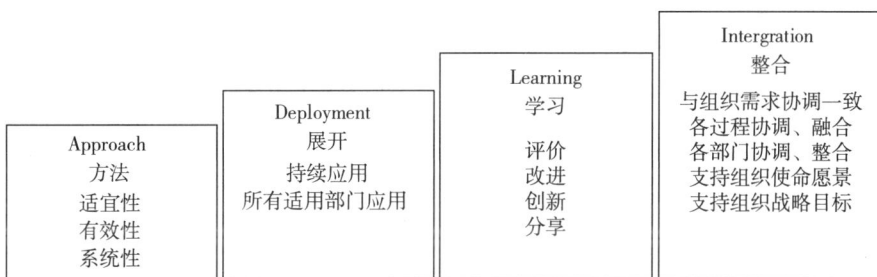

图10.2　A–D–L–I分析图

在过程各评分条款中，方法–展开–学习–整合联系在一起，强调与评分条款具体要求相一致的方法及其展开，即与评分条款的具体要求相一致。

"过程"涉及组织针对类目4.1至4.6中条目要求所应用和改进的各种方法。用于评价过程的四个因素为方法、展开、学习和整合。对标准的反馈反映了这些因素的优势和改进机会。过程类条目的评分需综合评价整体绩效和4个过程因素。表10.1列出了过程的评分指南。

表10.1　过程评分指南

分　数	过　程
0%或5%	□ 没有系统的方法；信息是零散、孤立的（A） □ 方法没有展开或略有展开（D） □ 没有改进导向，已有的改进仅是"对问题的被动反应"（L） □ 缺乏协调一致，各个方面或部门各行其是（I）
10%，15%，20%或25%	□ 开始有系统的方法，应对该评分条款的基本要求（A） □ 方法在大多数方面或部门处于展开的早期阶段，阻延了基本要求的实现（D） □ 处于从"对问题的被动反应"到"改进导向"转变的早期阶段（L） □ 主要靠联合解决问题来使方法与其他方面或部门达成协调一致（I）

（续表）

分　数	过　程
30%，35%，40% 或 45%	□ 有系统、有效的方法，应对该评分条款的基本要求（A） □ 方法已得到展开，尽管某些方面或部门的展开尚属早期阶段（D） □ 开始系统地评价和改进关键过程（L） □ 方法与在应对组织概述和其他评分条款时所确定的组织需要初步协调一致（I）
50%，55%，60% 或 65%	□ 有系统、有效的方法，应对该评分条款的总体要求（A） □ 方法得到很好的展开，尽管某些方面或部门的展开有所不同（D） □ 进行了基于事实且系统的评价、改进和一些创新，以提高关键过程的有效性和效率（L） □ 方法与在应对组织概述和其他评分条款时所确定的组织需要协调一致（I）
70%，75%，80% 或 85%	□ 有系统、有效的方法，应对该评分条款的详细要求（A） □ 方法得到很好的展开，无明显的差距（D） □ 基于事实且系统的评价、改进和创新已成为关键的管理工具；存在清楚的证据，证实通过组织级的分析和共享，方法得到不断完善（L） □ 方法与在应对组织概述和其他评分条款时所确定的组织需要实现了整合（I）
90%，95% 或 100%	□ 有系统、有效的方法，全面应对该评分条款的详细要求（A） □ 方法得到完全的展开，在任何方面或部门均无明显的弱点或差距（D） □ 基于事实且系统的评价、改进和创新已成为全组织的关键管理工具；有证据表明通过分析和共享，在这个组织中方法得到不断完善和创新（L） □ 方法与在应对组织概述和其他评分条款时所确定的组织需要实现了很好的整合（I）

（二）结果评分指南

结果评价指企业在《卓越绩效评价准则》（GB/T 19580—2012）4.7 类目的要求中得到的输出和效果。用水平、趋势、对比、整合（Le-T-C-I）的 4 个要素评价企业结果的成熟度，详见图 10.3 所示。

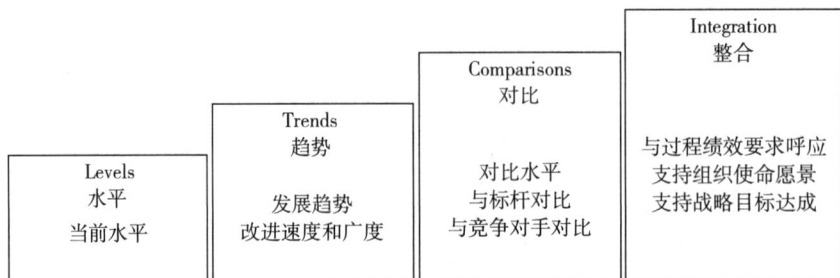

图 10.3　Le-T-C-I 分析图

结果类评分条款要求就关键的组织绩效指标给出绩效水平、改进速度及广度和相关的对比数据。结果评分条款要求企业提供关于绩效改进的速度和广度的数据，这直接与过程的改进（学习）以及在新水平上的展开相联系，如果过程改进得到了广泛的共享，就有相应的结果。因此，某个结果评分条款的得分是一个综合归纳，它基于当前的绩效水平，同时考虑到了改进的速度和广度、与竞争对手和标杆的对比，以及该评分条款对企业的重要度。

"结果"涉及企业在实现类目 4.7 的要求方面的产出和成果。用于评价结果的 4 个因素为水平（Levels）、趋势（Trends）、对比（Comparisons）和整合（Integration）。结果类条目的评分需综合评价整体绩效和 4 个结果因素，表 10.2 列出了结果的评分指南。

表 10.2　结果评分指南

分　数	结　　果
0% 或 5%	□ 没有报告结果，或结果很差（Le） □ 没有显示趋势的数据，或大多为不良的趋势（T） □ 没有对比性信息（C） □ 在对于达成组织使命、愿景和战略目标重要的任何方面，均没有报告结果（I）
10%，15%，20% 或 25%	□ 结果很少，在少数方面有一些早期的良好绩效水平（Le） □ 有一些显示趋势的数据，其中部分呈不良的趋势（T） □ 没有或极少对比性信息（C） □ 在对于达成组织使命、愿景和战略目标重要的少数方面，报告了结果（I）
30%，35%，40% 或 45%	□ 在对该评分条款要求重要的一些方面，有良好的绩效水平（Le） □ 有一些显示趋势的数据，其中多半呈有利的趋势（T） □ 处于获得对比性信息的早期阶段（C） □ 在对于达成组织使命、愿景和战略目标重要的多数方面，报告了结果（I）
50%，55%，60% 或 65%	□ 在对该评分条款要求重要的大多数方面，有良好的绩效水平（Le） □ 在对达成组织使命、愿景和战略目标重要的方面，呈有利的趋势（T） □ 与有关竞争对手和（或）标杆进行对比评价，部分指标具有良好的相对绩效水平（C） □ 结果对应了大多数关键的顾客、市场、过程要求（I）
70%，75%，80% 或 85%	□ 在对该评分条款要求重要的大多数方面，有从良好到卓越的绩效水平（Le） □ 在对达成使命、愿景和战略目标重要的大多数方面，呈可持续的有利趋势（T） □ 与有关竞争对手和（或）标杆进行对比评价，多数乃至大多数指标具有非常好的绩效水平（C） □ 结果对应了大多数关键的顾客、市场、过程和战略实施计划的要求（I）
90%，95% 或 100%	□ 在对该评分条款要求重要的大多数方面，有卓越的绩效水平（Le） □ 在对达成使命、愿景和战略目标重要的所有方面，呈可持续的有利趋势（T） □ 在多数方面都表明处于行业领导地位和标杆水准（C） □ 结果完全对应了关键的顾客、市场、过程和战略实施计划要求（I）

三、整体评价结果

卓越绩效整体评价采用定性评价+定量打分的方法进行，即定性评价是定量评价的依据，而定量评价则是定性评价的度量。定量评价总分 1000 分（过程 600 分、结果 400 分），评价评分表详见表 10.3 所列。

表10.3 卓越绩效管理导入自我评价评分表

企业名称					
类目	评分项	内容	标准分值	得分系数	实际评分
4.1 领导（110分）	合计		110		
	4.1.2	高层领导的作用	50		
	4.1.3	组织治理	30		
	4.1.4	社会责任	30		
4.2 战略（90分）	合计		90		
	4.2.2	战略制定	40		
	4.2.3	战略部署	50		
4.3 顾客与市场 （90分）	合计		90		
	4.3.2	顾客和市场的了解	40		
	4.3.3	顾客关系与顾客满意	50		
4.4 资源（130分）	合计		130		
	4.4.2	人力资源	60		
	4.4.3	财务资源	15		
	4.4.4	信息和知识资源	20		
	4.4.5	技术资源	15		
	4.4.6	基础设施	10		
	4.4.7	相关方关系	10		
4.5 过程管理（100分）	合计		100		
	4.5.2	过程的识别与设计	50		
	4.5.3	过程的实施与改进	50		
4.6 测量、分析与 改进（80分）	合计		80		
	4.6.2	测量、分析和评价	40		
	4.6.3	改进与创新	40		
4.7 结果（400分）	合计		400		
	4.7.2	产品和服务结果	80		
	4.7.3	顾客与市场结果	80		
	4.7.4	财务结果	80		
	4.7.5	资源结果	60		
	4.7.6	过程有效性结果	50		
	4.7.7	领导方面的结果	50		
总计			1000		

第
十
一
章

中小企业申报政府质量奖实务

申报政府质量奖是旨在提升组织绩效管理和检验企业导入卓越绩效管理成效的重要活动。对于已经具备成熟经营管理体系的组织，按照《卓越绩效评价准则》（GB/T 19580—2012）来整理和优化其管理框架，可以较快地准备好申报工作。

结合各地政府质量奖申报情况，申报政府质量奖的关键步骤如下：

（1）理解评审标准。在开始申报之前，首先要充分理解评审标准和要求。这包括对《卓越绩效评价准则》（GB/T 19580—2012）标准的逐项分析，确保了解每个评审领域的具体要点。

（2）自我评价。组织需要进行自我评价，识别当前运营和管理实践中的优势和改进空间。这有助于确定改进计划的优先级和资源分配。

（3）制定改进计划。根据自我评估的结果，组织应制定详细的改进计划，并将其融入日常运营中。这个计划应该涵盖所有需要改进的领域，并设置明确的目标和时间表。

（4）实施和监督。执行改进计划，并定期监控进度。确保所有相关人员都参与到改进活动中，并且有明确的沟通渠道和反馈机制。

（5）内部培训与教育。对所有员工进行质量管理和卓越绩效标准的培训，提高他们对于标准要求的理解和执行能力。

（6）文件和记录管理。确保所有相关的程序、策略和成果都有文档化的证据支持。这些文件将在申报过程中被详细审查。

（7）模拟评审。在实际申报之前，可以进行一次或多次模拟评审，以检查准备工作的完整性和有效性。这也有助于发现任何可能被忽视的问题。

（8）提交申报材料。准备并提交详尽的申报材料，这些材料应该清楚地展示组织如何满足评奖的标准。

（9）准备迎接外部评审。提交申报材料之后，就需要准备迎接外部评审团队的到访。这包括为访谈、现场参观和查阅文件等环节做准备。

（10）持续改进。即使在申报过程完成后，组织也应该继续关注持续改进的机会，因为评奖过程会给出可能值得改进的地方。

需要强调的是，申报政府质量奖不仅仅是一个目标，而是一个促进企业持续改进和发展的过程。通过这个过程，企业不仅能够提升自身的管理水平，还能够在市场上树立起卓越的品牌形象。

第一节　申奖政策

政府质量奖主管部门发布政府质量奖管理办法，并通过各种媒体渠道发布详尽的申报政策通知。这些通知涵盖诸多方面，包括奖励名额、申报对象范围、申报条件、具体申报流程以及所需提交材料的相关要求。各类中小企业须细致审阅此类通知，并对照自身情况进行严格的自我评价，以确定是否符合申报资格。当企业经过全面自检，确认符合相关要求时，方可着手准备并启动申奖程序。

一、申报对象及申报条件

政府质量奖的申报对象和申报条件，各地区的要求有所不同，主要包含以下 5 个方面的内容。需要说明的是，以下基本条件需全部满足，如有一项条件不符合，则无申报资格。

（1）在本区域内合法注册的法人或者其他组织，具有 3 年以上的相应资质或证照。

（2）符合国家产业导向、环境保护、节能减排、安全生产、质量等法律法规及政策的要求。

（3）质量管理体系健全，实施卓越绩效管理模式 3 年以上，已通过 GB/T 19001 质量管理体系认证或其他相关体系认证。

（4）在质量水平、创新能力、标准制定、品牌影响力、经济和社会效益等方面取得突出成绩，达到区域内领先水平。

（5）积极履行社会责任，具有良好的诚信记录和社会声誉，近 3 年内无重大质量、安全、环境污染、公共卫生等事故（按照国家有关规定认定）；无国家或省级质量监督抽查（检查）不合格记录；无其他严重违法违规不良记录（由相关部门界定）；法定代表人无犯罪记录。

二、政府质量奖申报流程

各地申报程序略有不同，以××市的市长质量奖申报流程为例：

（1）申报：申报组织应于××年××月××日前将完整的申报材料报送所在县（市）区政府、开发区管委会市场监督管理部门，或市行业主管部门。其中，纸质申报材料一式三份（实证材料一式两份）、电子 U 盘（含所有材料）一份，实证材料需要准备原件以备核查。

（2）推荐：各县（市）区政府、开发区管委会市场监督管理部门或市行业主管部门收到材料后，在申报推荐表签署推荐意见并加盖县（市）区政府、开发区管委会或市行业主管部门公章后，于××年××月××日前报至市市场监管局质量发展处。组织应按材料受理截止时间倒推，安排好申奖工作的各个时间节点。

（3）资格审查：市场监管局组织人员对各县（市、区）推荐的企业或组织的申报材料进行审查，并向质监、工商、环保、应急、发改、科技、商务、征信、公安、统计、税务、海关、检验检疫、人民银行及行业主管部门了解和核实申报企业或组织合法生产经营的情况。在材料审查和了解核实的基础上，确定符合申报条件的企业或组织名单。

三、申报材料要求

申报材料主要包括以下内容：

（1）申报表。企业或组织应按申报表的格式和内容要求如实填写完整，包括申报企业（组织）特别声明、基本情况、资质信息、主要产品质量水平等，近3年主要产品质量监督抽查情况，主要经济效益，安全、环境指标，主要市场指标，近3年获奖情况，同行业主要竞争对手情况，推荐表等。

（2）组织概述。内容要求详见《卓越绩效评价准则实施指南》（GB/Z 19579—2012）的附录B，字数限3000字以内。组织概述是对企业经营管理状况的高度总结，评审员通过组织概述了解企业的组织环境、组织关系、竞争环境、挑战优势和绩效考核等方面的情况。

在编写组织概述时，应该提炼出最能体现企业核心竞争力的优势、亮点和成熟的质量管理模式、经营管理模式。这些内容应与企业的使命、愿景和阶段性的战略目标相一致，并能够有效地支持企业的长期发展。同时，组织概述还应该突出企业在质量管理方面的成果和经验，以及对行业和社会的贡献等方面的特点。

组织概述是质量奖评审员比较关注的材料，它不仅能够展示企业的经营管理水平和实力，还能够为评审员提供全面的信息，有助于他们对评审工作做出准确的评价和决策。

（3）自我评价报告。对照《卓越绩效评价准则》（GB/T 19580—2012）的要求，从采用方法、工作展开和实施结果三个方面逐条用事实和数据进行评价说明，必要时可使用图表，通常字数限定在5万字以内。

（4）证实性材料。组织应提供与申报表内容相关的证实性材料，或企业认为可以提供的其他证实性材料。

需要强调的是，申报材料的打印装订详见各地的申报通知要求。

第二节　申奖策划

一、明确申奖目的

对于组织来说，明确申奖目的是实施申奖工作的第一步。组织的高层领导确信实施卓越绩效管理是克敌制胜的有效武器之一，不论获奖与否，都有利于企业自身发展，且愿意持续推行，坚信追求卓越永远在路上。

申奖的目的主要是通过申奖审视自己、发现亮点，和其他优秀的组织站在一起同台PK，检验经营管理的成熟度和成果水平。在这种情况下，组织可以持续学习卓越绩效模式，结合自身实际，组建申奖项目组，撰写高质量的自评报告，按流程开展各项活动。

二、组建工作专班

组建工作专班是申请质量奖的关键环节，它确保了整个申奖过程的顺利进行和高效管理。以下是一些建议，用于指导如何组建和管理一个成功的申奖工作专班，这将有助于提升申奖工作的质量和成功率。

（1）高层领导的支持与参与。高层领导（如董事长或总经理）应亲自参与专班的组建，并明确表示这是一项顶级优先级的项目。这有助于确保团队获得必要的资源和支持。

（2）选择合适的总负责人。选择一个在组织中具有重要职位的人员作为总负责人，他们应具备出色的跨部门沟通和组织协调能力。

（3）多部门、多学科团队构建。申奖团队应涵盖公司的多个部门和专业领域，包括高层管理者、中层干部、一线员工等，以确保团队能够全面理解和展示组织的绩效。

（4）年龄和经验多样性。包括不同年龄阶段的人员，以利用老员工的经验和对公司历史的了解、新员工的热情和学习能力，以及中年员工的管理经验和知识储备。

（5）技能和能力的考量。确保团队成员具备必要的技能，如办公自动化、统计分析软件的使用，以及强大的书面和口头表达能力。

（6）团队建设和培训。通过团队建设活动和培训，增强团队成员之间的沟通、分工协作和目标一致性。

（7）明确角色和责任。为每个团队成员分配明确的角色和责任，确保每个人都了解自己的任务和期望。

（8）建立沟通机制。建立有效的内部沟通机制，确保信息流通顺畅，团队成员可以轻松分享信息和反馈。

（9）制定工作计划和时间表。制定详细的工作计划和时间表，跟踪项目进度，并确保按时完成所有任务。

（10）激励和认可。设立激励机制，对团队成员的努力和成就给予认可和奖励，以提高团队的士气和动力。

三、制定实施计划

确定申奖目的、组建申奖团队的下一步是制定项目实施计划，可采用5W1H的方法确定计划内容。5W1H主要包括：为什么做（Why）、做什么（What）、何时做（When）、何处做（Where）、何人做（Who）、如何做（How）。

为什么做（Why）是再次确定申奖目的，思考这个问题能增强责任心和鼓舞士气。

做什么（What）指的是申奖阶段的流程，包括撰写自评报告、现场评审和陈述答辩。

何时做（When）表明了申奖的过程时间、完成时期和沟通频率，包括项目启动、培训、自评和申奖等几个阶段，通常来说该过程需要 6 个月左右。

在确定何处做（Where）时，我们需要明确申奖团队成员的办公场所。这不仅包括个人的办公室，还应当有一个专门的区域供团队成员进行线下交流、头脑风暴和面对面会议。有效的团队合作是至关重要的。许多企业在项目开始阶段会组织全员会议来分配任务，但随后成员们往往独立工作，鲜少有机会再进行集中讨论。这种分散的工作模式很可能导致最终成果内容零散、缺乏连贯性和系统性，从而影响自评报告的质量。因此，一个固定的、有利于团队互动的办公环境对于维护内容的一致性和提升报告质量是不可或缺的。

何人做（Who）的问题不仅涉及指定撰写人员，还包括确定参与关键内容交流的人员。项目组成员可兼任报告的撰写工作，确保内容的连贯性和准确性。以"4.2 战略"内容为例，撰写团队应包括申奖团队成员和高层领导。这是因为战略目标的设定需要高层领导结合组织的历史和现状，明确未来的长短期发展方向。同时，申奖团队需与高层领导进行深入沟通，确立与战略目标相符的关键绩效指标。这些指标必须在领导力、顾客与市场、资源及过程管

理等所有相关模块中得到体现，以确保战略的有效执行和各模块的战略承载。

至于如何做（How），可以通过成立专门的工作组来执行具体任务，并制定出一套严谨、科学且可行的工作计划。通常，撰写自评报告的过程分为 3 个阶段：首先是团队的整体构思阶段，这是整个过程中最为关键的部分，企业应在此阶段投入最多的精力和时间；其次是分工撰写初稿，每位成员根据整体构思完成自己负责的部分；最后是修改并确定最终稿件，通过反复审阅和调整，确保报告的质量。

第三节　申奖流程

一、提交申奖材料

各级政府质量奖的申报材料一般由申报表、组织概述和自评报告、证实性材料组成。除提交文字材料外，还需递交电子版材料。

这里重点强调申报表的填写，申报表通常由申报企业（组织）特别声明、基本情况、资质信息、主要产品、组织推行卓越绩效评价准则实务（服务）质量水平、近 3 年主要产品质量监督抽查情况、各项效益指标、近 3 年获奖情况、客户和员工满意度情况、同行业主要竞争对手和合作伙伴情况等内容组成。申报表内容要结合实际情况如实填写。需按年度填写的指标一般指申报当年之前的连续 3 年的指标。申报表的内容具体包括以下几个方面：

（1）申报企业声明：主要声明组织了解并遵守政府质量奖有关规定，承诺所提供文件真实合法以及获奖后履行标杆示范义务等，需要法人代表签名及组织盖公章。

（2）接受质量管理咨询服务情况说明：按组织实际情况如实填写即可。主要是为了规范质量奖申报、评审工作，避免有关机构和人员既参加对申报企业的咨询服务活动，又参

加评审工作。

（3）基本情况：按组织实际情况如实填写即可。其中"经济类型"指国有、集体、股份合作、联营、有限责任、股份、私营、港澳台资、外商投资、其他企业等。详见国家统计局、国家原工商总局《关于划分企业登记注册类型的规定调整的通知》（国统字〔2011〕86号）。"企业规模划分"详见国家统计局《关于印发统计上大中小微型企业划分办法的通知》（国统字〔2011〕75号）及其说明。"行业划分"对照《国民经济行业分类》（GB/T 4754—2011）准确填报。为便于质量奖评价工作委员会办公室与申报组织联系，"联系方式"要详细写明单位申报政府质量奖工作的联系部门、联系人等信息。"主要质量管理方法"应特别注明导入卓越绩效管理。

（4）主要业务质量水平：可在行业标准或国际先进性标准中选取一些代表性的指标来体现本组织在行业内的技术水平。如有不同系列的产品，应分表填写。

（5）近3年主要产品质量监督抽查情况：一般要求反映国家、省市、县级市场监督管理单位的产品抽查情况，需要附上抽查报告或记录。

（6）主要经济效益、安全、环境指标：申报文件中有罗列相应指标，如总资产、主营业务收入、投资收益等并伴有定义及公式。按年度填写的指标是指申报当年前连续3年的指标。

（7）主要市场指标：要求按产品填写市场占有份额、顾客满意度及顾客忠诚度。市场占有份额可采用政府部门、中介机构或权威媒体提供的数据；顾客满意度及顾客忠诚度最好采用第三方机构的评价结果，如无也可填写组织自测的数据。

（8）主要客户和主要供应商、分包方或外协单位：按组织实际情况如实填写即可。

（9）近3年获奖情况：组织获得的主要荣誉情况，应优先列出省级以上主管部门或行业协会授予的各项荣誉。对本表中列出的荣誉，应将相应的荣誉证书复印件置于证实性材料之中。

（10）同行业主要竞争伙伴情况：要求提供同行业2家以上竞争伙伴的基本情况。

（11）组织下属子公司、分支机构名单：按组织实际情况如实填写即可。

（12）部门职能分工表：按组织实际情况如实填写即可。

（13）推荐意见：提交主管部门或所属行业主管部门给出的推荐意见（加盖公章）。

二、材料评审

申报材料提交后即进入材料评审程序。质量奖评审部门汇总各地推荐材料后，对组织的申报材料会再次进行资格审查。如申报组织应积极履行社会责任，具有良好的诚信记录和社会声誉，近3年内无重大质量、安全、环境污染、公共卫生等事故；无国家或省级质量监督抽查（检查）不合格记录；无其他严重违法违规不良记录；法定代表人无犯罪记录。

评审专家对所有组织的申报材料进行独立评审及合议评审后，形成材料评审报告和评审结论，经推荐的进入现场评审环节。

三、现场评审

综合各级政府质量奖的现场评审流程，主要包括首次会议、现场参观、分组评审、员工座谈、补充调查、评审组内部会议、末次会议等。

（一）首次会议

首次会议参加人员主要包括申奖组织的主要负责人（董事长/总经理）和高管团队、部门负责人、政府质量奖评审委员会人员和申奖组织所在地的政府职能部门人员等。首次会议由评审组长主持，主要议程如下：

（1）评审组成员签署保密承诺书；评审组长介绍评审目的、评审依据和评审方法；介绍评审组成员的评审分工；双方确认评审计划和分组评审地点及汇报人员；申奖组织的主要负责人（董事长/总经理）简要汇报企业基本情况；申奖组织所在地的政府职能部门人员讲话。

（2）申奖组织主要负责人（董事长/总经理）汇报领导和战略部分，评审组全体成员参加，并就汇报内容与企业主要负责人进行充分的交流探讨。

（二）现场参观

申奖组织提前规划好参观路线并与评审组沟通，主要参观生产现场、研发中心、样品和企业荣誉展示室、实验室和检测中心等。

（三）分组评审

按评审条款类目分组评审，评审方法主要以核实为主，条款类目所涉及的部门以 PPT 形式进行汇报，重点阐述申报材料中因篇幅限制而未能充分展示的内容，汇报人积极与评审专家互动，并及时提供辅助验证资料。

（四）员工座谈

员工座谈是政府质量奖评审过程的一个重要环节，它可以帮助评审组更深入地了解企业的实际运营状况和管理水平。通常分别召开管理层座谈会和一线员工座谈会。

通过和管理层人员的座谈，了解其对公司战略的了解度和关注度、对卓越绩效管理的学习和推进程度，了解企业文化的宣贯和绩效管理，探讨管理层对组织经营方向的了解和实施情况，评价过程中提及的各种管理方法、学习和发展计划的具体执行情况；通过深入的问题探讨管理层的思考和决策过程，以及他们如何推动组织目标的实现。

选择不同岗位、不同性别、不同年龄的一线员工参与座谈，主要了解其对企业文化的贯彻情况、对组织战略的理解程度和执行情况；了解员工对企业文化的感受和认同度，员工关爱、员工福利和员工职业健康措施的实施效果，以及员工对各项政策制度的认知和接受程度；了解企业开展的员工学习培训和晋升通道等。为获取多角度的信息，评审组会鼓励员工自由表达，采用开放式问题引导员工分享个人经验和感受。

（五）补充调查

补充调查是政府质量奖评审过程中的一个关键步骤，若发现信息不完整、数据有疑问或需要进一步验证申奖组织的某项做法或成果时，评审组会及时确定需要进行补充调查的领域，会要求申奖组织提供更详细的资料，或找相关部门人员做进一步的沟通交流。通过补充调查，评审组能够更准确地评估组织的质量管理水平和经营管理的成熟度，确保评审结果客观、真实和准确。

（六）评审组内部会议

由评审组组长主持。评审组成员就领导、战略部分的集体评审和分组评审情况交换各自的评审意见，充分讨论各组的评审意见，明确评审的优势项和可能存在的改进机会。评审组全体成员就评审意见达成一致后，按照分工撰写评审报告。

（七）末次会议

由评审组组长主持。末次会议的参会人员同首次会议的参会人员。

评审组成员分别就各自评审部分进行反馈，由评审组组长反馈综合评审报告，报告中会明确申奖组织存在的优势和可能存在的改进机会。

申报组织的主要负责人（董事长/总经理）就评审组的评审意见做表态性发言。申奖组织所在地政府职能部门人员讲话。

四、陈述答辩

政府质量奖的陈述答辩环节在不同级别和地区之间存在细微差异，但普遍包含3个主要部分：企业宣传片播放、正式陈述以及专家提问。

企业宣传片是一个重要的视觉展示工具，它应当能够全面展现组织采纳卓越绩效模式的经验、成熟的质量管理体系以及组织取得的显著成效。

答辩团队通常由4至5名成员组成，组织的主要负责人（董事长/总经理）使用PPT进行主要内容的汇报。在汇报中需要对组织进行简明扼要的介绍，突出企业的基本信息、产品和服务、主要市场和技术等核心竞争力，以及取得的成就。此外，还应强调组织文化和战略在推动质量发展方面的引领作用。

在随后的专家提问环节，主要负责人（董事长/总经理）将作为主要答辩人，其他团队成员也可在必要时提供补充回答。专家们会根据答辩的表现进行现场评分。鉴于陈述环节有严格的时间限制，因此在正式陈述前应进行充分的演练，以确保能够在规定时间内完成陈述。这一环节不仅是组织展示其绩效管理成果的平台，也是企业高层领导展现个人魅力的绝佳时机。

五、评审结果

评审结果及其公示详见各地政府质量奖管理办法。

行动起来，走向卓越

质量是人类社会文明的重要标志，是推动人类历史发展的重要力量。从狩猎文明到农业文明再到工业文明，人类文明承前启后，山水无隔，交相辉映，每一步都留下质量文明的足迹。家国有界，质量无疆，每一次质量创新都促进了生产技术进步，提高了人民生活品质，照亮了人类社会历程。从18世纪60年代人类社会迎来第一缕工业文明的曙光起，所有世界强国的崛起既无一例外地经历了工业经济规模从小到大、水平从低到高的必然过程，又不胜枚举地见证了其核心动力皆发轫于科技创新、成功于先进制造、长盛于质量变革的普遍规律。提升质量、追求卓越成为全人类的共同目标。

近百年来，现代工业文明孕育造就的先进质量管理实践与理论不断演绎、接续前行，各种管理方法应时而生，各式管理工具纷沓而来，各类管理体系合势而为。从泰勒的科学管理原理、休哈特的统计过程控制理论到戴明的质量管理十四条原则，从费根堡姆的全面质量管理理论、克劳斯比的零缺陷到朱兰的"质量计划、质量控制和质量改进三部曲"，特别是20世纪80年代后期出现的集各类管理体系之大成的卓越绩效模式，代表了当代质量管理实践与理论最有价值、最具魅力的发展成果和趋势。

卓越绩效模式是在卓越组织的最佳管理实践的基础上高度提炼出来的使追求卓越的理念有效落地、变成可操作可测量的基于诊断和整合、关注全生命周期质量活动的现代企业管理的方法论。一个企业就像一个人。如果我们看一个人的身体状况，不通过定期开展体检，就无法判断其过去为什么健康、未来能够继续保持健康并长寿的"优势"所在；过去为什么不够健康或总是处在健康与疾病之间的一种临界状态；为什么起步并不晚但成长得总是缓慢；影响未来健康长寿的"改进机会"是什么。"优势"和"改进机会"不仅与自己的既往作纵向比较，还着眼于与竞争对手及标杆作横向比较，以实现"定点超越"。现代企业管理手段名类繁多，企业生产经营环节千头万绪，各模块之间的管理内容涉及方方面面。通过定期诊断，企业会发现各模块之间的管理运行水平和相互配合协作能力实际上参差不齐、悖于初意。这就需要企业敏锐地抓住其中的主要问题，即真正制约企业发展的最为紧迫的几个主要方面的矛盾，施以系统性的调整、改进和优化。从这个角度来看，"改进机会"恰为企业提供了一种难得的发展机遇，只不过这种发展机遇往往潜藏在企业的问题和不足之中而已。因此，高度聚焦"问题"和"优势"，抓住"改进机会"、制定"改进计划"，按照"实施—再诊断—再改进—不断创新"的方法系统推进，持之以恒、久久为功，就为企业建立了一个完整的质量预警系统和有效的质量免疫系统，进而构成持续提升管理成熟度及其产品（工程、服务）市场美誉度的良性循环。

卓越绩效模式是在卓越组织的最佳管理成就的基础上全面展示出来的使追求卓越的基因有机凝结到企业文化的基于以市场为导向和以顾客为中心、关注全价值链经营活动的现代企业管理的价值观。一个企业就像一棵树。如果我们看一棵树的生长状况，不知道它的根系有多深，就无法判断其生命力有多强。企业与员工从来都是树根与枝干的关系，所有枝干靠着树根提供的丰富养分而生长，树根靠着枝干提供的不竭动能而扎得更深。枝干因树根的存在而美丽，树根因枝干的忠诚而苗壮。卓越企业必定都有优秀的基因，这些优秀基因都深深根植于具有共同使命、愿景和价值观的企业质量文化之中。使命决定企业发展的高度，明确使命就是企业通过不断强化信仰的力量，解决团队凝聚力、团结力的问题。愿景决定企业发展的广度，明确愿景就是通过不断高举既能照耀现实又能指明未来的这两柄熊熊火炬，解决团队战斗力、创造力的问题。价值观决定企业发展的韧度，明确价值观就是通过不断引导日常决策的落实方向，解决团队执行力、竞争力问题。一个企业在莽莽原野隆隆行驶中可能犯的最致命的错误不是人才的离开，而是让没有共同使命、愿景和价值取向的合作伙伴或追随者一直留在车上。因为人才的离开，可以再重新获得，而如果与使命、愿景和价值观都不同的人在一起，对企业来说则会埋下最致命的隐患。很多卓越企业的例子告诉我们，优秀质量文化是企业之根、员工之魂，根深才可能叶茂，根正才可能苗红。因此，基于卓越绩效模式下的质量文化体系建设是企业最迫切、最重要，也是最核心的任务。

卓越绩效模式是在卓越组织的最佳管理路径的基础上科学绘制出来的使追求卓越的团队勇于争先愈战愈强的基于领导和战略、关注全局性长远性竞争活动的现代企业管理的航标图。一个企业就像一艘船。如果我们看一艘船的航行状况，不了解它的航速航道航向以及船重力荷载力续航力，就无法判断其航行能力和驶向何方。茫茫大海气象万千，有时风高浪急，有时风和日丽，船上的所有成员，船长、舵手、船员、乘客都与这艘船、这次航行的命运休戚与共息息相关。大海航行靠舵手。这艘船行稳致远并战胜一路上的狂风暴雨，按时顺利地到达既定目标，取决于有正确的方向，取决于船上的所有船员齐心协力，更取决于船长、舵手有超凡智慧、勇气和意志。卓越绩效模式的第一项基本理论就是"远见卓识的领导"，第一大类目就是"领导"。这充分说明领导作为一个组织的"船长""舵手"，对一个组织的兴衰成败起着极端重要和无可替代的作用，古今中外概莫能外。领导二字内涵丰富，既要"领"又要"导"。领导不仅是引领、统率，还要起到治理、教导作用。因此，"领导"类目是卓越绩效模式的灵魂和精华所在，对组织建立应对未来的战略优势、取得长期成功起着至关重要的"导航""掌舵"作用。很多卓越企业的例子告诉我们，企业发展水平来自企业管理水平，企业管理水平来自企业团队水平，企业团队水平来自企业领导水平。而领导水平则来自领导超凡的战略眼光、胸怀和格局。眼光、胸怀、格局有多大，你和你的企业发展的舞台就有多大。企业领导在推行卓越绩效模式中只要始终做到亲力亲为、率先垂范，就能够带领组织走出安步当车、守株待兔、疲于应付、高开低走的管理怪圈。

一个企业无论自身处在何种成长环境和发展阶段，应对何类挑战对手和竞争局面，只要能够敏锐掌握和充分结合企业及其所处行业的特点，抓住适当的时机正确导入卓越绩效模式，都会极大地促进企业综合管理能力和水平的有效提升，不断从成功走向成功。新时代要有新目标、新气象，更要有新担当、新作为。中小企业不应因自身个头规模小、各类资源相对有限、人员层级少而与当代质量管理实践和理论的最新成果失之交臂，毋庸顾虑管理基础薄弱不适合导入卓越绩效模式。应当认识到，企业个头规模小、各类资源相对有限、人员层级少恰为卓越绩效模式提供了更能精准识别短板、提升长板、优化"木桶"结构的切入点和着力点；企业管理基础薄弱正给卓越绩效模式创造了更能聚焦问题发挥作用的改进空间和创新机会。因此，现在已经有很多企业敏锐地看到了推行卓越绩效模式的需求所在、作用所在和价值所在，并将其作为现代企业管理制度性安排，认为晚导入不如早导入、慢导入不如快导入、短期导入不如长期导入、外方导入不如自身导入。导入卓越绩效模式包含两个方面的具体内容：一是开展自我诊断评价或外方（第二方、第三方）诊断评价，识别自身优势和改进机会，驱动追求卓越；二是按照卓越绩效模式的框架性要求，进行管理体系和方法工具的优化整合，修炼企业管理的真功硬招，以系统和全面的视野去引领企业管理、创新走向卓越。

很多企业在其成长发展过程中渴求快速提升自身功力并经久不衰，希望能够找到所谓的"葵花宝典"，以应对激烈的市场竞争所带来的一系列可预见和不可预见的严峻考验与挑战。合肥工业大学与安徽省市场监督管理局共建安徽高质量发展研究院，组织国内质量管理领域学者和有关行业质量技术专家，针对中小企业实施卓越绩效管理的难点、堵点和痛点，深入走访企业开展调研、广泛查阅中外文献资料、组织30多场（次）专题研讨活动，编撰了《中小企业推行卓越绩效管理实务》一书，力求为中小企业导入卓越绩效模式提供一个既系统全面又能够快捷入门的解决方案。在书中，编者严格按照导入卓越绩效模式的逻辑条线，介绍了卓越绩效模式的基本概念和时代背景，以及中小企业需要做好的相应的基础性保障性工作，解读了《卓越绩效评价准则》（GB/T 19580—2012）7个方面的标准条款以及《卓越绩效评价准则实施指南》（GB/Z 19579—2012），回答了卓越绩效模式推行中普遍性、重难点问题，在此基础上还罗列了一些国内知名企业实施卓越绩效模式的成功经验，通过案例剖析为中小企业提供了一套系统完整的可借鉴、可实操的绩效管理作业书和路线图，帮助企业厘清问题、找准症结、制定对策、优化流程、持续改进、提升效能、不断创新，进而形成具有自身鲜明特色的质量管理模式和企业文化。

此外，《中小企业推行卓越绩效管理实务》还介绍了中小企业如何开展自我评价和申报政府质量奖的相关要领及程序，企业从中既能够清晰准确地规划和实施质量管理体系，提升企业的核心竞争力和可持续发展能力，又能够通过政府质量奖的申报过程全面展示企业自身管理的优势特点和阶段性成果，有助于吸引社会更多合作伙伴和客户的高度关注与信任。总之，《中小企业推行卓越绩效管理实务》是一本通俗易懂、理论与实操高度契合的实用指南，一旦你翻开了它，你就看到了通往卓越的彼岸。

质量是人类社会文明发展的试金石，是企业高质量发展的永恒主题。千里之行，始于足下。让我们行动起来，共同走向卓越，共建质量强国！

高正民

2024 年 6 月于合肥

参考文献

［1］中华人民共和国国家质量监督检验检疫总局，中国国家标准化管理委员会．卓越绩效评价准则 GB/T 19580-2012［S］．2012.

［2］中华人民共和国国家质量监督检验检疫总局，中国国家标准化管理委员会．卓越绩效评价准则实施指南 GB/Z 19579-2012［S］．2012.

［3］任泽平．中国中小微企业经营现状研究 2021［EB/OL］．（2021-12-20）［2023-6-15］．http：//sz. fzg360. com/news/view/id/127254/catid/1013. html.

［4］田秋生．高质量发展的理论内涵和实践要求［J］．山东大学学报（哲学社会科学版），2018（6）：1-8.

［5］马茹，罗晖，王宏伟，等．中国区域经济高质量发展评价指标体系及测度研究［J］．中国软科学，2019（7）：60-67.

［6］张占斌．"以经济建设为中心"的新内涵［J］．人民论坛，2011（21）：36-37.

［7］解维敏．"脱虚向实"与建设创新型国家：践行十九大报告精神［J］．世界经济，2018，41（8）：3-25.

［8］王丽．解读波多里奇国家质量奖的诞生［J］．中国质量万里行，2017（1）：74-75.

［9］荆宁宁，龚晓明，胡汉辉．从波多里奇卓越绩效准则的变化看质量管理的演变［J］．科学学与科学技术管理，2007（10）：163-167.

［10］杨斌，罗艳，王大霞，等．中国卓越绩效模式发展实践综述［J］．企业技术开发，2019（5）：123-126.

［11］何建军，张学曼．关于卓越绩效管理促进企业高质量发展的思考［J］．中国市场，2020（28）：77-78.

［12］刘源张，陈志田．《卓越绩效评价准则》解析与实施案例［M］．北京：中国计量出版社，2006.

［13］雷振勇，白金平，陈沙宁．卓越绩效管理——通向卓越经营的务实之路［M］．成都：电子科技大学出版社，2006．

［14］雷光萍．企业卓越绩效模式［M］．天津：天津大学出版社，2010．

［15］中国质量协会．质量文化建设方略［M］．北京：中国标准出版社，2011．

［16］杨春玉，高延粉．有色金属企业实施卓越绩效模式实践［J］．中国金属通报，2022（9）：1-3．

［17］［美］约瑟夫·A．德费欧．朱兰质量手册——通向卓越绩效的全面指南［M］．7版．中国质量协会，主持翻译．北京：中国人民大学出版社，2021．

［18］杨善林．企业管理学［M］．4版．北京：高等教育出版社，2020．

［19］中国质量协会，卓越国际质量科学研究院．卓越绩效评价准则实务［M］．2版．北京：中国质检出版社，中国标准出版社，2012．

［20］上海质量管理科学研究院．《卓越绩效评价准则》导读［M］．修订版．北京：中国标准出版社，2020．

［21］龚晓明．卓越绩效模式［M］．2版．北京：中国标准出版社，2013．

［22］蒋新祺．卓越绩效模式实施指南［M］．长沙：国防科技大学出版社，2008．

［23］王春，王尚武．组织推行卓越绩效评价准则实务［M］．北京：中国标准出版社，2022．

［24］国家质量监督检验检疫总局质量管理司，中国标准化研究院．《卓越绩效评价准则》国家标准理解与实施［M］．北京：中国标准出版社，2012．

［25］郭一彬，赵学文，谭荣鑫．从优秀到卓越——安琪酵母导入卓越绩效管理模式的实践路径［J］．企业管理，2019（12）：64-66．

［26］徐正军，田过勤，王龙飞．卓越绩效管理中技术资源对提升企业核心竞争力的实践研究［J］．公路交通科技（应用技术版），2019（3）：308-310．

［27］张豪，张纲，蒋家东，等．中国制造业产品质量提升策略研究［J］．中国工程科学，2022，24（2）：38-47．

［28］上海质量管理科学研究院，上海交通大学中国质量发展研究院．企业质量管理模式提炼路径［M］．北京：中国标准出版社，2021．

［29］汪洋．建筑施工现场技术质量问题及现场管理要素探索［J］．中文科技期刊数据库（全文版）工程技术，2022（10）：120-123．

［30］［美］罗伯特·卡普兰，［美］大卫·诺顿．平衡计分卡——化战略为行动［M］．刘俊勇，孙薇，译．广州：广东经济出版社，2013．

［31］中国质量协会．全面质量管理［M］．4版．北京：中国科学技术出版社，2018．

［32］何桢．六西格玛管理［M］．3版．北京：中国人民大学出版社，2014．

［33］戚维明．卓越绩效评价准则实务［M］．2版．北京：中国质检出版社，中国标准出版社，2012．

［34］上海质量管理科学研究院．《卓越绩效评价准则》导读［M］．北京：中国标准出版社，2020．

［35］李晶．基于卓越绩效准则的高等教育质量评价分析［J］．价值工程，2018，37

（4）：177−179.

［36］王乐文．竞争战略之父——迈克尔·波特［J］．当代电力文化，2013（3）：96−98.

［37］黄大力．运用PEST分析宏观环境在企业的应用［J］．交通企业管理，2021，36（3）：28−31.

［38］于献忠．《卓越绩效评价准则》《卓越绩效评价准则实施指南》国家标准发布［J］．中国标准导报，2004（10）：9−10.

［39］郭庆华．企业新版质量管理体系标准普及读本［M］．北京：中国铁道出版社，2017.

［40］中国质量协会．质量经理手册［M］．2版．北京：中国人民大学出版社，2021.

［41］中国检验认证集团陕西有限公司．质量管理体系标准的理解和实施［M］．西安：西北工业大学出版社，2017.

［42］肖曼．《卓越绩效评价准则》理解与实施案例［M］．合肥：安徽大学出版社，2007.

［43］［美］彼得·德鲁克．管理的实践［M］．齐若兰，译．北京：机械工业出版社，2022.

［44］纪宝成．市场营销学教程［M］．6版．北京：中国人民大学出版社，2021.

［45］［美］吉姆·柯林斯，［美］比尔·拉齐尔．卓越基因［M］．陆劲，姜智勇，译．北京：中信出版集团，2022.

［46］［美］詹姆斯·埃文斯，［美］威廉·林赛．质量管理与卓越绩效［M］．11版．中国质量协会，编译．北京：中国人民大学出版社，2022.

后记

随着《中小企业推行卓越绩效管理实务》一书的篇章落下帷幕，我们向所有参与本书编写的作者、编辑和支持人员致以诚挚的谢意。正是因为各位的辛勤工作和慷慨奉献，这本书才得以问世。

本书的指导思想、撰写框架、撰写分工由合肥工业大学的王忠负责拟定，并经过多次论证会讨论后确定。第一章中的第一节、第二节和第三节由安徽财经大学的李敬明撰写，第四节由合肥工业大学的那明撰写，第五节由马鞍山烟草公司的江峰撰写。第二章由合肥工业大学的范慧君和中国电子科技集团公司第四十三研究所的范慧文撰写。第三章以及第九章中"对应结果"部分内容由安徽江淮汽车集团股份有限公司原总质量师李德斌撰写。第四章及第九章中"对应结果"部分内容由原安徽省质量技术监管局的靳广春撰写。第五章及第九章中"对应结果"部分内容由江峰撰写。第六章及第九章中"对应结果"部分内容由安徽农业大学的丁之恩、合肥工业大学的赵树平、安徽大学的张琛和江峰撰写。第七章及第九章中"对应结果"部分内容由丁之恩撰写。第八章及第九章中"对应结果"部分内容由科大讯飞股份有限公司的刘琦和戴小兰撰写。第十章由丁之恩和六安市市场监督管理局的边静林撰写。第十一章由安徽交通职业技术学院的刘超撰写。全书由王忠进行统稿。

在编撰过程中，我们深刻认识到卓越绩效管理既是一门艺术，也是一项科学。它要求管理者不仅需要具备扎实的专业知识，而且要灵活掌握各种管理工具，以应对不断变化的管理挑战。中小企业要在激烈的市场竞争中立于不败之地，就必须持续学习和实践，不断优化和创新自身的卓越绩效管理体系。

鉴于时间和专业水平所限，书中存在一些不当或遗漏之处，我们衷心希望读者和专家不吝赐教，以便再版时进行修正和完善。本书在编写过程中参考引用了领域内众多专家、学者的著作和研究成果，引用了部分获得政府质量奖的标杆企业的典型案例，在此一并表示感谢。如有疏漏，未能一一注明出处，请权利人联系我们，以便再版时补录。

　　本书的编撰工作得到了安徽省市场监督管理局质量发展处、合肥工业大学文法学院以及合肥工业大学出版社各位领导的鼎力支持。感谢责任编辑张慧的辛勤付出。感谢《中国质量报》安徽记者站站长李辉的大力协助。感谢安徽省市场监督管理局原二级巡视员高正民结合自己的工作感悟为本书撰写结语。特别感谢中国工程院院士、合肥工业大学教授杨善林百忙中为本书撰写序言。

　　展望未来，我们衷心希望所有的中小企业能够在卓越绩效管理的征途上不断前行，创造出属于自己的辉煌篇章！